MARIUS SEPET

Au temps de la Pucelle

RÉCITS ET TABLEAUX

LE PÉRIL NATIONAL

PARIS
ANCIENNE MAISON CHARLES DOUNIOL
P. TÉQUI, LIB.-ÉDITEUR
29, rue de Tournon, 29
1905

AU TEMPS DE LA PUCELLE

LE PÉRIL NATIONAL

MARIUS SEPET

Au temps de la Pucelle

RÉCITS ET TABLEAUX

LE PÉRIL NATIONAL

PARIS
ANCIENNE MAISON CHARLES DOUNIOL
P. TÉQUI, LIB.-ÉDITEUR
29, rue de Tournon, 29

1905

PRÉFACE

Tel que nous l'avons conçu, cet ouvrage n'est pas un livre de critique ou même d'érudition, mais de narration et, s'il était possible, de peinture historique. Tantôt nous y tenons la plume, tantôt et plus souvent nous la passons aux écrivains, soit chroniqueurs ou rédacteurs de documents divers, de l'époque même dont nous voudrions retracer, animer l'image. A cette image nous essayons, pour ainsi dire, de rendre jusqu'à la parole.

Le procédé mis en usage dans ces récits n'est pas sans analogie avec celui que nous avons suivi dans notre *Saint Louis*, de la collection « *Les Saints* », ni non plus avec l'idée qui avait inspiré naguère la collection intitulée : « *Petits mémoires sur l'histoire de France* », dont la Société bibliographique nous avait confié la direction, et dont l'interruption a été regrettée par de bons juges.

Pour le temps dont il s'agit, et dont l'importance est si grande dans nos annales, nous avons eu la bonne fortune de pouvoir nous appuyer sur deux ouvrages dont l'érudition est du plus haut mérite : les deux histoires de Charles VII, dues l'une à notre ancien maître, feu Vallet de Viriville, l'autre au feu marquis de Beaucourt, notre inoubliable ami. En échange du grand secours que nous en avons tiré, nous serions heureux que notre reconnaissance pût contribuer à étendre la juste renommée de ces deux livres, du second surtout, inappréciable répertoire des hommes et des choses du quinzième siècle.

Nous présentons ces « récits et tableaux » à l'ensemble du public, mais nous les offrons en particulier, toute distinction faite, aux lecteurs et aux lectrices qui, depuis longtemps déjà, témoignent un si bienveillant intérêt à notre livre sur *Jeanne d'Arc* (librairie Alfred Mame et fils, de Tours). Nous nous berçons de l'espérance qu'eux aussi on les trouvera intéressants, parce qu'ils sont vrais.

Clamart, le 15 juillet 1904.

AU TEMPS DE LA PUCELLE

Le Péril National

CHAPITRE PREMIER

L'ENFANCE DE CHARLES VII. — ARMAGNACS ET BOURGUIGNONS

Peu de princes eurent une enfance plus agitée que celle du roi Charles VII. Il était né à Paris, à l'hôtel royal de Saint-Paul, le jeudi 22 février 1403. Il était le onzième enfant et le cinquième fils du pauvre roi insensé Charles VI et de la triste reine Isabeau de Bavière, la grande mondaine de son temps, folle aussi en un sens de luxe et de dépravation. Deux des frères aînés du nouvel enfant royal étaient morts avant sa naissance; deux autres, le duc de Guyenne et le duc de Touraine, devaient porter successivement avant lui le titre de dauphin et le lui transmettre. Charles reçut d'abord le titre de comte de Ponthieu, qu'il conserva jusqu'à l'âge de quatorze ans. Ses premiers jours s'écoulèrent au sein de la magnificence qui distinguait la cour de sa mère, mais avec aussi peu de soins et de tendresse personnelle, de la part de celle-ci, pour lui que pour les autres enfants d'Isabeau, auxquels elle restait parfois des mois entiers sans accorder ses caresses.

Le petit prince ressentit de bonne heure le contrecoup des luttes acharnées par lesquelles, mettant à profit le déplorable état du roi, les princes du sang, et notamment le duc d'Orléans, frère de Charles VI, et Jean sans Peur, duc de Bourgogne, son cousin germain, se disputaient le pouvoir. Un jour, au mois d'août 1405, le comte de Ponthieu, à peine âgé de deux ans et demi, fut emmené en toute hâte avec ses frères hors de l'hôtel Saint-Paul et jeté dans une barque. On rama furtivement jusqu'à Vitry. Là les princes débarquèrent, furent mis dans un chariot et conduits ainsi à Villejuif. Ils y couchèrent. Le lendemain, on les voitura sur le chemin de Pouilly, où ils devaient rejoindre leur mère et le duc d'Orléans. Ils étaient accompagnés d'une escorte que commandait le duc de Bavière, frère d'Isabeau. Tout à coup, on vit apparaître sur la route Jean sans Peur avec une nombreuse troupe de cavaliers qui barrèrent le chemin.

Une violente dispute s'engagea entre les deux ducs. Mais le Bourguignon était le plus fort et il fit à sa volonté. Il trancha lui-même, d'un coup d'épée, les traits des chevaux du chariot princier, et donna l'ordre de reconduire à Paris les trois enfants. On les y logea au château du Louvre, alors encore forteresse autant que résidence royale, sous la garde de leur grand-oncle, le duc de Berry. Les jours suivants, la capitale fut remplie d'hommes armés; des chaînes entravèrent la circulation dans les rues, souvent foulées, aux heures du sommeil, par les pas pesants des rondes nocturnes; les émeutes se multiplièrent; les cris : *Alarme! Alarme!* retentissaient à chaque instant de toutes parts. Une agitation presque continuelle remplit toute la fin de cette année.

Celles qui suivirent ne furent pas moins fécondes en émotions violentes, dont le spectacle ou l'écho ne pouvait manquer de faire impression sur l'âme du jeune Charles. Le mercredi 23 novembre 1407, le duc d'Orléans avait soupé chez la reine Isabeau, à l'hôtel Barbette. Il en sortit de fort bonne humeur. Il s'en retournait à son logis, chevauchant sur sa mule et fredonnant une chanson, sans doute quelque air en vogue dans la haute société d'alors. Vêtu d'une simple robe de damas noir, il n'était accompagné que de quelques hommes portant des torches. Tout à coup, d'une maison de la vieille rue du Temple s'élance une troupe d'assassins masqués, qui se jettent sur le prince en criant : *A mort! à mort!* Coups d'épée, de hache, de massue pleuvent sur l'infortuné duc qui appelle en vain à l'aide, et qu'essaie de couvrir de son corps un serviteur fidèle. Celui-ci fut tué avec son maître, dont le cadavre demeura étendu sur la place, tandis que sa cervelle jaillissait sur le pavé. Les meurtriers avaient pris la fuite.

Quand la nouvelle de cet attentat se répandit dans la ville, ce fut un émoi universel. Le bruit courut bientôt que les assassins s'étaient réfugiés dans l'hôtel du duc de Bourgogne. Celui-ci témoignait le plus vif chagrin. Trois jours avant le crime, il avait juré au duc d'Orléans une amitié éternelle et communié avec lui en signe de réconciliation. Aux obsèques, célébrées dans l'église des Célestins, et où il tenait un des coins du drap, il éclata en sanglots. Mais le prévôt de Paris, sceptique à bon droit et bien renseigné, n'en demanda pas moins au conseil royal l'autorisation de fouiller l'hôtel du prince. Jean alors pâlit, se troubla. Il prit par la manche et tira dans un coin son oncle le duc de Berry et le duc d'Anjou, roi de Sicile, son cousin, et leur dit d'une voix tremblante : « C'est moi qui ai fait le coup ; le diable m'a tenté. » Mais bientôt il changea d'attitude. L'impunité l'enhardit et il en vint à se vanter de son crime en plein conseil. Toutefois, prudemment, il sortit de la capitale et gagna ses États de Flandre.

Il en revint bientôt avec trois mille hommes, pénétra dans Paris malgré les autres princes, et y trouva des partisans pour crier : *Noël!* sur son passage. Alors il ne garda plus aucune mesure. Le 8 mars 1408, devant la cour assemblée, un docteur de l'Université appointé par lui à cet effet, Maître Jean Petit, plongeant à corps perdu dans l'effrayant abîme d'une dialectique insensée, et y déployant une dextérité sauvage, établit dans toutes les formes que le meurtre du duc d'Orléans avait été un acte licite et méritoire, « perpétré pour le très grand bien de la personne du roi, de ses enfants et de tout le royaume ». Bien plus, Jean fit parler la chancellerie de Charles VI qui, sous son œil menaçant et sa main levée, rédigea des lettres par lesquelles le roi, reconnaissant que c'était en effet pour son bien et celui de ses sujets qu'on avait mis son frère hors de ce monde, gratifiait l'auteur de cette utile expulsion de son affection toute particulière. Quels spectacles! quelles leçons pour les enfants royaux!

Trois jours après la belle manifestation d'impudence philosophique du logicien Jean Petit, triste produit de la décadence de cette grande scolastique à jamais illustrée par saint Thomas d'Aquin, le 11 mars 1408, Isabeau prenait secrètement avec ses fils la route de Melun, où ils séjournèrent cinq mois au milieu des gens de guerre et d'où elle ne les ramena que le 26 août. Le 5 novembre suivant, ils quittèrent encore la capitale avec elle, fuyant le duc de Bourgogne. Ils s'établirent successivement à Tours et à Chartres. Rentrés à Paris le 21 mars 1409, ils furent bientôt transportés de nouveau à Melun. Quand ils en revinrent, au mois de décembre suivant, la capitale portait encore les cruelles marques de la domination de Jean sans Peur et de la faction démagogique qui avait choisi ce tyran pour chef. Le jeune Charles put voir, pendu au gibet, le cadavre sans tête de l'un des principaux personnages de la cour du roi son père, le grand maître Jean de Montaigu, décapité le 17 octobre par ordre du duc de Bourgogne. On ne l'ensevelit que trois ans plus tard.

Une nouvelle explosion de guerre civile ne tarda guère. Au mois de juin 1411, Paris est en pleine anarchie, en proie aux fureurs bourguignonnes. Les bons bourgeois fuient la capitale; la reine et ses enfants reprennent la route de Melun. A leur retour, le 11 septembre, Isabeau, par précaution, s'établit au château fort du bois de Vincennes; le jeune comte de Ponthieu, alors dans sa neuvième année, est logé au Louvre. De ses fenêtres il peut voir défiler les mercenaires anglais que Jean sans Peur a pris à sa solde; il peut entendre les cris des victimes égorgées par ordre de ce populaire et farouche despote. En 1412, pendant une expédition contre le duc de Berry, entreprise par Jean et où il entraîne à sa suite le fantôme couronné, jouet lugubre des factieux, qui porte le nom de Charles VI, nouveau séjour de la reine et de ses fils à Melun, puis nouveau retour à Paris, où Isabeau se résigne à subir docilement la loi du duc de Bourgogne.

L'année 1413 fut celle de la grande révolution cabochienne. Les partisans parisiens du duc de Bourgogne avaient reçu le nom de Cabochiens. Ce nom venait de l'un des plus forcenés démagogues de la capitale, un simple écorcheur de bêtes, nommé Simonet Caboche. Celui-ci, par état, se rattachait à la grande corporation des bouchers de Paris, puissante oligarchie héréditaire, qui s'était jetée à corps perdu dans la faction bourguignonne et avait mis à son service le nombreux personnel, aux habitudes sanguinaires, dont elle disposait. Paris en fut terrorisé. Ces mains cruelles avaient des chefs plus cultivés dans la personne d'un bon nombre de docteurs et de clercs de l'Université de Paris, fort entichés de leur science, et d'ailleurs imbus d'opinions et animés d'intentions, qui n'étaient pas toutes mauvaises, pour la réforme des abus du gouvernement et de l'administration royale. Mais, comme il arrive trop souvent, ces intellectuels, d'ailleurs farcis de sophismes, étaient entraînés et débordés par les passions sauvages de leurs séides, par l'ambition et la cupidité effrénées de Jean sans Peur et de ses familiers, de sorte que leurs conceptions réformatrices, magnifiques sur le papier, aboutissaient en fait à la tyrannie des mauvais gueux et à toutes sortes d'excès sanglants.

La famille royale elle-même subit en frissonnant l'horrible contact des écorcheurs. Le 28 avril, les portes de l'hôtel Saint-Paul, sa résidence, furent enfoncées; cours et jardins s'emplirent de têtes affreuses et de bras armés; l'émeute fouilla le palais de fond en comble. Le duc de Bar fut emmené. Un des seigneurs de la cour, Michel de Vitry, fut arraché brutalement des mains de la duchesse de Guyenne, propre fille de Jean sans Peur, qui cherchait à le garantir. Une seconde invasion eut lieu quelques jours plus tard. Cette fois, ce fut le duc de Bavière, frère de la reine, qui fut enlevé par les bouchers avec un grand nombre de personnes attachées au service du roi, de la reine, des princes et princesses. Quatorze des dames d'Isabeau furent saisies dans les chambres les plus reculées, où elles avaient cherché un refuge, et furent entraînées de vive force. La reine, violemment émue de douleur et de colère, en tomba malade. Charles VI et ses fils durent arborer le chaperon blanc, adopté comme signe de ralliement par les Cabochiens. Trois mois durant, la cour vécut dans des transes continuelles. De menaçantes rondes circulaient jour et nuit autour du palais sous prétexte de veiller à la sûreté du roi. Dans Paris tout entier la terreur régnait, la faction dominante ne se refusait aucun attentat, et l'échafaud demeurait dressé en permanence aux Halles. Un très éminent docteur, en grande et juste réputation de science et de sainteté, Maître Jean Gerson, chancelier de Notre-Dame et curé de Saint-Jean-en-Grève, se permit, dans une compagnie où il se trouvait, de dire qu'un tel état de choses n'était pas bien honnête ni selon Dieu. Il fut dénoncé, et il aurait payé de sa vie cette remarque trop évangélique, s'il n'avait trouvé une bonne cachette dans les hautes voûtes de la cathédrale. Son domicile du moins fut livré au pillage.

Toutefois, à la longue, une réaction se produisit. Le roi de Sicile, le duc Charles d'Orléans, d'autres princes du sang, s'unirent ensemble et avec la majeure partie du Parlement et de l'Université, effrayée, à la fin, de l'orgie cabochienne. Le 3 août, les prisonniers furent délivrés ; le 8, on publia le rétablissement de la paix ; le 31, le roi de Sicile et les princes firent leur entrée dans la ville, que Jean sans Peur avait délivrée de sa présence. Le bon Jean Gerson prit alors une pacifique revanche. Dans une solennelle procession de l'Université, faite à Saint-Martin-des-Champs, avec un grand concours de peuple, il prêcha un sermon d'une belle longueur et d'une docte éloquence sur ce thème : *In pace in idipsum*, « lequel, écrivit plus tard un de ses plus dignes auditeurs, il déduisit bien grandement et notablement, tellement que tous en furent très contents ».

C'était, on le voit, un milieu bien sombre, bien orageux, que celui où avait jusqu'alors vécu le prince Charles, comte de Ponthieu. Un événement, doublement heureux pour lui, le plaça pour quelque temps dans une atmosphère plus paisible. Les mariages des enfants royaux se négociaient alors, se décidaient même parfois de très bonne heure. Dans les derniers jours du mois de décembre 1413, furent célébrées au Louvre les fiançailles de

Charles avec sa jeune cousine, Marie d'Anjou, fille du roi de Sicile et de son épouse, Yolande d'Aragon. Yolande était une princesse de bonnes mœurs et de haut mérite. Elle se chargea désormais de l'éducation de son futur gendre, pour qui elle conçut et manifesta une affection de mère, auprès de qui elle remplit le beau rôle dedaigné par Isabeau. Charles quitta Paris avec la reine de Sicile, le 5 février 1414, et vécut ensuite heureux environ deux ans sous son aile, en Provence et en Anjou. Mais la mort successive de ses deux frères aînés, le duc de Guyenne et le duc de Touraine, en faisant de lui le dauphin, l'héritier présomptif de la couronne de France, exposée en ce moment à tant de périls, le rejetèrent, à peine entré dans sa quinzième année (avril 1417), en pleine tempête, dans le tourbillon des factions contraires et sous la menace de l'orage qui grandissait et s'avançait du côté de l'étranger. Le roi Henri V d'Angleterre, politique sagace non moins qu'habile capitaine, nourrissait plus que jamais, depuis le coup de foudre d'Azincourt (25 octobre 1415), l'espoir trop bien fondé de profiter de nos discordes pour joindre dans sa main avide et ferme le sceptre des Valois à celui des Plantagenet.

La faction des Armagnacs, opposée à celle des Bourguignons, était alors maîtresse de Paris et de la cour, où le dauphin Charles allait prendre la place due à son rang. Le nom de cette faction lui venait de son chef, Bernard, comte d'Armagnac et connétable de France, dont la fille Bonne avait épousé, en 1410, le duc Charles d'Orléans, fils aîné de la victime de Jean sans Peur. Bernard remplissait à la fois le personnage de généralissime et celui de premier ministre, mais son autorité dans le royaume était loin d'être sans conteste, car le duc de Bourgogne, conservant une foule de partisans, maintenait toutes ses prétentions et les appuyait de menées sourdes, de hardis coups de main et de cruels ravages. Dans les villes et dans les campagnes les deux factions étaient aux prises. Les gens armés de l'une et de l'autre se massacraient à qui mieux mieux, en vrais brigands qu'ils étaient, et naturellement égorgeaient aussi et pillaient les gens paisibles, surtout les bons bourgeois pourvus de quelque opulence, traités en *Armagnacs* par les *Bourguignons* et en *Bourguignons* par les *Armagnacs*. Les proscrits des deux partis et les hommes ruinés par la guerre civile, citadins ou paysans, ne sachant que devenir, se faisaient aussi brigands, tuaient et pillaient à leur tour. A Paris, le gouvernement du connétable n'était pas tendre : arrestations et bannissements étaient ordonnés et accomplis coup sur coup; impôts et taxes grossissaient à vue d'œil; les incessantes variations des monnaies faisaient tourner la tête et maigrir la bourse des marchands et des ménagères; les vivres atteignaient un prix exorbitant. Une lugubre obsession de fin prochaine se présentait sans relâche aux esprits accablés et aux corps amaigris des malheureux

Français, sous cette double et désespérante image : mort violente et difficulté de vivre.

C'est dans ces tristes circonstances que le nouveau dauphin dut faire l'apprentissage des affaires publiques, sous la direction de conseillers choisis par la reine Yolande et dont les trois principaux étaient Robert le Maçon, seigneur de Trèves en Anjou ; Jean Louvet, président de la Chambre des comptes d'Aix, dit le Président de Provence, et Regnault de Chartres, archevêque de Reims. Le confesseur du jeune prince, influent aussi dans son conseil, était un pieux et savant docteur, Maitre Gérard Machet, professeur, puis proviseur au collège de Navarre, et qui, en 1416, avait eu l'honneur de remplacer Jean Gerson comme vice-chancelier de l'Université de Paris.

L'importance politique du jeune Charles fut singulièrement accrue par la disgrâce éclatante dont, au mois d'avril 1417, le connétable d'Armagnac fit frapper la reine Isabeau. Celle-ci résidait en ce moment au château de Vincennes, avec sa fille, Catherine de France, sa belle-sœur, Catherine d'Alençon, épouse de Louis de Bavière, et la dauphine Marie d'Anjou, sa belle-fille. Elle donnait à ces jeunes princesses un exemple déplorable, car ni l'âge ni les infirmités qui étaient venues avec lui n'avaient tempéré son ardeur pour les plaisirs. Les mœurs des seigneurs et des dames de sa cour étaient scandaleuses. La rumeur publique accusait surtout les excès de trois jeunes gentilshommes de haut rang, préposés tout spécialement au service de la reine : Georges de la Trémoille, Pierre de Giac et Louis de Bosredon. Ce dernier, qui exerçait la charge de maître d'hôtel d'Isabeau, surchargeait encore son faste et ses écarts de conduite d'une remarquable insolence. Cela finit par le perdre. Un jour que Charles VI était venu voir la reine et s'en retournait en compagnie du dauphin, il croisa sur son chemin le jeune courtisan qui revenait de la capitale, et qui lui fit à peine en passant une révérence légère. Le roi, blessé de ce manque de respect, donna ordre d'arrêter Bosredon, qu'il avait reconnu. Le prévôt de Paris, Tanguy du Chastel, commandait l'escorte royale. Ancien chambellan du duc Louis d'Orléans, c'était un *armagnac* déterminé, vaillant capitaine d'ailleurs, entièrement dévoué au roi et au dauphin, mais homme inflexible et, au besoin, cruel. Ce fut avec plaisir qu'il rejoignit Bosredon, mit la main sur lui, et le conduisit sans plus attendre aux prisons du Châtelet (1). L'infortuné, appliqué à la torture, fit des aveux très compromettants. La conséquence en fut nette et décisive. Bosredon fut jeté à la Seine, enfermé dans un sac de cuir sur lequel étaient écrits ces mots : *Laissez passer la justice du roi*. Isabeau, reléguée à Blois, y fut soumise à une étroite surveillance.

(1) Selon une autre version, Bosredon fut d'abord retenu quelque temps, garrotté et enchaîné, dans la tour de Montlhéry.

Cette surveillance toutefois se relâcha quelque peu quand la reine eut été transférée à Tours. Fort irritée de son exil et des retranchements que l'on avait fait subir à son état de maison, ainsi qu'aux moyens de pourvoir au luxe enragé dont elle s'était fait une habitude, Isabeau se prêta volontiers aux ouvertures secrètes de Jean sans Peur, qui tenait toujours la campagne et ne cessait guère, par lui-même ou par ses lieutenants, de rôder autour de la capitale et de guetter le moyen de s'y réinstaller par force ou par ruse. D'accord avec le duc, la reine obtint l'autorisation de se rendre en pèlerinage à Marmoutier. Le 2 novembre 1417, pendant qu'Isabeau entendait la messe dans l'église abbatiale, celle-ci fut cernée par une troupe armée de soixante Bourguignons, dont le chef, Hector de Saveuse, enlevant la reine à ses gardiens, la remit sous la tutelle de Jean sans Peur, qui n'avait pas tardé à venir la joindre. Le duc plia le genou devant elle avec toutes sortes de protestations de respect et d'obéissance. Isabeau, de son côté, rendit publiquement témoignage au zèle de Jean pour le roi et pour le royaume. Le jour même, après avoir dîné à l'abbaye, ils firent ensemble, bien accompagnés, leur entrée solennelle dans la ville de Tours, qui s'était soumise au duc de Bourgogne. De là ils se transportèrent à Chartres où, se déclarant les vrais représentants et fondés de pouvoir de Charles VI, ils constituèrent un gouvernement rival de celui du dauphin, que son père avait investi, le 15 juin, du titre et des fonctions de son lieutenant général. Isabeau, elle, s'intitula, « par la grâce de Dieu, reine de France, ayant, à cause de la captivité de Monseigneur le roi, le gouvernement et l'administration du royaume ». Le siège de ce pouvoir usurpateur fut un peu plus tard fixé à Troyes.

Le dualisme officiel consacrait et organisait la guerre civile, et cela en face des progrès de l'invasion étrangère. Débarqués à Touques le 1er août 1417, les Anglais s'étaient promptement répandus en basse Normandie et, après quelques semaines de siège, s'étaient, dans les premiers jours de septembre, emparés de la ville et du château de Caen. Il y eut, il est vrai, parmi les hostilités furieuses des deux factions rivales, des négociations engagées pour une entente des deux pouvoirs qui les représentaient. Ces pourparlers semblaient même sur le point d'aboutir, malgré l'opposition du connétable d'Armagnac et de quelques autres conseillers du dauphin, quand, à la fin de mai 1418, un coup de main provoqué et servi par la trahison remit Paris dans les mains de Jean sans Peur.

« Or est à croire, raconte un docte contemporain, alors maître des requêtes, plus tard avocat général au Parlement et qui mourut archevêque de Reims (1), que Dieu voulait encore châtier ce

(1) Jean Jouvenel des Ursins. — Nous avons çà et là introduit dans le texte du chroniqueur quelques légères équivalences et quelques brèves additions, ayant pour objet de l'éclaircir, de le compléter et parfois d'en préciser et d'en accentuer un peu l'expression sans l'altérer.

royaume : car le dimanche vingt-huitième jour dudit mois de mai, les Bourguignons entrèrent à Paris. Et pour savoir la manière dont cela se fit, il faut avoir souvenance que le duc de Bourgogne avait à Paris de grands partisans. La cause en vint de ce qu'on faisait plusieurs et diverses exactions indues par manière d'emprunts forcés, et d'autres façons encore, sur les bourgeois, et spécialement sur ceux que l'on savait avoir de quoi, sans ménagements. Cela faisait naître courroux et envies des uns contre les autres, et il y en avait de bannis et chassés dehors, que leurs amis voulaient faire rentrer dans la ville, et ils cherchaient pour cela le moyen d'y introduire le duc de Bourgogne. De plus, il y avait des gens de guerre qui, avec leurs valets et serviteurs, faisaient des déplaisirs à aucuns bourgeois de Paris et à leurs serviteurs.

« Pareille aventure arriva à un nommé Perrinet le Clerc, fils de Pierre le Clerc l'aîné, demeurant sur le Petit-Pont. Ledit Pierre était un bon marchand de fer et de choses concernant le fer, riche homme, bon prud'homme et de bonne renommée. Il était quartenier et comme tel avait la garde de la porte Saint-Germain-des-Prés. Le plus souvent il y envoyait son fils Perrinet disposer le guet à sa place. Or un jour, en s'en revenant, ledit Perrinet fut vilainé et injurié, voire battu et frappé par les serviteurs de quelques-uns des principaux membres du conseil du roi. Plainte en fut portée au prévôt de Paris et à son lieutenant afin d'en avoir justice. Mais on n'en tint compte. Perrinet courroucé dit qu'une fois il s'en vengerait.

« Or, comme il a été dit, il y en avait plusieurs à Paris qui secrètement tenaient le parti du duc de Bourgogne. Parmi eux se trouvaient notamment des parents, amis et alliés du seigneur de l'Isle-Adam, capitaine de Pontoise pour ledit duc. Quelques-uns de ceux-ci furent avisés du courroux de Perrinet. Ils s'en vinrent parler avec lui pour chercher et trouver manière comment on pourrait introduire dans la ville le capitaine avec ses gens. « Je saurai bien, leur dit Perrinet, dérober subtile-
« ment et sans qu'on s'en doute, les clefs de la porte
« de Saint-Germain que mon père a en sa garde. » Et il fit tant qu'il induisit dans son complot, outre les hommes de sa dizaine, plusieurs chefs importants de la bourgeoisie de Paris.

« Aussitôt on envoya vers le seigneur de l'Isle-Adam, et celui-ci s'engagea de faire l'entreprise, au jour convenu, qui fut le dimanche vingt-huitième jour de mai. Ledit seigneur partit en effet de Pontoise pendant la nuit du samedi avec deux autres capitaines bourguignons; c'est à savoir le seigneur de Chastellux et le Veau de Bar (1), et environ huit cents hommes, et à deux heures du matin, il arriva devant la porte Saint-Germain. Perrinet le Clerc et ses conjurés, de leur part,

(1) Guy de Bar, dit le Beau, dont le surnom paraît ici déformé ironiquement.

firent grande diligence de s'y rendre à point, et ouvrirent la porte. Les capitaines pénétrèrent dans Paris avec leur troupe, qui fut bientôt accrue de douze cents Parisiens armés, et ils s'avancèrent par la ville de divers côtés en disant : « La paix ! la « paix ! Bourgogne ! »

« Toutefois l'ensemble de la population n'osait sortir hors des maisons, jusqu'à ce que le seigneur de l'Isle-Adam et les siens arrivèrent à la rue Saint-Denis et à la rue Saint-Honoré, se dirigeant vers l'hôtel du comte d'Armagnac. Là de toutes parts sortit le peuple, prenant la croix de Saint-André, insigne de la faction, et criant : « Vive « Bourgogne ! » Et ils assaillirent l'hôtel dudit comte. Mais celui-ci, s'étant déguisé, pour lors s'échappa et s'alla cacher au logis d'un maçon, lequel depuis le trahit, et le comte fut donc pris et mené à la conciergerie du Palais.

« Cependant Messire Tanguy du Chastel entendit le bruit qui se faisait dans les rues. Il s'en vint alors hâtivement à l'hôtel du Petit-Musc, dépendance de l'hôtel royal des Tournelles, où Monseigneur le dauphin dormait en son lit. Par la grâce de Dieu il l'éveilla, le prit entre ses bras, l'enveloppa de sa robe de chambre, et, au travers des jardins de l'hôtel Saint-Paul, il le porta jusqu'à la Bastille de Saint-Antoine. Là il le fit habiller et monter sur un cheval que Monseigneur Robert le Maçon, chancelier dudit dauphin, lui céda en toute hâte, et il le mena jusqu'à Melun à franc étrier.

« De déclarer les meurtres, pilleries, brigandages et tyrannies qui se commirent à Paris, en conséquence de l'entrée et de la victoire du seigneur de l'Isle-Adam, ce serait chose trop longue et trop piteuse à raconter. On arrêtait partout toutes sortes de gens. Les uns étaient gardés prisonniers en maisons particulières, dans l'intention de leur extorquer de l'argent. Les autres étaient conduits au grand et au petit Châtelet, au Louvre, au Temple, à Saint-Martin-des-Champs, à Saint-Magloire et en autres lieux de force. Quelques-uns, croyant par là se mettre à l'abri de la mort, s'allaient faire enfermer d'eux-mêmes aux prisons ordinaires. Et la populace se porta en grand tumulte au collège de Navarre, et là ils pillèrent et dérobèrent ce qu'ils trouvèrent, excepté la bibliothèque (1). Plusieurs autres lieux et maisons furent saccagés, tant de conseillers au Parlement que de gens d'Église et de marchands. Et ils allèrent jusqu'à la ville de Saint-Denis et la pillèrent et saccagèrent et on y fit des maux innombrables. »

Les chefs armagnacs réunis autour du jeune dauphin assemblèrent à Melun une force respecta-

(1) Selon un autre chroniqueur (le religieux de Saint-Denis) la bibliothèque ne fut pas exceptée du pillage. « Il y en eut, dit-il, qui étendirent leurs violences jusqu'au fameux collège de Navarre, que dirigeait alors le vénérable Raoul de Laporte, docteur en théologie. Ils y entrèrent de vive force, enfoncèrent les portes des cellules des étudiants, qu'ils saccagèrent; ils enlevèrent aussi les livres de la bibliothèque et accablèrent les écoliers de mauvais traitements. »

ble de gens de guerre. Reprenant courage, ils résolurent de tenter sur la capitale une pointe de retour offensif. Le prince, alors âgé d'un peu plus de quinze ans, voulut absolument s'associer en personne à cette entreprise, que des relations contemporaines nous racontent ainsi qu'il suit :

« Mercredi dernier (1er juin 1418), vers trois heures du matin, sur le point du jour, Monseigneur le dauphin, accompagné d'environ quatorze cents hommes d'armes, qui étaient arrivés pendant la nuit au pont de Charenton, s'avancèrent jusqu'à la porte de Saint-Antoine. Et alors les gens de leur parti, demeurés maîtres de la Bastille, sachant la venue et entreprise de leurs amis, s'en vinrent à leur rencontre de l'intérieur de la ville, au nombre de cinquante hommes d'armes, et se mirent à rompre ladite porte Saint-Antoine. C'est à quoi ceux de la ville de Paris, amis ou sujets des Bourguignons, ne pouvaient résister, parce que les occupants de ladite Bastille faisaient tirer sur eux bombarbes, canons et une terrible grêle de traits. Les gens de Monseigneur le dauphin réussirent donc à pénétrer dans la ville, et nonobstant la grande chaîne de fer tendue devant Sainte-Catherine, ils s'en vinrent jusqu'à la Bastille, puis, s'avançant le long de la rue Saint-Antoine, en poussant devant eux avec une grande vigueur leurs adversaires, ils parvinrent devant la croix en la porte Baudet. Et, certes, s'ils eussent été tout droit au Châtelet et y eussent délivré les prisonniers, qui leur seraient venus en aide, les Bourguignons, dit-on, auraient bien pu avoir le dessous. Et déjà nombre d'habitants prenaient la croix droite des Armagnacs. Mais parce que les gens du dauphin, et surtout des soudoyers de Bretagne, commencèrent à entrer dans les maisons pour les mettre à sac, le peuple, irrité de cette pillerie, se rangea du côté des Bourguignons. Après trois heures de lutte, les envahisseurs furent rejetés sur la Bastille, près de laquelle Monseigneur le dauphin était demeuré avec son étendard et son escorte. Mondit seigneur et ses gens se retirèrent alors au pont de Charenton et de là ensuite s'en retournèrent à Melun. »

Voilà donc les Parisiens délivrés des pilleries des Armagnacs. Mais ils n'y gagnèrent rien, car les fureurs bourguignonnes se donnèrent plus que jamais carrière, en dépit même de Jean sans Peur et de la reine Isabeau.

« La reine et le duc de Bourgogne, nous raconte le bon Jouvenel, tout émus de tels souvenirs, envoyèrent à Paris un avocat au Parlement, nommé Maître Philippe de Morvilliers, et un chevalier nommé Messire Jean de Neufchastel, seigneur de Montaigu, ce dont plusieurs à Paris étaient bien joyeux. Car on avait espérance qu'ils étaient venus pour rétablir l'ordre et la justice. Mais il en alla bien autrement.

« En effet, voici que le douzième de juin, il y eut une émeute à Paris, et, parmi les chefs de cette émeute, il y avait un nommé Lambert, potier d'étain, demeurant en la Cité, et parmi les boutefeu, les bouchers et autres des séditions passées, naguère bannis et depuis rentrés en la ville. Les émeutiers se rendirent aux prisons du Palais et entrèrent dedans. Ils y saisirent le comte d'Armagnac, connétable de France, Messire Henri de Marle, chancelier de France, et un nommé Maurignon, serviteur dudit connétable. Ils les menèrent hors de la conciergerie du Palais au milieu de la cour, et là ils en firent un massacre trop horrible, car, non contents de les avoir tués, ils les dépouillèrent de leurs vêtements, excepté des chemises, et il y en eut qui leur coupèrent cruellement des bandes de chair dans le dos, comme s'ils les eussent voulu écorcher.

« De là les émeutiers vinrent au grand Châtelet, à l'extrémité du Pont-au-Change, où il y avait grande foison de prisonniers. Les uns montèrent trouver les malheureux captifs, les autres demeurèrent en bas, tendant leurs javelines, épieux, épées, bâtons pointus, les pointes en haut. Or ceux d'en haut faisaient sauter lesdits prisonniers par les fenêtres, de façon qu'ils tombassent sur lesdites armes tendues, tranchantes et pointues, et, une fois que les pauvres gens étaient morts, ils les taillaient en pièces. De là ils s'en allèrent au petit Châtelet, où étaient enfermés l'évêque de Coutances, l'évêque de Senlis et plusieurs autres notables personnages, tant d'Église que d'autres états, lesquels tous pareillement furent tués et taillés en pièces. Or ledit évêque de Coutances avait sur lui quantité d'or, et il l'offrait à ces meurtriers, espérant ainsi échapper. Mais cela ne lui servit de rien et il perdit sa vie et son or. Ils firent de même à Saint-Martin-des-Champs, à Saint-Magloire et au Louvre. Bref, il y eut bien en ces divers lieux de seize cents à deux mille personnes ainsi massacrées inhumainement, et par la ville même on en tuait aussi beaucoup.

« Quand lesdits meurtres eurent été commis, les émeutiers rassemblèrent des charrettes et des tombereaux. Ils mettaient les corps morts dedans et les menaient ou faisaient mener aux champs. Il y en avait même que l'on attachait par les pieds à une corde, et on les traînait par la ville jusque hors des portes. De cette façon fut traîné l'évêque de Senlis, savant docteur en théologie. Quiconque avait un bon bénéfice ou office, sa charge ou emploi le faisait tenir pour Armagnac, et il était mis à mort sur-le-champ, ce qui faisait vaquer au profit de qui les voulait avoir lesdits bénéfices ou offices. Et on ne tuait pas seulement les hommes, mais aussi les femmes et les enfants.

« Il y en eut plusieurs qui étaient prisonniers pour dettes, ou pour crimes ou délits par eux commis, qui furent bien joyeux de l'entrée des Bourguignons dans Paris, car, à cette occasion, ils recouvrèrent leur liberté. D'autre part, il y en eut de plus mauvaise chance, car ceux-ci, sur la dénonciation de leurs ennemis, avaient été depuis ladite entrée emprisonnés comme Armagnacs, quoiqu'ils fussent en réalité partisans du duc de Bourgogne, et dans l'émeute susdite ils furent tous tués. On ne faisait, selon l'occurrence, attention à rien ni à personne. Toutefois, plusieurs des prisonniers particuliers des seigneurs de l'Isle-Adam et de Chastellux et du Veau de Bar réussirent à sauver leur vie : c'étaient de gros et riches personnages qui financèrent largement. Il n'y eut aucun de ces trois capitaines qui, par suite des pillages, brigandages et rançons, ne fit un gain de cent mille écus et davantage. En particulier, le seigneur de l'Isle-Adam sut à merveille profiter de ces aubaines et en faire profiter ses gens. Plusieurs de ceux-ci s'équipèrent de belles armures et se montèrent de beaux chevaux, en conséquence des profits qu'ils avaient eus en la ville de Paris. Ils contrefaisaient les gentilshommes et leurs femmes menaient train de grandes dames, et hommes et femmes faisaient montre de beaux vêtements. Ainsi s'abandonnait-on au mal et à toutes sortes de choses illusoires et dérisoires, soit par rapport à Dieu, soit par rapport au monde. »

La domination bourguignonne dans la capitale, affermie par l'abandon de la Bastille d'où se retira la garnison laissée par les Armagnacs, se traduisait, on le voit, en épouvantables excès. La présence, longtemps souhaitée, de Jean sans Peur et de la reine Isabeau, qui firent en grande pompe leur entrée le 14 juillet, ne mit pas un terme à l'anarchie. Une nouvelle commotion eut lieu le 21 août, et, à la vérité, eut l'avantage de décider le duc à se débarrasser de la lie de sa faction. Mais la situation des Parisiens n'en demeura pas moins longtemps lamentable.

« Le vingt et unième jour d'août, dit l'excellent Jouvenel, le roi, la reine et le duc de Bourgogne étant à Paris, il y eut une grande commotion de peuple. On disait que Capeluche, le bourreau, en était le chef. La populace massacra plus de deux cents personnes, qu'elle appelait Armagnacs et où il y avait plusieurs gens de bien. Et, en raison de haines particulières, on tua encore quelques-uns des partisans du duc de Bourgogne, et jusqu'à des personnes ayant leur demeure en son hôtel. Et différentes fois Capeluche, accompagné de méchantes gens, vint parler au duc, comme s'il eût été lui-même un seigneur. Et parmi ceux qui donnaient appui, concours et autorité à la sédition, il y avait les chefs des bouchers, les Legoix, les Saint-Yon, les Caboche, et aussi de pervers docteurs, sermonneurs et prêcheurs de l'Université. Entre autres personnes, les émeutiers se saisirent d'une demoiselle vertueuse et de bonne renommée, mais parce que certains disaient qu'elle était armagnac, ils lui coupèrent la tête et laissèrent son cadavre au milieu de la rue. Ils s'en allèrent ensuite à l'hôtel du roi et de la reine et s'y emparèrent de deux chevaliers, maîtres d'hôtel du roi, dont l'un était nommé Messire Hector de Chartres, seigneur de Lyons en Beauvaisis, père de Messire Regnault de Chartres, archevêque de Reims, et l'autre Messire Louis de Mançonnet, tous deux vieux et vénérables chevaliers, et vrais prud'hommes. On les mena par les rues et finalement on les y tua de façon très inhumaine.

« Quand ladite sédition fut cessée et apaisée, on s'avisa de faire croire à ceux qui l'avaient soulevée et conduite, que les Armagnacs, maîtres de Montlhéry et de Marcoussis, s'avançaient sur Paris, principalement vers la porte Saint-Jacques, et qu'il les fallait aller combattre. Les plus fougueux alors sortirent en grand nombre hors des murs, et derrière eux on ferma les portes et on ne les laissa plus rentrer. Le bourreau Capeluche était demeuré : on mit la main sur lui, tandis qu'il buvait au cabaret, en un lieu qu'on appelle la Rapée des Halles de Paris, on l'enferma au Châtelet et on ne tarda guère à lui faire couper la tête. Et elle lui fut coupée par son propre valet, auquel il enseigna la bonne manière de le faire, et qui devint bourreau à son tour (1). Et le bruit courait qu'on la lui avait fait couper, parce qu'il avait osé toucher la main du

(1) Ce dernier détail ne nous est pas donné en réalité par Jouvenel, mais par un autre chroniqueur, celui qu'on a coutume d'appeler le *bourgeois de Paris*, et qu'un érudit très compétent, M. Alexandre Tuetey, croit pouvoir identifier avec un personnage important de l'Université et du clergé de la capitale, nommé Jean Chuffart, partisan passionné de la faction bourguignonne.

duc de Bourgogne, qui la lui avait tendue, ne sachant pas que ce fût le bourreau.

« On coupa aussi la tête à un bon marchand de Paris, nommé Guillaume d'Auxerre, drapier, demeurant en la Cité, et encore à un notable avocat en parlement, nommé Maître Pierre la Gode, et, de plus, à un maître des requêtes de l'hôtel du roi, qu'on appelait Maître Philippe de Corbie ; et la raison, c'est qu'on disait qu'ils étaient Armagnacs. De grandes et innombrables cruautés furent en ce temps-là commises en ladite ville de Paris, et il s'ensuivit une bien grande punition de Dieu, et bien manifeste.

« En effet, depuis le mois de juin jusqu'au mois d'octobre, il y eut une mortalité tout à fait extraordinaire et effrayante, et cela, non seulement à Paris, mais dans les villages des environs et jusqu'à Senlis, et le nombre des morts fut tel qu'il en est à peine croyable. Spécialement moururent presque tous ces brigands et autres gens d'émeutes, et plusieurs comme soudainement, sans contrition, confession ni repentance. Et on sut par quelques religieuses de l'Hôtel-Dieu de Paris, où il en trépassa un très grand nombre, qu'il y en eut notamment sept ou huit cents de morts, lesquels on avait exhortés de se confesser et repentir des maux qu'ils avaient faits. Mais ils répondaient qu'ils n'en voulaient point demander pardon à Dieu, parce qu'ils savaient bien que Dieu ne leur pardonnerait point. Et quand on leur montrait ou prêchait la miséricorde de Dieu, ils n'en tenaient compte, et ils moururent en gens tout pleins de désespoir, ce qui fut une grande pitié.

« Il y eut un notable habitant de Senlis, qui avait assisté et participé aux meurtres commis dans la capitale, et puis qui s'en était retourné en sa ville. Mais un jour, ayant réfléchi sur ce qu'il avait fait ou approuvé, soudainement il sortit de sa demeure et s'en alla criant par les rues : « Je suis damné ! » Et enfin il se jeta en un puits la tête en avant, et ainsi se tua. Et aux villages du côté de la forêt de Bondy et du côté de Montmorency on en trouvait de ces meurtriers morts sur le sol, et on doit croire que leurs âmes étaient en bien grand danger.

« C'était bien grande pitié à Paris de voir tant de ménages détruits de quantité de gens de bien, nobles, bourgeois et marchands. Il y avait de pauvres femmes et enfants mis hors de leurs maisons presque tout nus, qui vivaient naguère dans l'abondance, et ils ne savaient comment sortir de la ville. Les unes s'en allaient s'offrir en qualité de vendangeuses, les autres comme servantes de village. Et on s'ingéniait et efforçait par mille moyens de s'échapper de la malheureuse cité. »

Tandis qu'en possession du pauvre fou royal et de son indigne épouse, Jean sans Peur à Paris légiférait, gouvernait, administrait, taxait, proscrivait, pillait en leur nom, le jeune dauphin, qui de Melun était allé s'établir à Bourges, puis avait exercé son activité en diverses excursions et entreprises, s'efforçait d'affermir et d'étendre son autorité d'héritier du trône, de conserver et d'accroître la partie du pays, de cette pauvre France déchirée par les factions et envahie par les Anglais, qui lui demeurait soumise.

CHAPITRE II

LES TROIS FRANCES

L'occupation, devenue définitive, de la capitale et de la personne du roi par la faction bourguignonne et, d'autre part, malgré les habitudes ambulantes du dauphin, l'installation officielle de son gouvernement, rival de celui de Paris, au sud de la Loire, à Bourges et à Poitiers, acheva le démembrement moral de la patrie. Il y eut désormais deux Frances. Sur la France du centre et du midi Charles, héritier du trône, commença dès maintenant son futur règne. Le 26 octobre 1418, il prit le titre de régent. Ses efforts soutenus réussirent avec le temps à le débarrasser des enclaves bourguignonnes qui s'étaient formées dans cet État, mais il n'eut pas le même succès dans ses tentatives réitérées pour conserver et pour augmenter les positions qui lui étaient demeurées au nord de la Loire.

Un régent de seize ans, si précoce et si actif qu'il soit, et Charles à ses débuts paraît avoir été l'un et l'autre, dépend assez naturellement de son entourage politique et voit par les yeux de celui-ci. L'influence de ses ministres et de ses généraux déterminait dans une très large mesure les décisions du jeune prince et plus encore les actes de son gouvernement. Son entourage d'alors était tout armagnac. Les deux principaux chefs militaires de son conseil étaient Tanguy du Chastel, l'ancien prévôt de Paris, et Arnaud Guilhem, seigneur de Barbazan, surnommé à bon droit le « chevalier sans reproche ». Les chefs civils, vrais ministres, étaient ces mêmes hauts conseillers qui avaient guidé naguère le dauphin dans sa première participation aux affaires publiques : Robert le Maçon, Jean Louvet, Regnault de Chartres, archevêque de Reims, Martin Gouge de Charpaignes, évêque de Clermont. Plusieurs autres prélats encore avaient, au moins d'une façon relative, l'oreille du jeune prince et venaient quelquefois siéger dans ses conseils : tels Jacques Gelu, archevêque de Tours, Guillaume de Boisratier, archevêque de Bourges, Simon de Cramaud, évêque de Poitiers et cardinal. Le docte Gérard Machet conservait la direction de la conscience de Charles, dont la santé matérielle était confiée aux soins du physicien (médecin) Jean Cadart et du chirurgien Regnault Thierry. Le jeune régent, dont l'éducation avait été profondément religieuse, ne négligeait pas de conserver, d'entretenir avec soin les liens traditionnels qui avaient de tout temps uni sa race à l'Église. Parmi les apanages dont l'avait doté son père figurait le duché de Touraine, dont le titulaire était chanoine-né de la collégiale de Loches. Le 6 novembre 1418, profitant de sa résidence temporaire au château de cette ville, Charles, accompagné des grands de sa cour, se présenta au portail de l'église où l'attendait le collège canonial. Introduit solennellement dans le chœur, le prince revêtit le surplis, la chape de soie, l'aumusse de fourrure grise et s'assit dans sa stalle, à côté du maître-autel. La grand'messe fut célébrée. Le royal chanoine jura d'observer les statuts de la collégiale et promit de faire remettre à la communauté une chape de soie, conforme à celle qu'il portait. C'était la redevance à laquelle il était tenu pour son joyeux avènement.

Cette cérémonie ecclésiastique fut, à quelques jours de distance, suivie d'une expédition militaire dont le sujet n'est pas moins caractéristique des mœurs d'alors. Georges de la Trémoille, que nous avons vu tenir l'un des premiers rangs à la cour d'Isabeau, comptait au nombre de ses possessions féodales la ville et le château de Sully-sur-Loire. A la suite du coup de main de l'Isle-Adam, Martin Gouge, qui aurait fort bien pu partager le triste sort de l'évêque de Coutances et de l'évêque de Senlis, avait réussi à s'échapper de la capitale sous un déguisement. Comme il se dirigeait vers

Bourges pour y rejoindre le dauphin, il fut reconnu à Jargeau par les gens de La Trémoille. Or, celui-ci lui en voulait, et d'ailleurs trouva l'occasion bonne pour augmenter sa fortune. Il fit donc conduire le prélat à son château voisin, et l'y retint prisonnier, avec l'intention, comme dit le bon Jouvenel, « de ne le point délivrer qu'il ne payât une grosse rançon. En effet, durant les troubles, ajoute-t-il, Maître Martin Gouge avait eu part au gouvernement, et du temps de Monseigneur le duc de Berry, il avait été ordonnateur et distributeur de ses finances, et plus tard son exécuteur testamentaire, et tout cela n'avait pas été pour lui sans un bon profit. » Puisque le régent se trouvait dans ces parages avec une forte compagnie de gens de guerre, Tanguy du Chastel, le président Louvet et Jean de Torsay, grand maître des arbalétriers, ami particulier de l'évêque de Clermont, insistèrent auprès du jeune prince pour qu'il ne tolérât point, au détriment de l'un de ses plus hauts et plus fidèles conseillers, un pareil acte de brigandage. Charles parut donc devant Sully, le 15 novembre 1418, et commença de faire battre la ville et le château. La Trémoille ne crut pas devoir prolonger la résistance. Il délivra son prisonnier et promit de plus d'être désormais lui-même pour le dauphin un serviteur fidèle. Cela ne l'empêcha pas de continuer à figurer parmi les amis de Jean sans Peur. Il eut un pied dans les deux camps; il fut un personnage important dans les deux Frances.

La France bourguignonne comprenait, dans son ensemble, la région au nord de la Loire. Sous le règne nominal de Charles VI et la lieutenance officielle d'Isabeau, Jean sans Peur y tenait et y dirigeait à sa volonté les rênes du gouvernement, dont il avait rempli tous les postes de ses créatures. Violent et cauteleux, avec une hésitation de caractère qui n'excluait pas l'audace des mauvais coups, le duc de Bourgogne était guidé par une ambition sans mesure, mais sans hautes vues, doublée d'une cupidité insatiable. Ce n'était qu'au profit de son égoïsme d'esprit borné, tyrannique, qu'il cultivait sa popularité de mauvais aloi. L'un des rêves qu'il caressait, le plus cher sans doute, était de ressaisir, pour le joindre sous sa tutelle au couple royal dont il s'était rendu maître, le dauphin Charles, dont la régence lui était souverainement déplaisante, et de pouvoir alors, couvert d'un masque pleinement légal, étendre sa domination sur le pays tout entier, exploiter à son gré les deux Frances réunies sous sa main et à son profit. Il va sans dire qu'une telle perspective, si menaçante pour leurs intérêts et pour leurs personnes mêmes, exaspérait, quand elle s'offrait à leur esprit, les chefs armagnacs, alors en possession de la confiance et de l'autorité du jeune régent.

Dans ce conflit des deux États, armagnac et bourguignon, il y avait, hélas! une troisième France qui grandissait, la France anglaise. Henri V poursuivait, avec une fermeté calme et méthodique, son implacable conquête. Il consolidait chaque avantage obtenu par des mesures permanentes. Après la prise de Caen et la capitulation du château, il posa froidement aux habitants cette alternative : lui prêter serment ou s'en aller, laissant la place libre à un repeuplement conforme à ses vues. S'ils préféraient l'exil, ils ne devaient rien emporter que les vêtements qui les couvraient. Vingt-cinq mille, plutôt que de renier la patrie, d'accorder à un monarque étranger le titre de roi de France, acceptèrent héroïquement cette condition lamentable. Ils s'en allèrent par les chemins, par les villes, avec leurs femmes et leurs enfants, chercher de nouveaux foyers. Tout un quartier de Rennes en Bretagne se peupla ainsi de drapiers caennais.

Après la basse Normandie, ce fut le tour de la haute. L'armée du roi anglais, préparée de longue main, disciplinée, aguerrie, était un bel instrument de conquête. Elle était appuyée d'une excellente artillerie, où le nouveau système des engins à poudre était venu s'ajouter aux anciens engins mécaniques. Un matériel considérable y était joint, où l'on remarquait notamment un fort ingénieux équipage de pont. C'était un appareil portatif, composé d'un certain nombre de bateaux légers, faits de cuir imperméable que soutenaient des châssis de bois. On le fixait par des amarres aux deux rives du fleuve à traverser, et l'on recouvrait ce tablier flottant d'un plancher de bois mobile, sur lequel hommes et animaux passaient de plain-pied. La cavalerie et l'infanterie de ligne anglaises, comme on pourrait les appeler, avaient pour auxiliaires, pour éclaireurs une seconde armée, composée de jeunes gens, recrutés en diverses régions, principalement en Irlande, armés et montés à la légère. Les fantassins de cette sorte allaient un pied couvert, l'autre nu, sans braies ni chausses, vêtus de haillons et de vieilles tentures de lits. Leur armement consistait en une coiffe de fer, un arc avec sa trousse, un gros couteau qui leur pendait au flanc. Les cavaliers de même espèce couraient sans selles, sur de petits chevaux de montagne, harnachés de *panneaux* ou loques. C'étaient tous gens d'escarmouche et de maraude, qui n'ajoutèrent pas peu, sur notre sol désolé, aux déprédations bourguignonnes et aux pillages armagnacs. Les gens de pied irlandais avaient en particulier la renommée de considérer les petits enfants au berceau comme un excellent butin, car les parents, se disaient-ils, pour les ravoir, viendront nous trouver et payer rançon. Ils chargeaient les dépouilles de nos paysans et se voituraient eux-mêmes sur les vaches qu'ils avaient volées et dont ils savaient bien, au besoin, presser l'allure.

Rouen était aux mains du gouvernement bourguignon quand, descendant le cours de la Seine, Henri V parut sous ses murs. Le 29 juillet 1418, pendant la nuit, le siège de la ville fut commencé, la tranchée ouverte. Le 30 août, le fort Sainte-Catherine tomba au pouvoir des Anglais. Les bourgeois n'en demeurèrent pas moins décidés à la résistance. Plusieurs sorties heureuses témoignèrent que les attaques de vive force seraient repoussées. Mais un sévère blocus voua les habitants aux horreurs de la famine. Au commencement d'octobre, le pain de blé, devenu bien rare, était remplacé généralement par un détestable mélange de son et d'avoine. On ne mangeait plus guère d'autre viande que de la chair de cheval qui, à son tour, diminua : alors, les chiens, les chats, les rats et les souris devinrent une nourriture accueillie avec joie, poursuivie avidement. Les bouches inutiles furent expulsées. Douze mille malheureux : vieillards, personnes infirmes, femmes, enfants, s'entassèrent dans un fossé garni de pieux dont les Anglais avaient encerclé la ville ; ils demeurèrent là en proie au froid et à la faim entre les assiégés qui les renvoyaient et les assiégeants qui leur refusaient le passage. A l'occasion de la fête de Noël, Henri leur fit seulement distribuer quelques vivres.

Les ambassades envoyées au duc de Bourgogne pour qu'il vînt au secours de la courageuse cité, n'eurent d'autre effet que de belles promesses, une vaine promenade militaire avec l'oriflamme jusqu'à Pontoise, et l'augmentation à Paris du droit sur les vins. Une tentative auprès du dauphin, qui de sa Loire n'en pouvait mais, fut également inutile. La discorde civile livrait Rouen au roi d'outre-mer. Écho de l'opinion publique, le docte religieux qui, par l'ordre de son abbé, rédigeait à Saint-Denis dans un latin plus contourné que correct et plus riche d'emphase que d'élégance, le récit des événements contemporains, qualifiait avec sévérité sinon le tout-puissant duc sous la loi duquel il vivait, du moins « la chevalerie française » des deux factions, dont les fureurs réciproques et simultanées ne s'exerçaient que sur elle-même et sur le pays qu'elle avait mission de défendre. L'indignation patriotique du bon moine donnait quelque souffle à sa rhétorique et lui dictait une éloquente prosopopée :

« On était, dit-il, indigné de voir que les gens de guerre étaient uniquement occupés de meurtre, de pillage et d'incendie, et que ni les promesses, ni les prières n'avaient pu les déterminer à faire une tentative pour délivrer Rouen, dont le siège durait depuis plusieurs mois. Cette ville ne pouvait attribuer qu'à leur insouciance et à leur lâcheté la position critique où elle se trouvait, menacée d'être bientôt arrachée au parterre embaumé des lis d'or pour tomber sous la griffe des léopards. Je dirai, en empruntant mes paroles aux lamentations du prophète et en personnifiant cette malheureuse cité, qu'elle pleurait des pleurs continuels, et que les larmes ne cessaient d'inonder ses joues, parce que tous ses amis la délaissaient et que parmi ceux qui lui étaient chers il n'y avait personne qui vînt a consoler.

« O vicissitudes des choses humaines! s'écriait-elle en sanglotant amèrement, voilà que je vais devenir la proie des Anglais, mes persécuteurs; mon clergé va être accablé de souffrances et privé de ses bénéfices ; mes jeunes filles seront déshonorées et mes enfants emmenés en captivité sous les yeux de mes ennemis triomphants, qui feront main basse sur tout ce que je possède, et grandiront encore en puissance, parce que les Français, jadis mes défenseurs, se sont éloignés de moi. Ils ne respecteront ni mes églises, ni mes monastères. Ils forceront l'entrée des sanctuaires et pilleront les objets destinés au culte; leurs mains sacrilèges ne distingueront point le sacré du profane; tout sera bon pour leur rapacité, et ils emporteront sans scrupule les ornements des autels, les vêtements des prêtres et les vases du Seigneur. O fragilité des grandeurs humaines! Quelle douleur amère éprouverait le magnanime roi Philippe-Auguste, lui qui réunit à la couronne royale, comme un joyau triomphal dont elle devait se parer à jamais, la Normandie, l'une des meilleures provinces du royaume, s'il voyait la milice de France dégénérée abandonner aujourd'hui sans défense une conquête achetée au prix de tant de fatigues et de dépenses. Chevaliers sans courage, qui êtes si fiers de vos cuirasses et de vos casques empanachés, qui mettez toute votre gloire dans le pillage et le jeu de dés, cette source de parjures et de blasphèmes contre Notre-Seigneur ; vous qui vantiez avec tant d'arrogance les prouesses de vos aïeux, vous voilà maintenant devenus la fable des Anglais et la risée de toutes les nations étrangères. Car les Rouennais, ne pouvant résister plus longtemps aux attaques de l'ennemi, se sont vus forcés de capituler en maudissant votre inaction, et de se mettre à la merci du roi d'Angleterre. Fière chevalerie de France, dira-t-on, cesse désormais de prôner les exploits de tes ancêtres. Car quel est celui de tes descendants qui aura le cœur assez dur pour lire d'un œil sec dans les annales des rois, que tu as dévié du chemin de l'honneur, au point que, cette année même, la France, ta tendre mère, soit dépouillée de la Normandie, et privée, pour ainsi dire, de son bras droit? Sache qu'ils attribueront un pareil déshonneur à ta pusillanimité, et qu'ils t'accuseront à juste titre, tant que le soleil éclairera le monde. »

Abandonnés à eux-mêmes, les Rouennais furent en effet obligés d'entrer en pourparlers avec le vainqueur. Henri exigea une reddition à merci. Les vaincus s'y refusèrent et prirent une résolution extrême. La nuit prochaine, ils se proposaient de renverser un pan de leurs murailles sur le fossé pour servir de pont, puis, le feu mis à la ville, de s'ouvrir à travers l'ennemi une voie de désespérés. Averti de ce projet, le roi anglais consentit à une capitulation meilleure. Rouen devait reconnaître son autorité, payer une contribution de quatre cent mille livres et livrer quatre-vingts otages. En retour, il garantissait aux habitants, sous sa domination, leurs biens et leurs privilèges. Il usa envers le clergé d'une politique plus habile que la dépossession violente supposée d'abord par le religieux de Saint-Denis. « Quant aux ecclésiastiques, dit ce religieux lui-même, il ordonna, d'après le conseil des prélats qui étaient avec lui, qu'on les traitât avec égard, et qu'on ne privât de leurs bénéfices aucun de ceux qui aimeraient mieux rester à leur poste que d'aller fixer ailleurs leur résidence. Pour étendre au loin et propager la renommée de sa victoire, continue le même chroniqueur, il fit frapper une monnaie d'argent de même poids et de même valeur que la monnaie de France, sur la circonférence de laquelle il fit graver, au grand mécontentement de beaucoup de gens : *Henri, roi de France.* »

Le roi anglais fit son entrée solennelle, le 20 janvier 1419. Soixante mille personnes avaient succombé pendant le siège. Il y eut aux conditions générales du vainqueur quelques exceptions cruelles. L'un des plus vaillants chefs de la défense, Alain Blanchard, eut la tête tranchée. Au contraire, le capitaine de la ville pour le duc de Bourgogne, Guy le Bouteiller, prêta serment au roi d'Angleterre, et mit désormais au service de l'étranger l'esprit fécond en ressources qui se joignait en lui à un fâcheux caractère moral. Il ne fut pas, hélas ! le seul Français notable qui se fit Anglais. Mais, en revanche, on cita de beaux exemples de dévouement patriotique, et tel fut entre tous le cas de la dame de la Roche-Guyon.

« Pendant son séjour à Rouen, raconte notre moine, le roi d'Angleterre reçut les hommages et les serments de fidélité des seigneurs du pays. Quelques-uns de ceux qui avaient été mandés n'ayant pas comparu, il confisqua leurs patrimoines, dont il donna la propriété héréditaire à des seigneurs anglais. Puis, poursuivant le cours de ses succès, il envoya ses hommes d'armes dans les pays du littoral de la Seine, pour déterminer les habitants à se rendre, s'ils voulaient éviter le meurtre, le pillage, l'incendie et toutes les rigueurs que les vainqueurs exercent ordinairement envers les vaincus. Ceux de Vernon, effrayés par ces menaces, capitulèrent immédiatement sans faire la moindre résistance, et promirent aux envoyés du roi d'Angleterre de lui garder à jamais obéissance. Lesdits envoyés, se dirigeant sur Mantes, trouvèrent avant d'y arriver les anciens de la ville qui étaient venus à leur rencontre presque à moitié chemin, et qui leur offrirent les clefs des portes en témoignage de leur soumission. Ceux de Meulan, de l'autre côté de la Seine, suivirent cet exemple. Cependant, les Anglais ne purent aller plus loin, parce que les Français gardaient un pont fortifié qui se trouvait sur la route.

« Sur le penchant d'un coteau escarpé, dont le pied était baigné par la Seine, s'élevait le château fort de la Roche-Guyon, conquis jadis par Louis le Gros, l'un des plus vaillants rois de France, dont la mémoire restera à jamais célèbre. Ce château était alors habité par Madame Perrette de la Rivière, veuve de Guy, seigneur de la Roche-Guyon, tué à la bataille d'Azincourt. Il était si bien muni d'armes, de soldats et de vivres, qu'on le regardait comme le plus inaccessible et le plus inexpugnable des châteaux de Normandie. Le roi d'Angleterre Henri en confia le siège au comte de Warwick, qui avait avec lui Guy le Bouteiller et un bon nombre de gens de guerre. Comme le comte de Warwick était fort irrité que les habitants de la place eussent repoussé avec dédain les sommations qu'il leur avait faites au nom de son roi, et lui eussent tué beaucoup de monde dans les assauts nombreux et meurtriers qu'il leur avait livrés, Guy le Bouteiller lui conseilla de s'avancer jusqu'au pied des murs de la place par des caves qui étaient dans le voisinage, de les faire miner secrètement, et de les soutenir par des étais de bois auxquels on devait ensuite mettre le feu, pour faire écrouler l'édifice et écraser les habitants sous ses ruines.

« Le roi Henri, voulant récompenser le chevalier de son conseil, lui fit don à perpétuité du château et de ses dépendances pour lui et ses héritiers, et lui permit d'épouser la châtelaine. Mais elle s'y refusa obstinément, parce qu'elle considérait le chevalier comme traître et déloyal, et parce qu'on avait stipulé dans le contrat que, s'il naissait un enfant mâle de ce mariage, les deux fils qu'elle avait eus de son premier mari seraient privés de leur patrimoine. Toutefois, la crainte de la mort et le désir de sauver la vie à ceux qui l'entouraient la décidèrent enfin à accepter la capitulation qu'elle avait d'abord refusée; mais ce ne fut qu'après avoir obtenu du roi la faculté d'emporter tous ses meubles partout où elle voudrait. »

De la Normandie et du Vexin normand l'invasion anglaise s'étendit sur le Vexin français et sur l'Ile-de-France. Au mois de juillet 1419, Henri V s'empara de Gisors et de Pontoise. Notre chroniqueur monastique nous fait en ces termes le triste récit de ces deux conquêtes :

« Les Anglais, dit-il, enorgueillis de leurs succès et poursuivant le cours de leurs prospérités, s'étaient emparés de la ville de Gisors épuisée par un long siège, et l'avaient complètement dévastée. Après s'y être livrés à tous les excès que les vainqueurs commettent envers les vaincus, ils essayèrent de prendre de vive force le château. Ils savaient que cette forteresse, abondamment pourvue de vivres et défendue par une brave garnison et un corps nombreux d'arbalétriers, était réputée imprenable. Mais se rappelant que la valeur aime à braver les obstacles, ils lui livrèrent pendant plusieurs jours de rudes assauts. Les assiégés supportèrent vaillamment leurs attaques et leur tuèrent beaucoup de monde. Cependant, fatigués par la longueur du siège, et désespérant de recevoir un secours qu'ils avaient vainement imploré à plusieurs reprises, ils se déterminèrent enfin à capituler et acceptèrent les conditions de rançon qui leur furent imposées.

« Les Anglais, de plus en plus fiers de ce nouveau succès, et non contents d'avoir soumis la Normandie, essayèrent encore de s'emparer des villes riveraines de la Seine, d'où l'on pouvait empêcher le transport à Paris du bois à brûler, du poisson de mer, du gros et du menu bétail. Ils formèrent même le projet d'occuper de vive force tout le Parisis. Considérant que ce serait pour eux le comble de l'honneur militaire s'ils parvenaient par leurs courses de chaque jour et leurs attaques soudaines à inspirer une telle angoisse aux Parisiens, que ceux-ci, de désespoir, se décidassent à sortir pour les combattre, ou si du moins ils augmentaient ainsi la disette chaque jour croissante de la capitale, ils tournèrent leurs efforts contre la ville de Pontoise, qui n'est qu'à quinze milles de Paris, et voici comment ils réussirent à s'en rendre maitres.

« Après avoir pendant un assez long temps et à diverses reprises tenté d'enlever cette place, tantôt par des coups de main nocturnes, tantôt par des assauts de jour, et s'étant vus chaque fois repoussés avec des pertes sensibles, ils prirent le parti de tenter une dernière attaque en profitant du calme de la nuit. Le lundi 28 juillet, ayant appris qu'il régnait beaucoup de confusion dans la ville, qu'on n'obéissait plus ni aux dizeniers ni aux cinquanteniers, et que les rondes de nuit se faisaient avec beaucoup de négligence, ils s'approchèrent des remparts au lever de l'aurore, les escaladèrent et mirent à mort le petit nombre de sentinelles qu'ils y rencontrèrent. Ils coururent ensuite vers le premier poste de la ville, afin de se jeter sur les gardes à moitié endormis ou plongés peut-être dans l'ivresse. Alors commença un tumulte effroyable. On entendit retentir dans toutes les rues ce cri terrible : *Aux armes! aux armes!* Les habitants s'exhortaient mutuellement à courir en toute hâte vers la porte Notre-Dame, par laquelle les ennemis entraient déjà en foule. Mais il s'en trouva très peu qui se rendirent au lieu indiqué et qui tinrent tête aux Anglais. Ils soutinrent longtemps la lutte et firent une vigoureuse résistance qui coûta la vie à bon nombre de combattants. Ils seraient sans doute parvenus à repousser l'ennemi, si les autres bourgeois leur étaient venus en aide. Mais je tiens de la bouche de témoins oculaires que les plus notables de la ville ne songèrent alors qu'à cacher leur argent et tout ce qu'ils possédaient de précieux, et que quelques arbalétriers, tout troublés par la crainte de la mort, se débarrassèrent de leurs armes et les jetèrent en divers endroits, afin de pouvoir fuir plus vite et plus facilement.

« Pendant le combat, Messire de l'Isle-Adam, maréchal de France, l'un des principaux lieutenants du duc de Bourgogne, qui avait le commandement de la place, ne cessa de courir à cheval de porte en porte, n'ayant, comme un simple soldat, pour toute armure qu'une épée, une cuirasse et un casque léger. Il ne s'arrêta dans cette course précipitée que quand il fut informé que ses gens avaient réussi à transporter hors de la ville ses immenses trésors, fruit de ses rapines. Alors, montant sur les murs, il cria comme un homme désespéré : « Tout est perdu! Que chacun pourvoie à son salut! » Puis il s'enfuit en toute hâte avec les siens dans son château de l'Isle-Adam.

« Les Anglais se répandirent alors par la ville avec la violence de l'ouragan; ils saisirent comme leurs prisonniers tous les habitants sur lesquels ils purent mettre la main, afin de leur imposer d'énormes rançons, qui excédaient les facultés de beaucoup d'entre eux. Pour ménager les provisions de bouche, dont pourtant ils trouvèrent dans la place une surabondance extrême, et les faire durer plus longtemps, ils expulsèrent, sans leur laisser emporter d'argent, un grand nombre d'ecclésiastiques et de femmes qui s'y étaient réfugiés pour y chercher leur salut, et ne leur permirent d'emporter que leurs vêtements journaliers.

« Le roi Henri ne crut pas devoir déposer les curés des églises paroissiales de la ville. Prenant même sous sa protection les abbayes de Saint-Martin et de Maubuisson, il y rappela les religieux et les religieuses qui les avaient quittées à l'occasion de la guerre, et les autorisa à en percevoir les revenus, afin qu'ils pussent continuer le service divin et prier dévotement le Seigneur pour la prolongation de son règne. Le duc de Clarence prit, au nom du roi, le commandement de la ville, et en permit le pillage à ses troupes. Les Anglais s'emparèrent de toutes les maisons et de tout ce qu'ils y trouvèrent, comme si ces biens leur fussent échus par héritage. Ils s'enrichirent ainsi outre mesure; car ils en retirèrent, dit-on, plus de deux millions d'or et d'argent. »

La France du dauphin et la France bourguignonne étaient séparément impuissantes contre la déplorable extension de la France anglaise, à laquelle d'ailleurs, chose triste à dire, Jean sans Peur, pourvu qu'il y trouvât son compte, se montrait fort disposé à se prêter. Les conseillers armagnacs du dauphin avaient plus à cœur la cause de l'indépendance nationale, mais, dans l'état des choses, préoccupés de se maintenir contre la faction adverse, ils n'étaient eux-mêmes nullement opposés à un accommodement ni même à une alliance, qu'ils jugeraient tolérable, avec le roi d'Angleterre. La flegmatique habileté du conquérant ne manqua pas de se prêter à des négociations simultanées avec les deux États français, qu'il se réjouissait de voir plus acharnés l'un contre l'autre que contre lui-même. Après des pourparlers, qui durèrent plusieurs mois, une entrevue entre Henri V et le régent Charles fut fixée au 26 mars. Elle devait avoir lieu entre Évreux et Dreux. Mais, au dernier moment, le dauphin, averti du double jeu de Henri, se fit excuser, à la grande irritation du roi d'Angleterre. Celui-ci jugea que l'accord définitif se ferait plutôt avec le duc de Bourgogne, et c'est de ce côté, malgré de nouvelles ouvertures de Charles, que se tournèrent alors toute son attention, toute son énergie diplomatique. Les négociations engagées depuis longtemps aboutirent à une entrevue solennelle qui eut lieu, le mardi 30 mai 1419, à quelque distance de Meulan. Toutefois, au dernier moment, Charles VI, saisi d'un accès de sa maladie, dut demeurer à Pontoise.

« La reine et Madame Catherine de France, sa fille, nous raconte Jouvenel des Ursins, toutes deux en une litière bien richement ornée, avec dames et demoiselles, et le duc de Bourgogne en leur compagnie, arrivèrent aux tentes dressées près de Meulan, à environ deux heures de l'après-midi. Il y avait là quantité de trompettes et de ménétriers jouant de leurs instruments. Environ une heure auparavant était arrivé en ses tentes le roi d'Angleterre : car, bien qu'il ne dût y avoir qu'une tente au milieu du champ, dans laquelle l'entrevue devait avoir lieu, néanmoins de chacun des deux côtés il y avait des tentes pour se retirer. Un peu après que la reine se fut installée dans sa tente, le comte de Warwick et autres seigneurs la vinrent visiter de la part du roi d'Angleterre. Il fut alors décidé que la reine et le roi d'Angleterre sortiraient de leurs tentes en même temps l'une et l'autre, et s'avanceraient lentement jusqu'au milieu du champ, où il y avait un pieu fiché, à égale distance de leurs tentes et des barrières du champ, et que de chacune part entreraient seulement soixante personnes nobles et seize conseillers et qu'on les désignerait chacun en particulier par leurs noms. Du côté de la reine furent donc choisis trente chevaliers et trente écuyers et seize conseillers. Et lesdits conseillers furent le chancelier, Maître Pierre de Morvilliers, premier président, Maître Jean Rapiout, troisième président, Maître Henri de Savoisy, archevêque de Sens, Maître Jean de Mailly, doyen de Saint-Germain-l'Auxerrois, Jean Le Clerc, Guyot Geviller, Philippe de Rully, Hugues de Dicy, Guillaume Cotin, Nicolas Sautereau, Jacques Braulart, Guillaume Le Breton, et autres, jusqu'au nombre de seize. Et il y eut aussi trois secrétaires : Maître Jean Ramel, Guillaume Barraut et Rosay.

« Sur les trois heures après midi, la reine sortit hors de ses tentes, et devant elle marchaient ses conseillers, deux à deux. Quand elle et le roi d'Angleterre arrivèrent au pieu indiqué ci-dessus, tous les deux en même temps, le roi Henri prit la reine par la main et l'embrassa, et ensuite Madame Catherine ; et pareillement, les deux frères du roi embrassèrent la reine et la princesse, et en ce faisant ils plièrent les genoux presque jusqu'à terre. Cela fait, le roi d'Angleterre prit de nouveau la reine par la main, et ils se rendirent ensemble, à pas égaux, sous la tente où la conférence devait avoir lieu. Là s'assirent la reine et le roi, chacun ur son trône. Les deux trônes étaient ornés également de drap d'or et de disposition pareille, avec un dais par-dessus. La distance entre l'un et l'autre était d'environ deux toises, de sorte que la reine et le roi pouvaient s'entendre aisément quand l'un ou l'autre parlait. Quand ils eurent pris place, le comte de Warwick s'agenouilla et, s'adressant à la reine en français, il lui exposa brièvement la raison de la conférence. Dans cette entrevue d'ailleurs on ne conclut rien, sinon la prolongation de la trêve durant huit jours. Il fut entendu que chacun des deux souverains se retirerait dans les villes d'où ils étaient venus. Le roi de France avec sa suite se tiendrait à Pontoise, et le roi d'Angleterre à Mantes. Si l'une des parties ne voulait pas en venir à un traité, elle le ferait savoir à l'autre dans l'espace de ladite huitaine et la trêve durerait encore huit jours après. Il fut décidé en outre que le jeudi suivant les parties contractantes s'assembleraient de nouveau en la forme et manière qu'elles avaient fait, aux mêmes lieux et places. L'entrevue avait duré depuis trois heures jusqu'à sept. La conclusion arrêtée, le roi d'Angleterre prit la reine par la main, ils s'embrassèrent derechef l'un l'autre, comme il a été dit, puis s'en allèrent chacun de son côté dans leurs tentes particulières.

« Or, il est à savoir que le lieu de l'entrevue avait été disposé de la manière qui s'ensuit. Près de la porte de Meulan, du côté de Pontoise, il y avait un pré, non loin de la rivière de Seine, d'une part, et, d'autre part, il y avait un étang, et au milieu se trouvait comme un chemin public. Le pré dont il s'agit fut divisé en trois parties. Dans la première, du côté de la ville, étaient dressées les tentes du roi de France, de la reine et du duc de Bourgogne en grande quantité. De l'autre côté, en aval de la rivière, étaient les tentes du roi d'Angleterre. Dans la troisième et mitoyenne partie, entre les tentes du roi de France et celles du roi d'Angleterre, il y avait un champ clos, fortifié de fossés et de palissades. Il était disposé de telle sorte que l'on n'y pouvait entrer que par trois endroits. A chacune de ces entrées il y avait de bonnes barrières, dont chacune était gardée par cinquante hommes bien habillés et bien armés. La partie du roi de France et de la reine, qui regardait tout droit du côté des Anglais, était environnée de pieux joints ensemble, ainsi qu'une ville fermée, de telle sorte que nul n'en pouvait approcher à portée de lance ou de trait, et les pieux allaient jusqu'à la rivière de Seine. De plus, au travers de la rivière, en cet endroit, avaient été enfoncés des pieux, de façon que les bateaux ne pouvaient aller en amont. C'est seulement par le milieu du champ que l'une et l'autre partie contractante pouvaient s'approcher et se rencontrer. Le lieu des Anglais était aussi muni de fossés et de palissades, mais non pas si fortement. Or, au milieu du champ, dans la partie qui regardait vers les barrières appartenant aux pavillons aussi bien du roi de France que du roi d'Angleterre, et par lesquelles entraient au champ la reine et sa compagnie, d'une part, et, d'autre part, le roi d'Angleterre et les siens, était fiché le pieu, d'une hauteur d'un pied seulement, où la reine et le roi Henri se rencontrèrent. Ce pieu était distant des tentes de la longueur de six toises. Non loin était dressé le pavillon commun, où les souverains devaient conférer, et c'est la reine Isabeau qui en avait fait présent au roi d'Angleterre. A ce pavillon ou tente étaient attenants deux autres pavillons, un à chaque bout, dans lesquels la reine et le roi d'Angleterre se retiraient séparément quand bon leur semblait. Des cris et proclamations furent faits par les maréchaux des deux parties contractantes, à savoir « que, sous peine de mort, il ne fût dit ou proféré aucune parole injurieuse par les uns contre les autres, ni que sous prétexte de promesse ou foi donnée et non tenue, ou de dette, ou pour une raison quelconque, on n'arrêtât ou emprisonnât personne ; que l'on s'abstînt de jouer à jeter la pierre ou à lutter, bref, de faire aucune chose qui pût être une cause de trouble pour cette assemblée ; de plus, que nul ne se permît d'entrer dans le champ, sinon ceux qui seraient désignés pour cela ou qui y seraient appelés. » Cette défense fut enfreinte par un Anglais, qui pensant faire l'habile, passa par-dessus la barrière et entra au champ ; mais le maréchal du roi d'Angleterre le fit prendre et ordonna qu'il fût pendu et étranglé, ce qui fut exécuté sur l'heure. »

Dans la pensée de Henri V les conférences de Meulan étaient seulement destinées à mettre le dernier sceau à des arrangements déjà secrètement conclus avec lui par Jean sans Peur et par la reine Isabeau. Les conditions proposées par le roi d'Angleterre et acceptées en principe par les chefs de la France bourguignonne consistaient dans la cession des territoires jadis attribués à Edouard III par le traité de Brétigny (8 mai 1360) : Guyenne, Gascogne, Poitou, Saintonge, Angoumois, Limousin, Ponthieu, avec la Normandie tout entière en plus. L'accord devait être scellé par le mariage de Henri avec la princesse Catherine. Mais quand il en fallut venir à la conclusion définitive, le sentiment patriotique se révolta dans l'État français du nord de la Loire et un parti national s'y manifesta, même parmi les hauts conseillers du gouvernement. Le président Rapiout, qui fut l'organe de ce parti, soutint avec énergie contre Nicolas Raulin, intime conseiller et porte-parole du duc de Bourgogne, que le roi, lié par le serment du sacre, et d'ailleurs hors d'état, vu sa maladie, de prendre avec intelligence et liberté une décision à ce point capitale, ne devait ni ne pouvait consentir à un pareil démembrement du royaume. Il argua de nullité, pour ce fait, le traité de Brétigny et, selon Jouvenel des Ursins, s'enhardit jusqu'à faire valoir, comme obstacle à l'accord proposé, l'illégitimité de la dynastie de Lancastre, usurpatrice même au delà du détroit. « Non seulement, aurait-il dit, le roi

Henri n'a aucun droit au royaume de France, mais il n'en a pas même à celui d'Angleterre, attendu le meurtre commis par son père sur la personne du roi Richard II. Si donc quelque autre prince, ayant vraiment droit au trône d'Angleterre, le recouvrait quelque jour, on pourrait dire que tout ce qui aurait été fait ici serait de nulle valeur et de nul effet. »

Quoi qu'il en soit de l'authenticité ou de la valeur de cet argument, la pensée du président Rapiout et du parti français, en opposition au parti purement bourguignon, n'était pas douteuse : c'est qu'il fallait négocier et conclure un accord, non pas avec le roi étranger, mais avec le dauphin, héritier naturel du trône, et réunir ainsi toutes les forces du pays pour opérer le salut commun. Cette opinion, il est vrai, ne l'emporta point d'abord dans le conseil. Un mois durant, conférences et négociations se poursuivirent entre la cour de Pontoise et celle de Meulan. Mais elles se hérissèrent de difficultés. « Il y eut, nous dit Jouvenel, plusieurs allées et venues des uns vers les autres et plusieurs ambassades envoyées. Le roi d'Angleterre voulut parler à part au duc de Bourgogne. Celui-ci y alla et ils furent longuement ensemble. Puis le duc s'en revint et le roi d'Angleterre fit savoir à la reine et au duc qu'il était très mécontent, qu'on voulait uniquement l'amuser par des paroles et qu'il n'ignorait pas qu'on voulait traiter avec le dauphin. » Telle n'était pas en ce moment, s'il n'eût tenu qu'à eux, l'intention de Jean sans Peur et d'Isabeau, mais ils furent irrésistiblement poussés dans ce sens par l'énergie croissante du sentiment national. « Quoique les offres que vous nous faisiez, écrivait un peu plus tard la reine au roi d'Angleterre, nous fussent assez agréables, toutefois pour les accepter et conclure avec vous il y avait grande difficulté, et si nous et notre cousin le duc de Bourgogne les avions acceptées, tous les barons, chevaliers, cités et bonnes villes du royaume nous auraient abandonnés et se seraient unis avec notre fils le dauphin. » — Le 30 juin, le congrès de Meulan fut dissous. La réconciliation des deux Frances, armagnaque et bourguignonne, était urgente, puisqu'un mois après, comme nous l'avons vu, la ville même qui, pendant ces négociations, avait servi de résidence au roi Charles VI, était enlevée par l'ennemi et annexée à la France anglaise.

CHAPITRE III

JEAN SANS PEUR ET LE DAUPHIN. — LE MEURTRE DE MONTEREAU

Dès son avènement au souverain pontificat (novembre 1417), qui avait mis fin au grand schisme d'Occident et donné à l'Église un chef incontesté, Martin V, fidèle à la mission de pacificateur entre les chrétiens découlant de son autorité apostolique et aux devoirs de la suprême magistrature d'arbitrage reconnue à la Papauté par le droit public d'alors, s'était préoccupé du rétablissement de la paix entre la France et l'Angleterre et de la réconciliation des deux partis qui divisaient le premier de ces deux pays. Le 18 mars 1418, il avait spécialement désigné comme ses légats pour cet effet un docte prélat français, Bourguignon de naissance, Guillaume Fillastre, cardinal-prêtre du titre de Saint-Marc, et un prélat italien, Jordano degli Orsini, cardinal-évêque d'Albano. Il investit plus tard d'une autorité semblable un prélat de Bretagne, Alain de la Rue, évêque de Saint-Pol-de-Léon. Mais l'ambition du roi anglais et les passions furieuses des Armagnacs et des Bourguignons ne permirent point à la médiation pontificale d'atteindre le but vraiment évangélique par où tant de calamités sanglantes et ruineuses, une si abondante effusion de sang chrétien auraient été prévenues.

L'idée d'une réconciliation des deux factions françaises en face du péril anglais était si naturelle, qu'à plusieurs reprises la réalisation en sembla près d'aboutir. Un accord, négocié au monastère de la Tombe, entre Montereau et Bray, allait être conclu, quand le coup de main du 29 mai 1418 donna Paris au duc de Bourgogne. Jean VI, duc de Bretagne, s'étant, sur la demande de la reine Yolande, porté comme médiateur entre Jean sans Peur et le dauphin, des négociations s'ouvrirent au mois de septembre suivant, à Charenton et à Saint-Maur-les-Fossés, entre les représentants des deux gouvernements rivaux. Un traité fut convenu entre les deux ducs, accepté par la reine Isabeau le 16 septembre, et solennellement publié le 19 au nom du roi Charles VI. Mais le dauphin, affirmant que ses ambassadeurs avaient été tenus à l'écart des stipulations définitives, refusa de le ratifier. Ce fut une cruelle déception pour les Parisiens, qui avaient fondé les plus grandes espérances sur la médiation du duc de Bretagne, et qui croyaient la paix faite. « Regardant, écrit le moine de Saint-Denis, le succès de ses démarches comme aussi certain que s'ils en eussent reçu l'assurance de la bouche même des anges, ils avaient fait éclater les plus vifs transports de joie; imitant la coutume du peuple des campagnes, ils passèrent toute la nuit du 16 au 17 septembre à danser et à chanter dans les rues de la ville, au son mélodieux des instruments, et dressèrent aux portes de leurs maisons des tables chargées de vin et de mets, qu'ils offraient gracieusement aux passants. »

L'échec du congrès de Meulan et du traité projeté avec le roi d'Angleterre conduisit, sous la contrainte du parti français existant au nord de la Loire, Jean sans Peur à se prêter aux nouvelles ouvertures que le dauphin, effrayé de la perspective d'une alliance entre Henri V et le gouvernement d'Isabeau, avait fait faire à sa mère et au duc pendant le congrès même. Voici comment notre chroniqueur monastique nous raconte cette tentative de réconciliation, qui d'abord parut heureuse. Il ne faut pas pourtant nous laisser prendre à la pieuse fiction par laquelle le bon religieux attribue au roi Charles VI le mérite d'une initiative dont ce prince infortuné, dans son triste état mental, ne pouvait se donner l'honneur.

« Le roi, suppose-t-il, avait envoyé à plusieurs reprises des lettres et des messages à Monseigneur le dauphin, pour l'inviter et l'exhorter instamment à se réconcilier avec le duc de Bourgogne, afin qu'ils pussent repousser de concert les ennemis qui attaquaient de tous côtés le royaume; il espérait qu'ils continueraient ensuite à vivre en bonne intelligence. C'était pour ces deux princes une obligation toute naturelle qui leur était imposée par les liens du sang. Néanmoins, ils montrèrent aussi peu d'empressement à le faire que s'ils fussent nés l'un en Cappadoce, l'autre en Esclavonie, et différèrent pendant trois mois d'entamer cette œuvre méritoire, égarés par les perfides conseils de quelques courtisans qui n'étaient occupés qu'à envenimer leur haine. Cependant ils finirent, grâce à Dieu, je pense, par se conformer aux ordres du roi, et résolurent de s'établir l'un à Corbeil et l'autre à Melun, villes assez voisines l'une de l'autre, jusqu'à ce qu'ils eussent conclu un traité de paix. Il y avait dans les environs de Melun, non loin de Pouilly, près de l'étang du village de Vert, une longue chaussée appelée le Ponceau Saint-Denis. Ils firent élever en cet endroit deux tentes avec un petit pavillon au milieu; on se servit à cet effet de branches d'arbres que l'on couvrit de tapisseries de laine et de soie, pour se garantir de l'ardeur excessive du soleil et des averses de pluie. C'est là qu'ils devaient se réunir pour leurs conférences particulières.

« La première entrevue eut lieu le 8 juillet 1419. Les deux princes se dirigèrent vers les tentes accompagnés d'un nombre égal de seigneurs, et soit par ostentation, soit par un sentiment de défiance réciproque, ils décidèrent que les chevaliers et les écuyers de leur suite se tiendraient en dehors du pavillon, séparés les uns des autres, et resteraient là tant que durerait la conférence. L'entrevue se prolongea depuis l'heure des vêpres jusqu'à onze heures du soir, au grand déplaisir de ceux qui attendaient autour des tentes. Monseigneur le dauphin sortit fort triste et avec un air mécontent. Malgré le dépit qu'il éprouvait de voir ses propositions d'accommodement rejetées par le duc de Bourgogne, il eut encore la bonté d'envoyer le lendemain dimanche à Corbeil les deux nobles chevaliers Tanguy du Chastel et Louis d'Escorailles, pour entamer de nouvelles négociations. Il les chargea de déclarer qu'il désirait sincèrement la paix, afin que la bonne intelligence une fois rétablie entre le duc et lui, ils pussent réunir leurs efforts contre l'ennemi commun, et rendre au royaume les douceurs du repos et de l'aisance.

« Pendant qu'on travaillait ainsi à la paix avec un empressement qui paraissait sincère, il survint un événement auquel quelques sages personnes ont attaché assez d'importance pour que je croie devoir le mentionner ici. Le ciel se couvrit tout à coup d'épais nuages, et il y eut un ouragan accompagné de torrents de pluie, d'éclairs effroyables et de grands coups de tonnerre. Il tomba en plusieurs endroits du royaume, particulièrement dans un rayon de quatre lieues depuis le pont de Saint-Cloud, une grande quantité de gros grêlons, qui causèrent tant de dégâts, que les moissons et les vignes furent complètement détruites. Les uns assuraient que cet orage était le résultat naturel d'un dérangement dans le temps; les autres prétendaient, et c'était l'opinion répandue dans la généralité du peuple, que les malins esprits pouvaient parfois produire de pareils désordres, et que peut-être n'avaient-ils point pour agréable l'entrevue des deux princes. Aussi ceux qui pensaient de la sorte ne croyaient-ils point à la durée et la stabilité du traité qui se négociait. Cette opinion était partagée par quelques habiles astrologues. Quant à moi, je laisse leur jugement à l'appréciation de Celui qui a créé les corps célestes, et je reprends la suite de mon récit.

« Les chevaliers qui avaient été envoyés par le dauphin au duc de Bourgogne revinrent lui annoncer que les ouvertures dont ils étaient chargées n'avaient pas fait plus d'impression sur ce prince qu'un récit sur un âne sourd. Le jeune dauphin ressentit un vif déplaisir de l'inutilité de ses démarches: néanmoins, cédant aux conseils des principaux seigneurs de sa suite, il renvoya le lendemain vers le duc Louis d'Escorailles, chevalier renommé pour son éloquence. Celui-ci, à force d'instances et de larmes, obtint seulement que les deux princes s'aboucheraient le jour suivant, comme précédemment, au lieu désigné, avec la même suite et le même appareil.

« La conférence ne se passa point sans altercations. Les chevaliers et les écuyers du dauphin, le voyant revenir triste et mécontent, se dirent entre eux : « Il faudra certainement en venir à la fin aux mains et courir les chances d'une bataille, pour savoir si le bon droit n'est pas du côté de Monseigneur le dauphin. » Quant à lui, désespérant d'arriver à une réconciliation, il annonça l'intention de retourner le lendemain dans sa province. Il aurait réalisé ce projet sans l'intervention d'une vénérable et prudente dame, nommée Madame de Giac, qui lui avait été envoyée par la reine, et à laquelle il était fort attaché depuis son enfance (1). Elle alla trouver les deux princes dans leurs tentes, et les détermina habilement, par ses douces paroles et par ses larmes, à reprendre la conférence. Une heure s'était à peine écoulée, que l'on vit tout à coup les chevaliers et les écuyers de l'escorte des deux princes lever les mains vers le ciel en signe d'allégresse, et qu'on les entendit répéter à haute voix : Noël! noël! Puis, se mêlant les uns aux autres, et oubliant leur ressentiment, ils se saluaient et s'embrassaient affectueusement comme des frères. Les deux princes, de leur côté, montrèrent l'un pour l'autre beaucoup de cour-

(1) Jeanne du Peschin, veuve de Louis de Giac, seigneur de Châteaugay, naguère l'une des dames d'honneur d'Isabeau, était alors âgée d'environ soixante ans. Elle s'était acquis une assez grande influence sur Jean sans Peur, dont son fils Pierre de Giac, que nous avons vu tenir un haut rang près de la reine, était l'un des capitaines et des familiers. Son frère, Jacques du Peschin, était au contraire un des serviteurs et conseillers du dauphin.

toisie; ils se tendirent d'abord la main en signe d'amitié, et jurèrent ensuite, en se donnant le baiser de paix en présence de leurs gentilshommes, qu'ils resteraient à jamais inviolablement amis. Le lendemain jeudi, ils renouvelèrent ce serment à Corbeil sur les saints Évangiles, en présence de l'évêque de Saint-Pol-de-Léon, qui avait été délégué à cet effet par le Saint-Siège apostolique, et firent dresser de ces engagements des lettres en la forme suivante :

« Charles, fils du roi de France, dauphin de Viennois, duc de Berry et de Touraine, comte de Poitou, et Jean, duc de Bourgogne, comte de Flandre, d'Artois et de Bourgogne, seigneur de Malines et de Salins, à tous ceux que les présentes lettres verront, salut.

« Les divisions qui règnent depuis longtemps dans le royaume, entretenues par les ressentiments que nous avions conçus dans nos cœurs les uns contre les autres, nous, nos serviteurs et nos vassaux, et par les trompeuses apparences qui abusaient nos esprits, nous ayant empêché de vaquer et de travailler de concert aux importantes et difficiles affaires qui touchent notre seigneur le roi et son royaume, et de résister aux damnables agressions des Anglais, ces anciens ennemis de sa royale majesté et les nôtres, lesquels, à l'occasion et à la faveur desdites divisions, ont osé envahir le royaume avec tant d'audace, en ont conquis de fait, en possèdent et en occupent une grande partie, et pourraient y étendre encore leurs usurpations, si les choses restaient dans l'état où elles sont actuellement, faisons savoir que, considérant attentivement les maux et inconvénients sans nombre qui pourraient résulter desdites divisions, si elles n'étaient pas apaisées, et exposer le domaine royal tout entier à la plus cruelle tyrannie, peut-être même à une ruine complète, ce qui tournerait au déshonneur de chacun de nous, qui sommes, après Monseigneur le roi, plus intéressés que qui que ce soit à défendre ses États, et qui désirons de tout notre cœur, ainsi que nous y sommes tenus, porter remède à de si grands maux, nous nous sommes réunis à cette fin, après plusieurs pourparlers qui ont eu lieu précédemment et encore aujourd'hui entre nos députés, et nous sommes abouchés pour l'honneur et révérence de Dieu, et principalement dans l'intérêt de la paix, à laquelle doit être disposé tout bon catholique, et afin de soulager la France de l'intolérable oppression qui l'accable, nous promettons d'un commun accord et jurons entre les mains du révérend père en Jésus-Christ, Alain, évêque de Saint-Pol-de-Léon, légat de notre seigneur le Pape, envoyé vers nous pour l'union et la paix de ce royaume, ainsi que sur le corps de Notre-Seigneur et la main sur les saints Évangiles, par notre foi mutuelle et sur notre parole de prince, d'accomplir les choses ci-après mentionnées :

« Et d'abord, nous Jean, duc de Bourgogne,

tant que nous vivrons, nous honorerons particulièrement, après la personne de notre seigneur le roi, Monseigneur le dauphin; nous lui obéirons de tout notre cœur et de toute notre âme de préférence à tout autre et selon que l'exige son rang; nous ne souffrirons pas qu'il soit fait quelque chose à son préjudice; nous l'aiderons au contraire de tout notre pouvoir à conserver et à maintenir son état et ses prérogatives; nous ferons toujours voir que nous sommes son vrai et fidèle cousin; nous défendrons ses intérêts et son honneur, et nous éviterons par tous les moyens possibles ce qui pourrait lui nuire. Et s'il arrivait que quelqu'un, de quelque qualité qu'il soit, voulût lui faire la guerre ou lui causer quelque préjudice, nous le servirons en pareil cas de tout notre pouvoir envers et contre tous, comme s'il s'agissait de notre propre cause.

« Et semblablement nous, Charles, dauphin de Viennois, tant qu'il plaira à Dieu de nous prêter vie, à quelque rang ou puissance que nous parvenions, nous promettons d'oublier tout le passé, d'aimer d'une bonne et fidèle affection notre très cher cousin et ami le duc de Bourgogne, de le traiter avec égards dans toutes ses transactions et affaires comme notre bien-aimé et fidèle parent, de défendre de tout notre pouvoir ses intérêts et son honneur, d'éviter ce qui pourrait lui nuire, de maintenir son état et ses prérogatives; et si quelqu'un essayait de lui porter préjudice, nous le secourrons toutes les fois qu'il nous requerra, nous le soutiendrons et l'aiderons envers et contre tous, fût-ce contre ceux de notre sang ou tous autres qui voudraient, au sujet des événements qui se sont passés dans le royaume, élever quelque réclamation contre lui ou contre les pays qui sont dans son domaine ou de sa dépendance; nous le défendrons de tout notre pouvoir envers et contre tous.

« *Item*, nous Charles, dauphin, et nous, Jean, duc de Bourgogne, nous vaquerons et pourvoirons en bonne intelligence, chacun selon notre état, à toutes les affaires de ce royaume, et n'entreprendrons rien l'un contre l'autre.

« Et si nos serviteurs et officiers faisaient quelque rapport à la charge de quelqu'un de nous pour renouveler nos divisions, nous nous en avertirons mutuellement avec loyauté, et n'ajouterons point foi à ce qu'on aura pu dire; mais en bons et fidèles parents, touchant de si près à la couronne de France, nous travaillerons d'un commun accord et sans arrière-pensée à repousser les ennemis dudit royaume et à protéger les sujets du roi; nous ne ferons ni pacte ni traité avec lesdits ennemis sans le consentement réciproque de chacun de nous, et pour le bien évident du royaume.

« Nous ne traiterons non plus avec aucuns rois, princes ou communes, quand même ces princes seraient de notre sang ou tels autres, quels qu'ils soient, qui pourraient porter préjudice à l'un ou à l'autre de nous. Et, qui plus est, dans les traités et alliances à venir, l'un de nous fera toujours comprendre l'autre nommément. Et si, avant la date des présentes, il avait été conclu avec les anciens ennemis du royaume ou d'autres quelques traités préjudiciables à l'un ou à l'autre, nous y renonçons dès à présent, les déclarons entièrement nuls, et les considérons comme étant de nul effet.

« Et nous promettons, comme ci-dessus, d'observer fermement et intégralement toutes les choses susdites, et de n'y pas contrevenir. Et si quelqu'un de nous, par sa propre volonté ou autrement, ce qu'à Dieu ne plaise ! violait ce traité, nous entendons et voulons que les serviteurs et sujets du violateur des traités, tant présents que futurs, ne soient point tenus, après ladite infraction, d'obéir à leur maître, mais qu'ils puissent adhérer et obéir à l'autre : auquel cas ils seront dégagés de tous les serments, promesses et engagements exigés antérieurement d'eux, et pour lors, et dès à présent, nous les dégageons desdits engagements, sans que cela puisse leur être imputé à charge ou à injure.

« Et pour plus grande sûreté et garantie des choses susdites, et afin que nous ne puissions concevoir aucun soupçon à l'égard des officiers de l'un ou de l'autre, nous voulons et nous ordonnons que nos principaux officiers jurent en notre présence entre les mains dudit évêque de Saint-Pol-de-Léon, pour leur propre compte, en tant que lesdites choses peuvent les toucher, et spécialement qu'ils maintiendront entre nous de tout leur pouvoir une bonne et véritable affection, qu'ils ne chercheront à empêcher en rien notre accord, et que, s'ils viennent à découvrir quelque empêchement, ils nous en avertiront sans délai.

« Et de ce, ainsi que de toutes les autres choses susdites, ils prêteront un serment solennel, qu'ils scelleront de leurs propres sceaux.

« Ont juré notamment sur les saints Évangiles nos fidèles et bien-aimés serviteurs de notre part à nous, dauphin : Monseigneur Jacques de Bourbon, Maître Robert le Maçon, notre chancelier, le vicomte de Narbonne, Messire de Barbazan, Messire d'Arpajon, Messire du Bocage, Messire de Beauvau, Messire de Montenay, Messire de Gamaches, Messire Tanguy du Chastel, Messire Jean Louvet, président de Provence, Guillaume d'Avaugour, Hugues des Noyers, Jean du Mesnil, Pierre Frotier, Guichard de Bosredon, Colard de Buigne. Ont juré également nos fidèles et bien-aimés serviteurs de notre part à nous, duc de Bourgogne : le comte de Saint-Pol, Messire Jean de Luxembourg, Messire Archambaud de Foix, seigneur de Navailles, Messire d'Antoing, Messire Thibaut, seigneur, Messire Jean de Neufchastel, seigneur de Montaigu, Messire de la Trémoille, Guillaume de Vienne, Messire Pierre de Beauffremont, grand prieur de France, Messire Gautier des Roches, Messire Charles de Lens, Messire Jean, seigneur de Cotebrune, maréchal de Bourgogne, Messire Jean, seigneur de Toulongeon, Messire Régnier Pot, Messire Pierre de Giac, Messire Antoine de Toulongeon, Messire Guillaume de Champdivers, Philippe Josquin, Maître Nicolas Raulin.

« En outre, pour plus grande garantie des choses susdites, nous voulons et consentons que les seigneurs de la famille de notre seigneur le roi jurent et promettent semblablement de tenir et observer cette présente alliance, ayant pour agréable l'union et la concorde ainsi affermies, aussi bien que les ecclésiastiques, les nobles et les bourgeois des bonnes villes de nos pays et domaines, et de ceux de notre seigneur le roi. Et nous nous soumettons, nous et chacun de nous, pour l'observation et l'accomplissement des choses susdites, à l'autorité de notre sainte mère l'Église, de notre seigneur le Pape ou de ses commissaires. Nous voulons et consentons qu'ils nous contraignent à accomplir et observer toutes et chacune des choses susdites par excommunications, anathèmes, aggraves et réaggraves, interdits mis sur nos terres, et par toute autre censure ecclésiastique qu'on pourra imaginer. En témoignage de quoi, nous et chacun de nous, avons signé les présentes et y avons apposé nos sceaux.

« Donné au lieu de notre entrevue, sur le Ponceau qui est à une lieue de Melun, le mardi onze juillet de l'an du Seigneur mil quatre cent dix-neuf. »

« La paix qui venait d'être conclue fut proclamée dans les rues et les carrefours, selon l'antique usage, au son des trompettes et autres instruments. Les habitants du royaume et surtout les Parisiens firent éclater leur allégresse à cette occasion. Il y eut partout des illuminations et des feux de joie, autour desquels des troupes de jeunes filles et d'enfants formaient des danses en chantant. Pendant plusieurs jours, à Paris et ailleurs, le clergé, en témoignage d'allégresse spirituelle, fit des processions solennelles d'église en église en chantant des litanies, et n'oublia pas en célébrant l'office divin de remercier le Seigneur pour la réconciliation des princes. »

A l'occasion du traité du Ponceau Jean sans Peur fit preuve de munificence. Il dépensa environs dix mille livres en libéralités faites aux conseillers du dauphin. Robert le Maçon. Jean Louvet, Tanguy du Chastel, Louis d'Escorailles, Pierre de Beauvau, Hugues des Noyers, Guillaume d'Avaugour et Jacques du Peschin reçurent chacun une gratification de cinq cents moutons d'or. Le loyal et fier Barbazan la refusa. Au dauphin lui-même Jean fit présent d'un riche fermail d'or, garni de gros diamants. Charles, dont les finances étaient sensiblement plus maigres, donna seulement au duc un coursier bai brun à longue queue. Lorsque les princes se séparèrent, Jean voulut à toute force tenir au dauphin l'étrier. Mais cette réconciliation avait été bien voisine d'une rupture et peut-être de pis. Selon un document singulier et revêtu tout au moins d'une apparence authentique, Tanguy du Chastel et Robert le Maçon auraient à grand'peine empêché, lors de la seconde entrevue des deux princes, le président Louvet d'exécuter le dessein qu'il avait conçu de « faire prendre et exécuter Monseigneur de Bourgogne ». Celui-ci, de son côté, avait si peu de bonne foi qu'en dépit de ses engagements et serments solennels il rentrait presque immédiatement en négociation secrète avec Henri V. Le 22 juillet, quatre ambassadeurs bourguignons avaient reçu un sauf-conduit du roi d'Angleterre. Le 6 août, nous les trouvons où cela ? A Pontoise, cette ville française si mal défendue par le lieutenant de Jean sans Peur et dont Henri venait de prendre possession. L'accord d'ailleurs ne put se faire entre l'inflexible ambition du conquérant et l'avidité tortueuse et cauteleuse du chef de la France bourguignonne.

Aux conférences du Ponceau il avait été convenu qu'à bref délai, pour parfaire leur entente, une nouvelle entrevue aurait lieu entre le dauphin et le duc de Bourgogne. Celui-ci, le 11 août, s'était établi à Troyes, avec Charles VI et Isabeau. Le séjour de la capitale, sous les murs de laquelle commençaient à se montrer des détachements anglais, ne paraissait plus suffisamment sûr pour la cour. Fidèle à sa pensée de derrière la tête, Jean invita le dauphin à venir joindre ses parents : c'était le sommer de renoncer à la régence et de se ranger sous sa conduite. Charles, naturellement, refusa et insista pour que l'entrevue se fit au lieu désigné d'abord : c'était la ville de Montereau. Partagé entre des vues et des conseils contraires, soupçonneux, inquiet, le duc ne se laissa persuader qu'à grand'peine. Il vint d'abord à Bray, à cinq lieues de Montereau. Le 7 septembre, il annonça enfin la résolution de se rencontrer avec le dauphin et l'on régla les conditions de l'entrevue, définitivement fixée au dimanche suivant 10 septembre. Elle devait avoir lieu sur le pont de Montereau, disposé, fortifié d'une façon toute spéciale. Chacun des deux princes devait amener avec lui une suite de dix personnes. Ils étaient loin d'avoir l'un en l'autre et surtout dans leur suite respective une pleine confiance. Des avis sinistres furent communiqués à tous les deux, mais surtout à Jean, qui, jusqu'au dernier moment, hésita, consulta. Enfin, le jour convenu, à cinq heures de l'après-midi, passant outre à ses craintes, il s'engagea sur le pont et franchit la première barrière. Il ne devait point la repasser vivant.

Des versions bien différentes eurent cours à l'époque même et ont été données depuis sur les circonstances et sur l'issue terrible de l'entrevue de Montereau. Nous suivrons le récit du plus récent historien qui se soit attaché avec une autorité reconnue à réunir et à concilier, dans la mesure du possible, les informations à nous transmises par les chroniques et les documents contemporains.

« Le pont, dit M. de Beaucourt (1), était entièrement palissadé. A chaque extrémité, il était fermé par une barrière ; sur le pont même, mais plus près de la ville, était construit un parc ou enceinte réservée ; on y pénétrait par une sorte de guichet. En s'avançant, après avoir passé la première barrière, le duc rencontra les conseillers du dauphin : « Venez devers Monseigneur, lui dirent-ils, il vous attend. — Je vais devers lui », répondit le duc. Il franchit alors le guichet, suivi des dix chevaliers désignés par lui et de son secrétaire Séguinat, et laissant son escorte au dehors. — On était convenu en effet que les gens de chacun des princes occuperaient les barrières aux extrémités du pont. — Dès que le duc fut passé, le guichet fut fermé. Tanguy du Chastel se trouvait à l'entrée du parc, et tira même par sa manche le secrétaire Séguinat pour le faire avancer. Le duc, apercevant Tanguy, lui toucha amicalement l'épaule, disant aux siens : « Voici en qui je me fie. » Il s'avança alors vers le dauphin, qui se trouvait au fond de l'enceinte, à l'un des angles, adossé à la palissade, et qui attendait, armé et l'épée ceinte. Jean sans Peur, ôtant son aumusse de velours, s'inclina humblement et mit un genou en terre.

« Mon très honoré et redouté seigneur, dit-il, je prie Dieu qu'il vous donne bon soir et bonne vie. — Beau cousin, répondit le dauphin, soyez le très bien venu. — Mon très honoré et redouté sei-

(1) *Histoire de Charles VII*, t. I, p. 167 et suiv.

gneur, reprit le duc, je viens vers vous de la part de mon souverain seigneur, Monseigneur le roi, votre seigneur et père, que Dieu veuille garder! pour le servir et vous servir, et aller en votre compagnie contre ses ennemis anciens et les vôtres, et qui sont aussi les miens, les Anglais. Je vous offre ma personne, mes biens, mes parents, mes vassaux, sujets, amis et alliés, pour les employer avec vous ou autrement, ainsi qu'il vous plaira l'ordonner, pour la restauration et le maintien de la seigneurie de mondit seigneur le roi et de vous, le rejet et refoulement de ses ennemis; et je vous prie qu'il vous plaise me recevoir et accueillir avec bienveillance, et avoir ma personne, mes gens et ma compagnie en votre bonne grâce et amour. Car je vous jure par cette âme qui est la mienne (dit-il en se signant et en mettant la main sur sa poitrine) que jamais en ma vie je n'eus ni n'ai intention ni volonté d'avoir avec lesdits Anglais ou autres confédération ni alliance, ni traités d'aucune sorte préjudiciables à mondit seigneur le roi, à vous, ni au royaume. Monseigneur, et vous autres, Messeigneurs, poursuivit le duc en se tournant vers les conseillers du dauphin, dis-je bien? — Beau cousin, répondit le dauphin en donnant la main au duc, vous dites si bien que l'on ne pourrait mieux dire; levez-vous et vous couvrez. » En même temps Robert de Lairé lui prenait le bras, en disant : « Levez-vous, levez-vous! vous êtes trop cérémonieux. — Mais, reprit le dauphin, vous ne seriez point bon abbé. — Pourquoi ? dit le duc. — Parce que vous ne rendez pas volontiers. — Comment cela ? — Parce que dernièrement, quand nous conférâmes ensemble, vous me promites et il fut convenu entre nous que vous évacueriez dans le délai d'un mois toutes les places fortes où vous tenez garnison ; cela fut entendu, vous le savez... Or, quoi que j'aie très diligemment fait réclamer auprès des gens de votre conseil vos lettres de commission nécessaires pour cet effet, en offrant de donner les miennes, toutefois je n'ai pu les obtenir. Mais s'il plaît à Dieu et à vous, cela se fera bien, car il en est encore assez temps. »

« Le dauphin rappela alors qu'il avait été convenu à Pouilly qu'on se réunirait dans le délai d'un mois, pour traiter des affaires du royaume et organiser la résistance contre les Anglais ; que Montereau avait été choisi, et qu'il y avait attendu plus de quinze jours ; que le duc pouvait venir plus tôt s'il l'eût voulu, car il n'était qu'à quinze lieues. « Mon très honoré seigneur, interrompit le duc, je suis venu quand je l'ai pu. » — Le dauphin insista sur les maux que faisaient les gens de guerre des deux partis, et sur les progrès de l'ennemi ; il pressa le duc d'aviser à ce qu'on pourrait faire. « Je tiens la paix déjà toute faite, dit-il, ainsi que nous l'avons naguère jurée et promise ; c'est pourquoi trouvons moyen de résister aux Anglais. » Le duc répondit qu'on ne pouvait aviser à rien qu'en présence du roi, et qu'il fallait que le dauphin y vînt. « Je suis mieux ici qu'avec lui, reprit le prince, et j'irai vers Monseigneur mon père quand bon me semblera, et non selon votre volonté. Mais, poursuivit-il, je suis extrêmement surpris d'une chose qui vous regarde : c'est que vous deviez envoyer votre défi aux Anglais et que vous ne l'avez pas fait. » Ici le dauphin revint encore sur les torts que le duc s'était donnés. — « Monseigneur, dit le duc, je n'ai fait autre chose que ce que je devais faire. » Des démentis furent échangés. Le sire de Navailles s'approcha alors du duc, son maître, dont le visage s'enflammait. « Monseigneur, dit-il en s'adressant au dauphin, quiconque le veuille ou non, vous viendrez à présent vers votre père » ; et il lui mit la main gauche sur l'épaule, tandis que de la droite il sortait à demi son épée du fourreau. Le duc, lui aussi, avait porté la main à son épée. — « Mettez-vous la main à l'épée en présence de Monseigneur le dauphin ? » s'écria Robert de Lairé. Bataille, D'Avaugour, Du Chastel et Frotier sommèrent à la fois le duc et les siens de reculer, craignant un attentat contre la personne du dauphin. Au milieu du tumulte, les épées sont tirées, les cris : *Alarme ! Alarme !* retentissent. Le dauphin est emmené à la hâte hors du parc. Alors, par le guichet entr'ouvert, se précipitent des gens armés, en criant : *Tuez ! Tuez !* Mais déjà Jean sans Peur était tombé mort sous les coups de plusieurs des chevaliers dauphinois. Le sire de Navailles qui, seul avec Jean de Vergy, avait essayé de défendre son maître, fut blessé mortellement. Les autres seigneurs bourguignons, à l'exception du seigneur de Montaigu, lequel, à ce qu'on prétend, se sauva du côté de la ville, furent faits prisonniers par quatre des conseillers du dauphin, seuls restés sur le pont, avec l'aide des gens de leur parti qui étaient accourus.

« Bien que la chose ait été soudaine, on s'étonne que les gens du duc, qui occupaient la barrière du pont du côté du château, ne soient pas survenus. Un contemporain nous en donne l'explication : « Ceux du château, dit-il, qui étaient le plus près de l'huis du parc, ne s'en émurent aucunement, parce qu'ils crurent que c'était Monseigneur le dauphin qu'on avait tué. » Le bruit se répandit en effet, dans le château et dans la ville, que le dauphin était mort, et il dut monter à cheval pour démentir ce bruit par sa présence. »

Quand le pont eut été évacué, on ramassa le cadavre de Jean sans Peur, qui était demeuré sur la place, et on le porta dépouillé de ses bagues, joyaux et vêtements, dans la maison d'un meunier, à quelque distance. A la nouvelle de sa mort ses gens de guerre, qui occupaient le château de Montereau, et contre lesquels s'avancèrent quatre cents hommes d'armes dauphinois, s'enfuirent comme en déroute. Le lendemain on mit le duc « en la bière des pauvres », vêtu seulement de « son pourpoint et de ses chausses », et on l'inhuma dans l'église de Notre-Dame de Montereau sans aucune pompe,

« sans linceul et sans poêle sur la fosse ». Plus tard le corps fut transporté à la Chartreuse de Dijon, lieu traditionnel de sépulture pour la maison ducale de Bourgogne.

Selon un curieux, mais étrange document, auquel il a déjà été fait allusion ci-dessus, et dont l'autorité n'est pas absolument incontestable (1), Robert le Maçon, préoccupé quelques années plus tard de se disculper de toute participation au meurtre de Montereau, aurait recueilli à cet effet plusieurs témoignages, et entre autres la déclaration suivante de Jean de Poitiers, évêque de Valence, qui suivait le parti du dauphin et s'employait à ses affaires, tandis que son frère, Charles de Poitiers, évêque de Langres, était l'un des conseillers de Jean sans Peur :

« Nous, Jean de Poitiers, évêque de Valence et de Die, disons, déposons et affirmons par serment que, en l'année où feu haut et puissant prince, Monseigneur le duc de Bourgogne, naguère trépassé, finit ses jours au lieu de Montereau-faut-Yonne, nous avions été, un mois avant ce trépas, par devers le roi Charles VII, alors seulement régent, pour obtenir la délivrance du comté de Valentinois à Messire Louis de Poitiers, notre frère, et, en outre, pour conférer sur le même sujet avec Monseigneur l'évêque de Langres, notre frère aussi,

(1) Ce document, découvert dans les archives de M. le duc de la Trémoille, a été publié avec des observations par M. de Beaucourt, ouvrage cité, t. II, p. 651 et suiv.

lequel était alors en la compagnie de mondit seigneur de Bourgogne. Nous allâmes avec le régent et avec sa compagnie depuis Montargis jusqu'à un château nommé Dient, situé à trois lieues de Montereau, et en ce lieu de Dient le régent s'arrêta quelques jours, puis se rendit à Montereau, et nous demeurâmes, nous, audit lieu de Dient. Et trois jours après que le régent en fut parti, le seigneur de Trèves (Robert le Maçon), alors chancelier, arriva de Montargis en cet endroit, et il fut logé audit château l'espace de quinze jours sans le quitter. Nous y fûmes tous deux ensemble continuellement, dînant et soupant tous les jours à la même table, jusqu'au samedi soir, veille du jour où trépassa Monseigneur de Bourgogne. Mais ce samedi, le régent manda au seigneur de Trèves, son chancelier, qu'il vînt le rejoindre à Montereau. Il partit donc le samedi après dîner, et nous avec lui. Nous arrivâmes tous deux assez tard. Or, le seigneur de Trèves n'avait point de logis déterminé à Montereau, nous ne savons pas bien pourquoi. Peut-être était-ce à cause de la grande quantité des gens de guerre qui occupaient tous les logis; peut-être pour les affaires qui étaient agitées en ce moment. Nous pensons, d'après ce que nous dirons tout à l'heure, qu'on ne voulait point qu'il eût un logis à Montereau, pour se cacher de lui au sujet du traité en négociation. Enfin, le soir que le seigneur de Trèves et nous arrivâmes à Montereau, le président de Provence (Jean Louvet) nous prêta son logis; le seigneur de Trèves y passa la nuit avec nous; nous y soupâmes et couchâmes ensemble, et nous y dînâmes le lendemain. Nous ne connûmes ni n'aperçûmes qu'il y eût un conseil tenu en ce jour de dimanche, si ce n'est en la présence des seigneurs de Bourgogne, quand ils vinrent devers le régent pour recevoir le serment des gens de sa compagnie. Nous assistâmes à ce conseil et il n'y fut, à notre escient, traité de rien autre chose. Or, après les serments faits, le régent, sur le point de partir pour aller au lieu de l'entrevue, appela le seigneur de Trèves et lui dit de venir avec lui: il lui dit à part quelques brèves paroles. Et nous vîmes bien, d'après l'air dudit seigneur de Trèves, qu'il voulait retenir le régent et parler plus longuement avec lui, et, selon qu'il nous apparut, il semblait faire opposition aux paroles du prince. Et alors le régent s'en alla assez brusquement, et fit ensuite appeler deux ou trois fois le seigneur de Trèves pour se joindre à sa compagnie. Mais celui-ci n'y voulut aucunement aller; il demeura dans la chambre dont il s'agit, nous avec lui, et encore plusieurs autres dont nous ne nous rappelons pas les noms. Et sitôt que le régent se fut éloigné, voici que le seigneur de Trèves se laissa choir sur un lit. Nous nous approchâmes de lui et lui demandâmes ce qu'il avait. Il nous répondit de la sorte : « Plût à Dieu, Monseigneur de Valence, que je fusse à Jérusalem, sans denier ni maille, et que je n'eusse jamais vu ce seigneur-ci; car j'ai grand'peur qu'il ne soit mal conseillé, et qu'il ne fasse aujourd'hui chose par quoi ce royaume et lui soient perdus! » Et il disait ces paroles avec grande douleur et tristesse et de cœur bien marri. Puis il commanda à ses gens d'aller promptement querir ses chevaux parce qu'il voulait s'en aller. Et bientôt ses chevaux lui furent amenés et il y monta pour s'en aller. Nous alors, voyant ces choses et ayant rencontré le page du président de Provence sur un cheval, nous le fîmes descendre et y montâmes à sa place. Ensuite nous vînmes ensemble à la porte de Montereau, par où nous pensions sortir, mais nous la trouvâmes fermée, et ce ne fut qu'à grand'peine que le seigneur de Trèves la fit ouvrir. Et comme nous sortions, nous entendîmes le hu et le bruit de la mort de Monseigneur de Bourgogne. Nous nous en allâmes tout droit au lieu de Dient, où nous avions laissé nos gens, pour y prendre gîte cette nuit. Mais le seigneur de Trèves et plusieurs autres qui le suivaient avaient pris le chemin de Moret en Gâtinais, et nous ne savons ce qu'il devint cette même nuit. Et depuis, trois ou quatre jours après, nous retournâmes vers les conseillers du régent, dans l'espoir d'obtenir la délivrance à notre frère du comté de Valentinois. Nous parlâmes alors au seigneur de Trèves, que nous trouvâmes, dans ses paroles et tout son air, toujours très courroucé du cas susdit. Et pour cette raison, nous croyons, en notre conscience, que ledit seigneur de Trèves ne fut en aucune manière participant ou consentant à la mort de mondit seigneur de Bourgogne, et si on l'en a depuis chargé, c'est à tort. »

L'entière vérité sur le meurtre de Montereau n'est pas encore bien connue. Ce qui est certain, c'est que les coups sous lesquels a succombé Jean sans Peur firent à la France une blessure qui faillit être incurable, puisque, pour la guérir, il ne fallut pas moins que la main même de Dieu.

CHAPITRE IV

EXHÉRÉDATION DYNASTIQUE ET DÉCHÉANCE NATIONALE

La cause en réalité atteinte et frappée par l'événement terrible qui venait de s'accomplir, c'était justement celle du dauphin. La première effervescence passée, la lumière se fit à cet égard non seulement en son esprit, mais, dans une certaine mesure, chez tous ceux de ses conseillers que n'aveuglait point la passion de parti. On résolut de faire une tentative auprès du nouveau duc de Bourgogne, Philippe, fils de Jean sans Peur, pour continuer avec lui les négociations commencées avec son père. Le succès n'en était guère vraisemblable et ne devait pas être facilité par les récriminations contre le défunt contenues dans les lettres écrites à cet effet par le régent (15 septembre 1419). Ce document diplomatique se terminait par les assurances suivantes, trop empreintes encore de la colère et des rancunes, si justifiées qu'elles pussent être, des chefs armagnacs :

« Nous savons bien que la nature et la condition du cas advenu à feu votre père, par sa faute même et l'excès de ses prétentions, vous induiront à en être bien affligé et peiné. C'est pourquoi présentement nous vous écrivons et envoyons par devers vous, afin de vous prier avec insistance que, selon votre bon sens et discernement, vous vous réconfortiez en cette peine et preniez en patience ledit cas ainsi advenu ; que vous ne vous laissiez pas émouvoir à ce sujet par les incitations qui vous pourraient être adressées, venant de plusieurs qui ont déjà induit votre père à faire telles choses dont beaucoup d'inconvénients sont arrivés et à lui en est finalement mal advenu. Quant à nous, nous vous aimerons, chérirons, aiderons et conforterons comme notre frère, nonobstant tout ce qui s'est passé : nous entretiendrons avec vous de point en point la paix convenue ; nous vous conserverons tous vos droits et prérogatives. Réfléchissez qu'en agissant ainsi nous oublions bien des choses qui nous pourraient émouvoir en sens contraire ; car vous ne pouvez pas ignorer que plusieurs princes du sang royal, par le fait de feu votre père, ont eu douleur semblable à la vôtre, et qu'il a bien fallu qu'ils la prissent en gré, et après plusieurs essais de guerre, pertes et périls, cherchassent la paix. Sur toutes ces choses nous avons chargé notre très cher et bien-aimé cousin, le comte d'Aumale, de vous parler plus à plein et de vous en dire et déclarer la vérité, comme nous le ferions nous-même. »

Le duc Philippe ne ferma pas de façon absolue l'oreille à ces ouvertures. Mais il était entraîné avec force dans le sens opposé, c'est-à-dire dans les bras du roi d'Angleterre, non seulement par la duchesse sa mère, mais par la reine Isabeau et le gouvernement de Troyes, et aussi, avec un triste aveuglement de colère et de crainte, par les corps constitués et par la faction bourguignonne de Paris. Le meurtre de Jean sans Peur avait comme imposé silence aux patriotes parisiens et soulevé une explosion d'indignation sauvage et de douleur puérile chez les nombreux partisans de ce prétendu « bon duc ».

« Le peuple de Paris, à la nouvelle de l'assassinat du duc de Bourgogne, rapporte le moine de Saint-Denis, fut saisi d'une sorte de fureur frénétique, et il se disposait à venger cet attentat en égorgeant tous les partisans de Monseigneur le dauphin. Mais les bourgeois les plus notables, s'étant réunis en armes, firent proclamer, au nom du roi, dans les carrefours de la ville, la défense expresse, sous peine de mort, de porter une épée ou un poignard, ou d'attenter à la vie de qui que ce fût sans autorité de justice. Il fut aussi enjoint à tous, par ordonnance royale et à son de trompe, qu'ils eussent à porter sur leurs tuniques ou leurs chaperons la croix de Saint-André, comme du vivant du feu duc. Il fut défendu, sous peine de mort, à ses gens de guerre de passer dans le parti des Armagnacs. Cinq arbalétriers espagnols, ayant enfreint cette défense, furent exécutés, le 14 octobre (1419), dans la ville de Saint-Denis, par jugement du maréchal de France. Non seulement le peuple de Paris, mais aussi les bourgeois les plus considérables, ainsi que les conseillers du roi qui dirigeaient les affaires de l'État et qui avaient toujours été les partisans déclarés dudit duc, témoignaient hautement leur horreur pour ce crime affreux, et vouaient les infâmes assassins au supplice du traître Judas et à la damnation éternelle. Afin de mieux témoigner leurs profonds regrets, ils prirent tous le deuil comme pour la perte d'un père, et firent célébrer dévotement avec grande pompe et solennité dans les principales églises de la ville des services funèbres en son honneur. » — Comme nous l'apprend en son français l'auteur de la chronique communément intitulée : *Journal d'un bourgeois de Paris*, cette cérémonie fut faite à Notre-Dame le jour de la Saint-Michel, « et il y avait dans l'église trois mille livres de cire, toutes en cierges et en torches. Il y eut là un très émouvant sermon, que fit le recteur de l'Université, Maître Jean Larcher. Et ensuite le service fut fait par toutes les paroisses et toutes les confréries de Paris, l'une après l'autre, et il y eut partout grande pompe, beaucoup de cierges et de torches, et les églises étaient tendues de serges noires, et on chantait le *Subvenite* des morts et les vigiles à neuf psaumes et à neuf leçons, et dans toutes les églises on avait placé les armoiries du bon duc trépassé et celles du seigneur de Navailles, qui mourut avec lui. Dieu veuille avoir leurs âmes et celles de tous les autres trépassés! »

« Peu de temps après, reprend en latin notre moine, on tint conseil sur les affaires du royaume. Comme on redoutait la tyrannie des gens du dauphin, et que l'on savait qu'ils n'avaient rien tant à cœur que de venger par les armes les assassinats commis jadis dans la capitale contre ceux de leur parti, de piller en toute liberté les biens des plus riches bourgeois et de faire main basse sur tout ce qu'ils avaient de plus précieux, on se résigna à choisir ce que l'on considérait comme le moindre des deux maux auxquels on était exposé. On résolut, ô honte! de s'écarter des exemples des ancêtres, et de faire alliance avec les Anglais, ces antiques adversaires du royaume, que l'on considérait encore pourtant, à cette heure même, comme les plus mortels ennemis de la France. On ne craignit pas de solliciter leur assistance, à la condition toutefois que cela agréerait au roi de France, à la reine et au duc de Bourgogne, fils du duc si traîtreusement assassiné. Les principaux seigneurs de la cour qui vivaient dans l'intimité desdits princes partagèrent cet avis; ils assurèrent qu'il n'y avait pas d'autre moyen de mettre un terme aux courses dévastatrices des Anglais, de réprimer les violences furieuses des Armagnacs, et de venger le meurtre si déplorable et si ignominieux du duc de Bourgogne. Il fut donc arrêté, d'après leur avis, qu'on enverrait à Pontoise Messire de Chastellux, maréchal de France, et Messire de Toulongeon, pour faire des ouvertures aux Anglais à ce sujet. Ceux-ci de leur côté députèrent le comte de Warwick à Paris, vers la fête de saint Cosme et saint Damien (27 septembre), et le chargèrent d'annoncer qu'ils désiraient tous la paix et l'union. »

Par opposition à cette conduite vindicative et intéressée des clercs, bourgeois et hommes d'État de la capitale, un curieux incident prouva que le sentiment chrétien, le meilleur appui du patriotisme, n'était pas mort en France, et ne craignait pas de faire entendre à l'occasion hautement sa voix. Au service solennel célébré pour Jean sans Peur dans l'église de Saint-Vaast d'Arras, le 13 octobre 1419, devant le nouveau duc et toute sa cour, ce sentiment se manifesta d'une façon très inattendue. Écoutons sur ce sujet le récit rédigé beaucoup plus tard, mais sur de bons témoignages, par l'*indiciaire* ou historiographe officiel du duc Philippe, Georges Chastellain, dont la rhétorique, trop riche d'emphase et d'amphigouri, secouée et troublée par le premier souffle de la Renaissance, n'est pas dépourvue pourtant çà et là de quelques traits de forte pensée et d'éloquence expressive.

« L'offrande passée, nous dit ce laborieux et majestueux écrivain, un Frère prêcheur, maître en théologie, nommé Maître Pierre Flour, inquisiteur de la foi en la province de Reims, fit un sermon notable devant toute la seigneurie, princes, prélats, nobles et autres. En toute ardeur d'esprit il parut s'appliquer à détourner un et chacun de prendre aucune vengeance du mort, mais persuadait et conseillait que l'on s'en remît à Dieu tout-puissant, qui sait rendre et venger toutes offenses où et quand il lui plaît, non pas selon le désir des hommes, mais plus amèrement beaucoup qu'à leur mesure. Il remontrait de plus ceci : que la voie de justice est la plus rigoureuse et la plus effrayante punition des malfaiteurs, et que nulle vengeance n'est si honorable et de si grande estime que celle qu'on cherche par ce moyen. Le duc donc, disait-il, qui était un chef de justice en chrétienté et l'un des principaux piliers de ce royaume, lui-même devait à la justice renfort et aide. Là où elle aurait défaut de vigueur et vertu, c'était à lui de la secourir, y procédant en façon d'équité et non de fureur vindicative, qui emploierait sa puissance à œuvre non due. Telles et semblables raisons mit-il beaucoup en avant, comme manifesteur de vérité, qui ne doit pas être dissimulée en la chaire évangélique par un clerc vraiment digne de son office, en telle compagnie et en cas de tel poids et de telle importance, d'où tant de maux pouvaient naître, tant de biens venir à plein effet ou au contraire à néant. Quant à lui, il s'acquittait de son devoir devant les hommes, ce lui semblait-il, comme il en voulait répondre devant Dieu. Agirait qui pourrait, s'abstiendrait qui voudrait, c'était à lui prêcheur de conseiller et à d'autres d'exécuter selon leur gré. Toutefois plusieurs des nobles hommes présents audit service se troublèrent de ce sermon. Obéissant plutôt à folle opinion qu'à jugement sain, ils se montrèrent fort mécontents du prédicateur. Ils le soupçonnèrent même d'être favorable aux auteurs du meurtre. Ce penchant, selon eux, était le vrai motif de ses exhortations, et non pas la révérence de l'honneur divin. Mais cela n'était pas juste, comme il parut bien par les explications qu'il fournit en temps et lieu et par les raisons qu'il fit valoir. »

Le courageux effort d'apôtre tenté par Maître Pierre Flour ne devait pas l'emporter sur les passions du moment. Celles-ci d'ailleurs étaient soutenues dans les conseils du duc Philippe par les raisonnements d'une politique plus spécieuse que vraiment sage. La question de l'alliance anglaise fut agitée dans une délibération solennelle tenue à Arras le 18 octobre. Les motifs produits alors en divers sens devant le duc nous ont été conservés. Ils ont été analysés en ces termes par un docte historien belge (1), d'après les documents originaux et authentiques :

« Le duc de Bourgogne doit peser d'une part la volonté énergique du roi d'Angleterre, de l'autre la

(1) M. le baron Kervyn de Lettenhove, dans l'une des notes de son édition des *Œuvres de Georges Chastellain*.

faiblesse de la France. Le roi d'Angleterre a deux voies pour recouvrer « sa couronne de France » : le libre consentement ou la force d'armes. Cette dernière voie ruinerait la France. — On peut objecter à la première que le duc de Bourgogne n'y doit pas consentir parce qu'il est premier vassal de la couronne et que ce serait un crime de lèse-majesté; il s'exposerait au péril d'être tué et d'être dépouillé de ses biens par ses vassaux puisqu'il dépouillerait lui-même celui dont il est vassal. — Il n'aurait pas le consentement de ceux qui sont intéressés dans cette affaire. — Il se créerait de grands ennemis, entre autres le duc de Bretagne, qui a épousé la fille du roi. — Il se trouverait isolé, et le dauphin aurait plus d'intérêt à le détruire qu'à chasser le roi d'Angleterre. — Il n'aurait peut-être pas si grand honneur comme il doit avoir; il en serait même méprisé. — Telles sont les objections, mais on les combat par d'autres considérations. De deux maux il faut choisir le moindre : si le roi d'Angleterre vient à force armée, tout est ruiné, donc il faut consentir. — Le roi d'Angleterre réunira en un seul corps tous les membres de la France et la remettra en ses titres et prérogatives anciennes, ce qui assurera le bien des peuples. Les habitants du royaume demeureront un peuple indépendant, et seront, non pas les sujets des Anglais, mais leurs bons voisins. En France et au regard des affaires du pays, le roi d'Angleterre ne s'appellera que roi de France. Les nobles, clercs, marchands des deux royaumes communiqueront les uns avec les autres en toute amitié et loyauté. — Le roi Henri offre au duc de faire épouser une de ses sœurs par l'un de ses frères et il lui donnera de grands biens. — Si le duc repousse son alliance, le roi d'Angleterre cherchera ailleurs un appui, ce qui causera la ruine du duc. — Si le duc, espérant la couronne de France pour lui-même, agit autrement, on sait que le roi d'Angleterre s'opposera à lui et mettra plutôt sur le trône le duc d'Orléans ou autres princes qui en sont plus proches que le duc de Bourgogne, comme les frères du duc d'Orléans et le duc d'Anjou. — En cas de consentement, le roi d'Angleterre offre de prendre pour femme Madame Catherine de France « sans denier aucun »; il laissera le roi jouir de son titre et il honorera le roi et la reine comme père et mère et laissera au roi de bons revenus. — Si, au contraire, le roi d'Angleterre prenait la couronne par force, il chasserait le roi et la reine, ferait venir des barons, des chevaliers et des clercs d'Angleterre et dépouillerait entièrement le peuple de France. — Si après le décès du roi de France le dauphin vient à la couronne, le duc de Bourgogne aura guerre contre lui et à la fin son parti ne pourra être le meilleur. »

Les conseillers du duc Philippe se prononcèrent en majorité pour l'alliance anglaise. Henri V se conduisit en cette circonstance décisive avec la ferme habileté qui avait tant contribué à ses succès. La mort de Jean sans Peur ne lui avait été nullement désagréable et il n'avait pas même craint de le laisser voir lorsqu'il avait reçu la nouvelle du meurtre de Montereau : « Grand dommage, dit-il, est du duc de Bourgogne : il fut bon et loyal chevalier et prince d'honneur ; mais, par sa mort, avec l'aide de Dieu et de saint Georges, nous sommes au-dessus de notre désir. Ainsi aurons-nous, malgré tous Français, Madame Catherine que tant avons désirée. » Il accueillit les propositions, jugées par lui insuffisantes, du nouveau duc avec un sang-froid hautain. Il ne négligea pas de tenir aux ambassadeurs de Philippe la dragée haute et même de leur faire sentir la pointe de sa redoutable épée. « Beaux seigneurs, leur dit-il, selon le récit de Chastellain, j'ai grande déplaisance de la mort de beau cousin le duc Jean de Bourgogne. La fausse et déloyale manière dont elle a été accomplie est la plus douloureuse que j'ai ouïe jamais. C'est un coup mauvais à parer. Aussi n'est-ce pas merveille si beau cousin Philippe, votre maître à présent, s'efforce de venger son père ; il en est fort à louer, et fait son devoir. Mais si votredit maître est d'aventure tel qu'était son père, qui m'a mené, par long espace de temps, la tête au vent, au risque de ruiner ma cause et ma maison, s'il a, dis-je, intention d'agir de même sorte, certes, vous avez tort de vous adresser à moi, car, avec l'aide de Dieu, j'entends désormais, sans plus prêter l'oreille à personne, procéder à ma conquête et entreprise sur ce royaume, mon héritage. Je n'ai en cela que trop longuement différé. Ainsi donc, si beau cousin, votre maître, veut travailler à notre entente, qu'il se hâte et se montre prêt à conclure tout prestement et sans délai. Mon intention n'est pas d'attendre plus longtemps sa bonne volonté. Je suis pressé. Avisez-vous. Et, si vous n'avez pouvoir suffisant, retournez promptement là où vous devez, et revenez munis de ce qu'il faut pour en finir. » Philippe dut s'incliner devant la volonté du « fier roi ». Le pacte anglo-bourguignon fut signé à Arras le 2 décembre 1419.

La soumission de Philippe était l'essentiel. Aussi Henri, sans se départir au fond de son inflexible égoïsme, montra-t-il, ce semble, beaucoup plus de bonne grâce et de bonne volonté apparente dans les négociations que poursuivaient avec lui, sous les auspices du duc de Bourgogne, le gouvernement de Troyes et les autorités parisiennes. Dès les premières entrevues il avait eu soin de se présenter aux ambassadeurs français sous son meilleur jour. Ceux-ci rapportèrent du souverain étranger, qui voulait devenir le leur, une impression très favorable. La trace vivante s'en retrouve d'une fort curieuse façon dans le chapitre de notre religieux de Saint-Denis intitulé : *Du caractère de Henri, roi d'Angleterre.*

« Les ambassadeurs de France, à leur retour, nous dit-il, racontèrent en détail avec quelle affabilité, quelle bienveillance et quelle courtoisie le roi d'Angleterre les avait reçus au commencement des négociations, soit à Rouen, soit ailleurs : avec quelle générosité il les avait traités et festoyés à plusieurs reprises, non sans les combler de riches présents. Comme on leur fit beaucoup de questions sur le caractère de ce prince, ils donnèrent à ce sujet quelques renseignements que je tiens de bonne source. C'était un prince d'une tournure distinguée et d'une taille avantageuse ; et bien que son extérieur semblât annoncer de la fierté, il se faisait un point d'honneur de montrer une extrême affabilité à tout le monde, de quelque rang ou condition que l'on fût. Évitant toujours les réponses verbeuses et les serments dont on est ordinairement si prodigue, il allait droit au but et se contentait de dire : « C'est impossible » ; ou bien : « Il faudra que cela soit ainsi. » Lorsqu'il avait prononcé ces simples paroles, il se croyait aussi engagé à y donner suite que s'il avait appelé en témoignage Notre-Seigneur Jésus-Christ et tous les saints. Scrupuleux observateur de la justice, il savait épargner les humbles et abaisser les orgueilleux. Il conservait une merveilleuse égalité d'âme dans le malheur aussi bien que dans la prospérité. Si ses troupes venaient à éprouver quelque revers, il leur disait souvent : « Vous le savez, les chances de la guerre sont variables ; mais si vous voulez vous assurer les faveurs de la fortune, conservez toujours le même courage. » Veillant avec une juste rigueur au maintien de la discipline militaire, il défendait formellement et sous les peines les plus sévères aux mauvaises femmes de s'introduire dans son camp, comme elles avaient l'habitude de le faire pour les Français. Plein de bienveillance envers le clergé, et principalement envers ceux qu'il savait voués au service de Dieu, il rendit à beaucoup d'entre eux leurs églises paroissiales et leurs monastères, remit en vigueur les anciennes franchises et veilla à ce qu'elles ne fussent pas violées.

« Les ambassadeurs ne doutaient pas que ce prince ne tînt parole aux nobles du royaume de France et ne leur prêtât aide et secours. Il était indigné, disaient-ils, de voir que les partisans de Monseigneur le dauphin les traitaient depuis si longtemps en ennemis publics et exerçaient contre leurs gens les plus atroces cruautés, toutes les fois qu'ils les rencontraient, et que leur criant selon l'usage : *Qui vive? qui vive?* ils n'obtenaient d'eux pour toute réponse que : *Le roi, la reine et le duc de Bourgogne*, sans qu'il fût question du dauphin. Les partisans du jeune prince tenaient cela pour une sanglante injure, qu'ils avaient fort à cœur de venger, et ne se faisaient pas faute de parler du duc de Bourgogne dans les termes les plus méprisants. Lorsqu'ils s'emparaient par surprise de quelque forteresse royale et y faisaient prisonniers des adhérents au parti bourguignon, ils les mettaient à la torture pour leur extorquer une rançon, et s'enrichissaient ainsi outre mesure. Puis ils les accablaient de toutes sortes d'invectives et d'outrages, pour les punir de ne pas obéir au dauphin, quoique ne pouvant ignorer, disaient-ils, qu'il était bien réellement dauphin, comte de Poitou, duc de Berry, fils du roi et de la reine, et légitime régent du royaume. »

Non seulement Henri de Lancastre faisait valoir son futur gouvernement comme devant rendre l'ordre et la paix au pays épuisé; non seulement il affirmait avec insistance « qu'il s'acquitterait de ses fonctions en vrai gendre du roi et en prince qui tirait son origine de l'illustre famille des rois de France, et qu'il garderait fidélité au roi envers et contre tous »; mais il allait jusqu'à prétendre qu'il agissait dans l'intérêt bien compris du dauphin lui-même. Il répétait, dit-on, souvent aux négociateurs : « Ne vous inquiétez pas si quelques gens me traitent de téméraire pour entreprendre une chose si difficile et si périlleuse. Il est vrai que le dauphin, qui sans doute voit tout cela d'un mauvais œil, essaiera d'abord, dans l'emportement de sa bouillante ardeur, de rompre cette alliance; mais il finira par approuver ce que vous faites, lorsqu'il n'aura plus autour de lui les calomniateurs et les perfides séducteurs qui le poussent sans cesse à s'écarter du sentier de la raison. »

Charles de France n'entendait aucunement s'en remettre de ses droits et de ses intérêts à la prétendue bonne volonté du roi d'Angleterre. Il essaya de retenir l'opinion franco-bourguignonne sur la pente qui l'entraînait et adressa pour cela plusieurs manifestes aux habitants de la capitale. La lettre qu'il leur envoya de Bourges, au mois de décem-1419, est parvenue jusqu'à nous. On y remarque un accent de fermeté digne qui fait honneur au prince dont elle exprime la pensée et à la plume du secrétaire qui la rédigea.

« Chers et bien-aimés, déjà par plusieurs et diverses fois nous vous avons écrit au long et au vrai la volonté, ferme propos et intention où nous sommes, de tenir et faire garder entièrement la paix et amnistie générale ordonnée et publiée en ce royaume (en conséquence du traité du Ponceau), quelque chose qui soit advenue depuis ladite paix, et de vous aider, secourir et conforter contre les anciens ennemis de cet État, quelque guerre qu'ils vous fassent par siège ou autrement, et d'employer pour cela toute notre puissance et notre personne même, vous assistant de vivres, de gens et de toutes sortes de secours, selon que vous nous le voudrez requérir. Sur toutes ces choses, pour plus de sûreté, nous vous avons envoyé plusieurs fois nos lettres patentes, et néanmoins nous n'avons reçu de vous aucune réponse. Nous avons même ouï dire que quelques-unes de ces lettres ont été déchirées en votre hôtel de ville et nous en avons été fort étonné. Elles n'ont en effet d'autre but que le bien de la paix, la conservation de la seigneurie du roi et l'intérêt de ses sujets. Personne donc ne se doit à cause d'elles émouvoir en mauvaise part. Il nous semble au contraire que tous ceux qui veulent le bien de mondit seigneur le roi et la préservation de sa couronne, de façon qu'elle ne tombe pas aux mains des ennemis, devraient être très joyeux de nosdites lettres. Quoi qu'il en soit, afin que vous voyiez bien que le désir de la paix, qui toujours subsiste en notre âme, nous est à cœur par-dessus toutes choses, et que nous ne voulons rien négliger du devoir où nous sommes de chercher par toute voie possible la bonne union de ce royaume, de telle sorte qu'il ne dépende pas de nous qu'elle ne s'accomplisse, nous vous écrivons derechef et vous faisons savoir que nous sommes toujours et demeurons dans la même intention déjà exprimée. Pour que vous en soyez certains, nous vous envoyons avec la présente nos lettres patentes sur ce sujet. Mais, comme nous avons ouï dire que certaines personnes s'entremettent en votre nom de négociations et de pourparlers avec les anciens ennemis de mondit seigneur le roi, nous prions avec insistance et requérons votre loyauté que vous veuillez avoir en mémoire et en souvenance la vertu et constance qu'ont toujours eues vos prédécesseurs, habitants de Paris avant vous, de demeurer et vivre sous l'obéissance de leur naturel et légitime seigneur, sans se laisser jamais séduire par menaces ou caresses desdits anciens ennemis de ce royaume. Vous voudrez suivre leur exemple et garder en cela votre honneur et loyauté, nous en avons pleine confiance; car, soyez-en certains, quelque chose qui advienne, le sujet trouve toujours plus de bénignité et de sûreté en son naturel seigneur, qu'il n'en pourrait espérer jamais de ses ennemis, s'il venait à se mettre en leur servitude. D'autre part, vous devez penser que Monseigneur le roi étant en l'état où il plaît à Dieu de le laisser, et nous, son seul fils et héritier, absent de sa cour, il n'est permis à personne de s'attribuer l'autorité de négocier de tels traités, sur la consistance desquels on ne saurait placer aucun ferme espoir. Veuillez donc mûrement réfléchir sur toutes ces choses, et faire accueil au bien de la paix que nous vous avons offert et vous offrons libéralement et de bon cœur. Ne mettez pas votre confiance en ceux qui veulent chercher leur sûreté par d'autres et périlleuses voies, car nous vous affirmons qu'en observant ladite paix et gardant votre loyauté envers mondit seigneur le roi et envers nous, vous nous trouverez tel envers vous que nul seigneur ne peut mieux être à l'égard de bons et loyaux sujets, et tout mauvais souvenir sera mis en oubli. Veuillez sur toutes ces choses nous écrire et nous faire savoir votre intention, afin que nous puissions nous disposer à vous aider et secourir. Et si vous désirez en particulier telle chose que nous puissions faire, écrivez-le nous franchement, et nous la ferons. Nous prions Dieu, chers et bien-aimés, qu'il vous ait en sa sainte garde. »

Ces appels du dauphin à l'opinion publique exaspérèrent les conseillers bourguignons d'Isabeau.

Le 17 janvier 1420, ils lancèrent de Troyes, au nom du malheureux Charles VI, une diatribe féroce contre le jeune prince. La verve enragée du rédacteur, peut-être quelque clerc forcené de l'Université, outrepassant tous les usages du style ordinaire et même extraordinaire de la chancellerie royale, éclate en accents d'une fureur pathétique, non exempte de galimatias.

« Charles, par la grâce de Dieu, roi de France. A nos chers et bien-aimés les gens d'Église, nobles, bourgeois, manants et habitants de notre bonne ville de Paris, salut et dilection. Il est venu à notre connaissance que Charles, qui se prétend régent de notre royaume contre notre gré et volonté, s'efforçant d'usurper de fait notre seigneurie, s'est avisé après le faux et déloyal meurtre par lui et ses complices commis traitreusement sur la personne de feu notre très cher et très aimé cousin le duc de Bourgogne, dont Dieu ait l'âme, d'écrire à plusieurs villes et cités de notre dit royaume. Dans ces lettres il accuse notre très cher et bien-aimé fils le duc de Bourgogne (1), fils de notre feu cousin, et lui reproche à faux que, sous couleur du mariage projeté de notre chère et très aimée fille Catherine avec le roi d'Angleterre, il a fait en notre nom certains traités ou accords préjudiciables à nous et à notre État tout entier. Ledit Charles s'en déclare très fort étonné au point qu'il lui est diffi-

(1) Le duc Philippe avait épousé Michelle de France, fille de Charles VI. Il était donc gendre ou *beau-fils* du roi.

cile de le croire. Il prie que personne en ce point n'adhère à notredit fils le duc de Bourgogne, ni ne lui donne aide ou faveur aucune. Il ajoute qu'il est lui-même assez puissant pour faire beaucoup de choses à l'avantage de ce royaume. O Dieu de vérité, devant qui quelque chose que ce soit, si secrète qu'elle puisse être, ne demeure cachée, croient-ils donc, ledit Charles et ses complices, par leur fiction mensongère palliée d'impossibilité, toujours ainsi séduire notre loyal peuple; donner le faux pour vrai, le pouvoir pour impuissance, la malignité pour bienveillance, la tyrannie pour justice, la guerre pour paix, l'extrême labeur pour repos? Certes, c'est avec une douleur bien forte et une grande amertume de notre cœur que nous exposons ces choses et celles qui vont suivre. Mais la justice nous contraint, la vérité nous incite, cette singulière affection que nous avons pour le peuple que Dieu par sa douce grâce nous a confié, nous admoneste que, laissant de côté tout amour paternel, toute charnelle inclination, nous fassions connaître à nos sujets la vérité des choses naguère advenues, à l'occasion desquelles notre loyal peuple est dans le piteux état que chacun voit... »

Le pathétique rédacteur s'engage alors dans un ample exposé, présenté naturellement sous le jour favorable à ses vues, des négociations de Pouilly et du meurtre de Montereau. Puis son indignation reprend l'essor. « A l'occasion dudit meurtre, fait-il dire au malheureux roi invectivant son fils unique, confirmation de plus grande division encore est échue et advenue en notre royaume qu'auparavant. Nulle part dans les annales humaines recueillies par l'écriture ou autrement, on ne trouve que si inhumaine trahison ait été faite, non pas seulement en ce royaume, mais dans le monde entier. On voit clairement que par un tel crime ledit Charles s'est rendu parricide, criminel de lèse-majesté, destructeur et ennemi de la chose publique; il s'est fait transgresseur de la loi de Moïse, de la foi de l'Évangile, de la censure du droit canon, de l'institution des Apôtres et de toutes les lois; il s'est constitué ennemi de Dieu et de justice; de telle sorte que par le damnable et énorme crime de lui et des siens il a fermé tout chemin de paix à chercher avec lui et ses complices. Aussi, ce que notredit fils le duc de Bourgogne a fait en cette matière, nous ne le réputons point fait contre nous ni contre notre État, et en ces besognes il ne doit avoir aucun reproche ni blâme, mais bien les doivent avoir ledit Charles et ses complices, comme ceux qui ont violé la paix et cruellement assassiné le champion de notre cause et de notre couronne, le défenseur de la chose publique et celui qui voulait abattre toute puissance de tyrannie. »

L'ardent et prolixe organe de la faction bourguignonne s'empêtre ici dans un essai d'apologie de l'alliance anglaise, qui se tourne bientôt en un redoublement d'injures contre le dauphin. « On doit bien considérer, dit-il, le temps de la trahison dont il s'agit : c'était un moment de telle contrainte et nécessité, qu'il exigeait que toutes haines fussent entièrement effacées et mises à néant, car notredit royaume était en tel état que, sans l'union de ses forces, nous ne le pouvions défendre ni soutenir contre le roi d'Angleterre. Par conséquent ledit Charles, en rompant la paix et union convenue, nous a ôté la potence (bâton d'appui) et soutenance de notredit royaume. Et aussi, de toutes manières qu'il a pu, il a voulu livrer notredit royaume audit roi d'Angleterre, non pas pour qu'il y eût paix entre les deux royaumes, mais pour détruire le nôtre. Mais, par la grâce de Notre-Seigneur, par le moyen de notredit fils de Bourgogne, que nous avons commis par nos lettres patentes pour traiter avec ledit roi d'Angleterre, ce même roi pourra être notre fils par un traité de mariage entre lui et notre fille Catherine, et de cette façon, nous l'espérons, ferme paix, bonne sûreté et générale tranquillité seront établies entre les royaumes de France et d'Angleterre, et nous demeurerons, nous, entièrement en possession de notre seigneurie, de nos honneurs et prérogatives. Tout cela n'a donc pour objet que la pleine félicité et prospérité de nous, de notre peuple et de notre royaume. Et ledit Charles ne doit pas dire et écrire, ni appeler Dieu à témoin pour soutenir qu'il ne dépend pas de lui qu'il n'y ait accord entre lui et notredit fils de Bourgogne, car la sainte Écriture, par laquelle

Dieu nous parle et nous instruit, ne conseille point que l'on cherche la paix avec ceux qui ont tourné l'office de paix en discordes et *carnifices* (massacres), et qui ont si fort coutume d'user de méchancetés, que par force d'habitude mal faire leur est tourné en nature perverse. Il n'y a aussi personne de sain entendement qui conseillât de se commettre avec de tels hommes, qui mènent vie de tyrans, où il n'y a ni foi, ni charité, ni ferme confiance de bienveillance: mais toutes choses y sont toujours en soupçon et souci, et il n'y a là aucune place pour l'amitié. Ce serait vraiment chose bien absurde que le fils se fiât en celui ou ceux qui si damnablement et traîtreusement ont assassiné son père. Enfin, à regarder le cas comme il convient, ledit Charles s'est rendu indigne de notre succession et de tous autres honneurs et dignités; il ne doit recevoir aide, secours ni confort, mais tous doivent être contre lui, car il l'a ainsi voulu lui-même, comme cela est exprimé ci-dessus. »

La pièce se termine par une adjuration aux Parisiens, accompagnée de promesses et de menaces, et par une malédiction solennelle, que le roi (pauvre père!) est censé jeter avec un éclat foudroyant sur la tête du prince, son fils, résolument voué au diable par l'impitoyable et insatiable courroux du secrétaire bourguignon. « Cela étant, fait-il dire à Charles VI, nous voulons et vous mandons par tout l'amour, foi et loyauté que vous nous devez, que, persistant dans les bonnes et saines dispositions que vous avez toujours eues à notre endroit, vous ne teniez aucun compte de quelque chose que l'on vous écrive de la part dudit Charles, et que vous ne le réputiez ni appeliez en aucune manière prince ni seigneur d'aucune terre, car, comme il a si évidemment violé son serment et sa parole, donnée par lui comme parole de prince, il s'est lui-même dépouillé d'un tel honneur. Ne négligez pas non plus de poursuivre avec grande diligence la punition de tous ceux que vous saurez tenir son parti. Continuez d'obéir à nous et à nos lettres, ainsi que vous l'avez fait toujours et justifiez ainsi notre confiance en vous. Ne perdez pas de vue le grand bonheur qui vous attend à la conclusion de la paix. Dans cet espoir, vous tiendrez peu de compte des choses qui sont faites par les assassins susdits contre la divine majesté de Notre-Seigneur Jésus-Christ, de son vicaire sur la terre, et de nous-même qui, par la grâce de Dieu, sommes votre roi et souverain seigneur. Ne vous imaginez pas que les choses ne doivent pas en venir à bonne conclusion avec le roi d'Angleterre, et à effet profitable pour nous et tous nos bons et loyaux sujets. Nous avons la ferme espérance en Dieu que dans un bref délai, par le moyen de cette entente, nous abattrons l'orgueil dudit Charles et de ses adhérents et complices, qui font tous leurs efforts pour nous enlever notre seigneurie et pour la détruire. Et afin que chacun connaisse la méchanceté dudit Charles et de ses complices, et la disposition où nous sommes contre lui, nous voulons que ces présentes lettres soient publiées dans votre ville toutes les semaines au jour du marché, et que l'on punisse tous ceux qui seront trouvés agissant ou machinant en sens contraire, sans en épargner aucun, de quelque état ou condition qu'il soit. Nous avons su en effet que plusieurs places de notre royaume ont naguère été perdues pour nous et mises à entière destruction par ledit Charles et ses gens, nos ennemis, en conséquence de la tolérance abusive que l'on a eue de souffrir de tels machineurs dans lesdites places. Mais dans peu de temps, avec l'aide de Dieu, nous ferons si bien nettoyer les places de notre royaume, que les chemins seront sûrs, que le commerce aura son libre cours, et que notre peuple, qui a eu tant à souffrir, sera relevé de sa détresse, pourra travailler en sécurité et vivre en tranquillité et bonne paix. En outre, comme ledit Charles demande que vous et d'autres envoyiez par devers lui quelques-uns d'entre vous, moyennant les sauf-conduits qu'il vous donnera, lui ou son chancelier, que l'on appelle Maître Robert le Maçon, et qui est l'un des plus principaux conspirateurs de la trahison susdite, nous vous défendons par la teneur de ces présentes lettres, sous peine d'être réputés faux, traîtres, félons et déloyaux envers nous, d'y aller ou d'y envoyer, ni de souffrir qu'on y aille ou y envoie en aucune manière. On ne doit point en effet entrer en relations avec ceux qui ont renié leur foi et leur loi et renoncé à leur part de paradis. De plus, on ne doit avoir aucun égard à la jeunesse dudit Charles ni y chercher une excuse, car il était d'un âge suffisant pour connaître le bien et le mal; et même en admettant cette supposition de sa jeunesse, après tout, sa malice et méchanceté a été si grande, qu'elle a excédé toute espèce d'âge. On l'a vu le plus habilement expert de tous en douces paroles, pour décevoir et faire assassiner, comme il est dit ci-dessus, notre feu cousin de Bourgogne, dont la mort, comme vous et tous nos autres sujets devez le tenir pour certain, n'a eu d'autre cause que sa volonté de racheter notre bon peuple des peines et misères qu'il a endurées si longtemps. Enfin, maintenant, il n'y a plus place pour le repentir de la part dudit Charles, car par sa faute l'État en est venu à une telle désolation, qu'il ne peut plus être relevé de son côté ni par sa puissance. Mettre donc en lui son espoir, ce serait s'acheminer pour un temps prochain à la ruine totale et irréparable perdition de nous, de notre royaume et de nos sujets. »

Le dauphin et ses conseillers ne pouvaient plus guère se méprendre sur la situation qui leur était faite. Ils ne devaient compter pour lutter contre l'usurpation qui se préparait que sur les provinces et sur les forces qui leur étaient restées soumises. Aussi fallait-il se préoccuper avant tout de maintenir sous la main du jeune régent, menacé par l'accession de la France bourguignonne à la France anglaise, la France demeurée française. De là le voyage officiel, militaire et solennel du prince Charles en Languedoc, où l'un des plus puissants feudataires du Midi, le comte de Foix, par un trait d'audacieuse habileté, s'était fait doublement investir de la lieutenance générale par les deux gouvernements rivaux, celui de Bourges et celui de Paris ou de Troyes, et songeait à se créer par ce moyen dans cette province une seigneurie quasi-indépendante. Charles se mit en route le 21 décembre 1419 et se rendit d'abord à Lyon par le Bourbonnais. Il fit en chemin de joyeuses étapes. Les ébats de sa cour à Perreux en Beaujolais, où, le 6 janvier 1420, il célébra la fête des Rois dans la maison de Jean Frenier, y causèrent des dégâts pour lesquels ce brave hôte, qui n'avait peut-être pas été sans froncer un peu les sourcils aux suites de l'honneur dont son domicile était l'objet, reçut une indemnité de cinquante livres tournois. Les jours suivants, le séjour du prince à Thizy, dans la demeure de Jeanne de Chambérieu, ne fut pas non plus parfaitement calme. L'hôtesse en effet, qui appartenait à la noblesse de l'endroit, comme l'indique son titre de « demoiselle », nullement exclusif alors et longtemps après soit du mariage, soit du veuvage, fut gratifiée par le dauphin d'une somme de vingt livres « pour le désarroi mis en son hôtel, où il a logé en cette ville, et aussi pour plusieurs draps, nappes, serviettes et autre linge qu'elle a perdus pendant le temps que ledit seigneur y a été logé ».

Charles fit son entrée à Lyon le 22 janvier. Gérard Machet, son confesseur, qui, avec son médecin Jean Cadart, l'accompagnait dans ce voyage, fut heureux de retrouver et d'embrasser son ancien maître, son illustre ami Jean Gerson. Le chancelier de Notre-Dame de Paris avait quitté la capitale pour se rendre au concile de Constance. A son retour, il ne voulut point plier sa conscience et ses sentiments de loyal Français sous le joug de la faction bourguignonne, redevenue maîtresse de la cité et de l'Université parisiennes. Il aspirait d'ailleurs au repos, à une retraite sanctifiée par la prière et la méditation ascétique. Il la trouva au couvent des Célestins de Lyon, dont son frère était prieur. Le régent, qui sans aucun doute le voulut voir, s'honora en comprenant le grand docteur en compagnie de Gérard Machet dans les libéralités largement faites alors par lui aux personnes de son entourage. Gerson reçut du dauphin deux cents francs, Gérard cent francs, sommes alors très notables, « tant en considération, dit l'acte authentique, des bons et grands services qu'ils lui avaient dès longtemps faits, que pour les aider à supporter les pertes et dommages qu'ils ont encourus dernièrement en la ville de Paris, à cause de la rébellion advenue en icelle ».

A Vienne, capitale de son Dauphiné, où Charles se rendit de Lyon, le prince reçut lui-même des habitants un présent beaucoup plus considérable, mais peut-être moins volontaire, à savoir la somme de huit cents florins d'or. Il traversa ensuite rapidement l'Auvergne et pénétra en Languedoc. Le 4 mars, il fit à Toulouse une pompeuse entrée. Il révoqua les pouvoirs accordés au comte de Foix et déclara que, pendant son séjour en Languedoc, il exercerait en personne la fonction de lieutenant général. Il présida, le 17 mars, à Carcassonne l'assemblée des États de la province. Après s'être arrêté cinq jours à Montpellier, il se dirigea vers Nîmes, où l'attendait, il ne l'ignorait pas, un accueil bien différent de celui dont il avait été jusqu'à présent réjoui. Cette ville, d'opinion bourguignonne, lui fermait ses portes. Il résolut de les forcer et prit, le 4 avril, la direction du siège déjà commencé en son nom. Les habitants, effrayés, capitulèrent ce jour-même. Le prince, irrité, fit mettre à mort les principaux instigateurs de la résistance et abattre une partie des murailles de la ville. Il supprima aussi le consulat, magistrature municipale qui représentait et maintenait les droits et franchises de la cité. Mais il le rétablit peu de jours après (22 avril). Le Pont-Saint-Esprit, occupé par une garnison hostile, fut réduit également après un siège d'une huitaine de jours, où fit bon effet une grosse bombarde, chère à la ville d'Aix, qui la prêta pour cette circonstance. Sauf trois places secondaires, qui devaient être occupées l'année suivante, toute cette riche et importante région reconnaissait de fait et de cœur l'autorité du régent qui, en quittant le Languedoc, y institua pour lieutenant général le comte de Clermont. Le 14 mai, en pèlerin plus encore qu'en souverain, il fit son entrée au Puy, lieu célèbre par son sanctuaire consacré à la sainte Vierge. Le 15, portant le surplis et l'aumusse, il assista, comme chanoine de droit, aux premières vêpres de l'Ascension. Il communia, le lendemain, à la messe solennelle et arma chevaliers plusieurs seigneurs de son entourage. Son expédition, de résultat très heureux, était achevée. Charles était de retour à Poitiers, l'une de ses capitales, le 8 juin 1420.

Pendant son absence, les choses, comme il fallait s'y attendre, avaient été pour lui de mal en pis au nord de la Loire. En outre, son principal conseiller, le président Louvet, lui avait fait commettre une très grosse faute, en autorisant de sa part, puis en essayant de mettre à profit un déplorable attentat contre le duc de Bretagne Jean VI, que les sollicitations du duc de Bourgogne attiraient en ce moment vers l'alliance anglaise. Les auteurs de cette criminelle entreprise étaient les princes de Penthièvre, descendants de Charles de Blois et qui à ce titre conservaient encore, malgré le traité de Guérande (1365), qui avait réglé la succession de Bretagne, des prétentions sur ce duché. Ces prétentions d'ailleurs n'étaient pas à ce moment ouvertement déclarées. Au mois de février 1420, l'aîné de ces princes, Olivier de Blois, vint au contraire trouver le duc Jean dans la ville de Nantes, renouvela entre ses mains son serment de fidélité et lui prodigua les marques de son respect et de son affection. Jean fut enchanté de la conduite de son cousin et accepta très volontiers l'invitation que celui-ci lui adressa de la part de sa mère, Marguerite de Clisson, fille du célèbre connétable, de la venir visiter à deux petites journées de là, dans sa châtellenie de Champtoceaux près d'Ancenis, où elle se proposait de lui faire fête, de lui donner « banquet gracieux où il serait servi par les plus belles demoiselles que l'on pourrait souhaiter et où il trouverait passe- temps moult plaisant ». Le duc se mit donc en route avec son frère Richard en compagnie d'Olivier. On chevaucha de bonne humeur juqu'au pont de la Troubarde, qui traversait la Divatte. Là, il fallut mettre pied à terre, car le pont était en mauvais état. Les princes passèrent en plaisantant sur les planches déclouées avec un petit nombre de compagnons seulement. La plaisanterie devint alors de plus haut goût. Les gens d'Olivier, éclatant de rire, jetèrent à l'eau les planches du pont. L'escorte ducale était séparée de son maître. Tout à coup, d'un bois voisin sortit une bande de cavaliers avec quelques fantassins. A sa tête apparut un des frères d'Olivier, Charles de Blois, seigneur d'Avaugour. « Monseigneur, dit au duc le comte de Penthièvre en lui mettant la main sur l'épaule, vous êtes mon prisonnier, et vous ne m'échapperez pas avant de m'avoir rendu mon héritage. » Les quelques serviteurs du duc présents à ce guet-apens essayèrent bien de le défendre. Le sang coula, mais il fallut enfin céder à la force. Jean et son frère Richard furent emmenés captifs. On ne leur épargna pas les mauvais traitements. Le duc se vit lier la jambe droite à la bride et à l'étrier du cheval qu'on lui fournit et qu'un fantassin mena par un licol, tandis que deux cavaliers, « deux grands ribauds à chevaucher », le flanquaient à droite et à gauche. Il fut conduit ainsi d'abord à Champtoceaux, où, au lieu du festin promis, il eut à subir les dédains et les rebuffades de Marguerite, puis au château de Clisson, puis à des résidences ou prisons de plus en plus lointaines, en diverses forteresses d'Anjou et de Poitou et jusqu'au fond de la Saintonge. On refusa d'ailleurs de le remettre aux mains du dauphin. A la merci de ses ennemis, Jean ne se montra nullement héroïque. Il supplia pour sa vie et souscrivit à sa déchéance. On ne l'en garda pas moins sous clef. Mais Jeanne de France, sa femme, fille de Charles VI, fit preuve en cette circonstance d'une belle et mâle énergie. Elle prit vaillamment en main les rênes, mena rude guerre aux Penthièvre et négocia au profit de son mari de tous les côtés. Elle obtint de Henri V qu'il mît à sa disposition l'épée de son beau-frère, Arthur de Bretagne, comte de Richemont, prisonnier depuis Azincourt. Elle obtint du régent Charles, son frère, honteux de la participation ou tout au moins de celle de son gouvernement à un forfait flétri par l'opinion générale, un désaveu de l'attentat et une intervention en faveur de la victime. Déçu dans sa combinaison précédente, le président Louvet n'hésita pas à se faire l'instrument de cette nouvelle et meilleure politique. Il se chargea et s'acquitta de la tâche d'obtenir la délivrance de Jean VI. Le duc de Bretagne fut rendu à la liberté le 5 juillet 1420. Revenu dans son duché, il se tint pour dégagé de toutes les promesses que lui avait dictées la crainte, et fit entamer par son parlement contre ses geôliers une procédure criminelle par contumace. De plus, il se rangea, par une adhésion formelle, au nombre des grands feudataires de la France anglaise.

Depuis deux mois l'existence, l'extension, l'avenir de cet État nouveau, substitué par la conquête étrangère et la fureur des discordes intestines à la monarchie de Philippe-Auguste et de saint Louis, avaient été consacrés par un pacte solennel. Isabeau de Bavière et Philippe de Bourgogne avaient, sous le nom de Charles VI, livré à Henri d'Angleterre la couronne des fleurs de lis. Ce ne fut pas, nous nous plaisons à le penser, sans un douloureux serrement de cœur que notre religieux de Saint-Denis inséra, comme il crut le devoir faire, dans le corps de sa chronique, la teneur intégrale du honteux traité de Troyes (21 mai 1420). Quelle peine surtout ce dut être pour une main française de transcrire les clauses qui, violant ouvertement le triple droit naturel, dynastique et national, réglaient à nouveau, contrairement à toute tradition, la succession au trône, et donnaient un Lancastre pour héritier futur et pour tuteur présent au descendant déshonoré de Hugues Capet.

« Charles, par la grâce de Dieu, roi de France, pour perpétuelle mémoire.

« Le besoin de rétablir la paix et de calmer les dissensions des royaumes de France et d'Angleterre a fait conclure à diverses reprises, dans les temps passés, plusieurs traités notables entre nos illustres aïeux d'heureuse mémoire et ceux de très excellent prince, notre très cher fils Henri, roi d'Angleterre, héritier de France, ainsi qu'entre notredit fils et nous; mais ces traités n'ayant point produit les fruits qu'on en espérait pour la paix, savoir faisons à tous, présents et à venir, que, considérant au fond de notre cœur et envisageant les maux graves et irréparables, les calamités et les plaies douloureuses que l'universelle et incurable division des deux royaumes susdits a occasionnés jusqu'à ce jour, non seulement auxdits royaumes, mais encore à toute l'Église militante, nous avons jugé convenable de reprendre tout récemment les négociations avec notredit fils Henri, et après plusieurs entrevues et des conférences réitérées tenues par nos conseillers, avec l'aide de Dieu, qui promet la paix aux hommes de bonne volonté, et qui s'est montré favorable à nos désirs, il a été consenti et convenu entre notredit fils et nous, pour l'accomplissement de la paix désirée, un traité ainsi conçu :

« Premièrement, le roi Henri étant devenu notre fils et celui de notre bien-aimée compagne la reine, par le moyen du mariage convenu pour le bien de la paix entre lui et notre très chère et bien-aimée fille Catherine, notredit fils nous honorera tous deux, comme son père et sa mère, avant toutes autres personnes de ce monde, et selon qu'il convient d'honorer de tels et si grands prince et princesse.

« *Item*, notredit fils Henri ne mettra empêchement ni trouble à ce que nous tenions et possédions, ainsi que nous tenons et possédons présentement, la couronne de France et la dignité royale, les fruits, revenus et profits d'icelles, pour le soutien de notre état et des charges du royaume; il n'empêchera pas non plus notredite compagne de tenir, tant qu'elle vivra, état et dignité de reine selon la coutume dudit royaume, avec la part des revenus et profits à elle appartenant...

« *Item*, il est entendu que, aussitôt après notre décès et dorénavant, la couronne et le royaume de France avec tous leurs droits et appartenances, demeureront perpétuellement à notredit fils le roi d'Angleterre et à ses héritiers.

« *Item*, comme pour la plupart du temps nous sommes tellement tenu et empêché, que nous ne pouvons nous livrer ou vaquer à la direction des affaires de notre royaume, la faculté et le pouvoir de diriger et ordonner le gouvernement dudit royaume seront et demeureront, tant que nous vivrons, à notredit fils le roi Henri, avec le conseil des nobles et prud'hommes qui nous obéissent et qui ont toujours eu à cœur l'avantage et l'honneur dudit royaume, de telle façon que dès maintenant et dorénavant il puisse gouverner ce royaume par lui-même et par ses délégués avec le conseil des nobles et prud'hommes ci-dessus mentionnés ; et ainsi la faculté et le pouvoir de gouverner étant confiés à notredit fils Henri, il travaillera affectueusement, diligemment et fidèlement pour l'honneur de Dieu, de notre personne, de notre compagne bien-aimée, et aussi pour le bien public dudit royaume, de manière à le pouvoir défendre, apaiser, mettre en repos et administrer selon l'exigence de la justice et de l'équité, avec le conseil et l'aide des grands seigneurs, barons et nobles dudit royaume...

« *Item*, notredit fils travaillera à ramener à notre obéissance toutes et chacune des villes, cités, châteaux, pays et personnes, hostiles et rebelles à notre autorité, tenant pour le parti vulgairement appelé du dauphin et d'Armagnac...

« *Item*, tant que nous vivrons, il ne signera ni ne se nommera roi de France ; mais il s'abstiendra de cette qualification, notre vie durant.

« *Item*, notre vie durant, nous lui écrirons ainsi en français : *Notre très cher fils Henri, roi d'Angleterre, héritier de France*, et en latin : *Noster præcarissimus filius Henricus, rex Angliæ, hæres Franciæ.*

« *Item*, afin que la concorde, la paix et la tranquillité puissent durer à jamais entre les deux royaumes de France et d'Angleterre et être observées, et qu'il soit obvié aux obstacles et causes pour lesquels des dissensions et discordes pourraient, ce qu'à Dieu ne plaise, s'élever à l'avenir entre ces deux royaumes, il est entendu que notredit fils travaillera de tout son pouvoir à ce que, de l'avis et du consentement des trois États des deux royaumes, lesdits obstacles soient écartés, c'est-à-dire à ce qu'il soit pourvu et ordonné que, du moment où notredit fils ou quelqu'un de ses héritiers viendra à la couronne de France, les deux royaumes de France et d'Angleterre demeurent ensemble à jamais, et qu'ils aient pour souverains une seule et même personne, à savoir notre cher fils Henri, tant qu'il vivra, et ensuite ses héritiers successivement, et que ces deux royaumes soient désormais gouvernés par notre fils Henri et par ses successeurs légitimes, non pas par division et sous divers rois en même temps, mais sous celui qui sera en même temps roi et seigneur souverain de l'un et de l'autre royaume, en gardant toutefois à l'un et à l'autre ses droits, libertés, coutumes, usages et lois, sans soumettre en aucune manière à l'un les droits de l'autre...

« *Item*, vu les horribles et énormes forfaits perpétrés dans ledit royaume de France par Charles, soi-disant dauphin de Viennois, il est entendu que ni nous, ni notredit fils Henri, ni non plus notre cher fils Philippe, duc de Bourgogne, ne traiterons aucunement de paix ou d'accord avec ledit Charles, et ne ferons de traités que de l'avis et consentement de chacun de nous trois ainsi que des trois États des deux royaumes susdits...

« Toutes et chacune desquelles choses ci-dessus dites et écrites, nous, Charles, roi de France, pour nous et nos héritiers, en tant que cela pourra et peut nous toucher, sans dol, fraude ou mal engin avons promis, promettons et jurons sur notre parole de roi et sur les saints Évangiles de Dieu par nous corporellement touchés, d'accomplir et observer, de faire accomplir et observer par nos sujets ; et aussi que nous et nos héritiers nous ne viendrons jamais à l'encontre de toutes les choses susdites ni de chacune d'elles, de quelque façon que ce soit, en justice ou hors justice, directement ou indirectement, ou sous quelque prétexte que ce soit. Et afin que lesdites choses soient fermes et stables perpétuellement et à jamais, nous avons fait apposer notre sceau à ces présentes lettres. »

Aucune des formalités officielles requises pour lui donner force de loi, ne fit défaut à ce triste monument d'exhérédation dynastique et de déchéance nationale. Il fut enregistré au Parlement de Paris, promulgué au Châtelet, solennellement reçu et juré par l'Université et tous ses suppôts présents, soit ceux des trois Facultés de théologie, de droit canon et de médecine, réunies à Saint-Mathurin, soit ceux des quatre nations de la Faculté des arts, assemblées à Saint-Julien-le-Pauvre. Il fut accepté et ratifié par de prétendus États généraux tenus à l'hôtel Saint-Paul. Injonction fut faite au nom du roi d'y prêter serment à « tous nos vassaux et sujets de quelque état, dignité ou condition qu'ils soient, sans contradiction, refus, délai ou excuse quelconque ». Il fut notifié aux cours étrangères et l'on obtint pour lui des lettres d'approbation formelle de l'empereur Sigismond. Le roi d'Angleterre attachait naturellement le plus haut prix à la sanction du Saint-Siège, et il pouvait l'espérer de la bienveillance spéciale que le Pape lui avait jusqu'à présent témoignée. Néanmoins Martin V ne la lui accorda point. Il ne pouvait convenir au Souverain Pontife de souscrire à l'arrêt de mort de la France indépendante, de confirmer soit comme représentant de Dieu sur la terre, soit comme suprême arbitre international, la mise au joug anglais de la Fille aînée de l'Église.

Des trois contractants conscients et responsables de ce pacte hideux, il en est deux dont l'un au moins était dans son rôle de conquérant victorieux, et dont l'autre trouvait une excuse relative dans la pression des circonstances, résultant du meurtre récent de son père. Mais la conduite de la tierce personne était répugnante au delà de toute mesure, insultait de front à la conscience publique et aux droits sacrés de la nature elle-même. Isabeau ne parut pas s'en douter. La grande mondaine aigrie s'affaissa mollement dans la satisfaction de sa rancune et de sa luxueuse indolence. « Le 17 mai, dit Vallet de Viriville (1), groupant les renseignements extraits par lui des comptes authentiques, au moment où tout, à Troyes, était prêt, des lettres patentes, rendues au propre nom d'Isabelle, lui instituèrent un argentier, c'est-à-dire une liste civile indépendante. La reine se sentait plus valétudinaire que jamais. Par les soins de son apothicaire et d'un conseiller bourguignon de Paris, Michel de Laillier, elle fit venir de cette capitale un *précieux* électuaire, ou potion médicinale. Cet élixir, que prit la reine dans l'intérêt de sa santé, se composait d'or potable, de jacinthes, d'émeraudes, de rubis d'Alexandrie et de perles d'Orient. Pour les solennités qui se préparaient, Laurent Bonnault, tailleur de la reine, lui confectionna une robe magnifique et d'un haut prix. Cette robe, destinée à orner l'obésité d'Isabeau, mesurait quatorze aunes de drap de soie de Damas bleu, achetées à un marchand de Lucques. Elle se fit faire en même temps, de rechange, une autre robe, dite houppelande, de damas noir, dont la soie seule coûta, monnaie du temps, cinq cent trente-sept livres, douze sous parisis. Quinze cents ventres de menu vair furent employés à la fourrure de ces deux robes, que la reine portait au traité de Troyes et au mariage de Catherine. — Lorsque tout fut consommé, lorsque Henri V eut passé au doigt de sa fiancée l'anneau qui le faisait roi de France, veut-on savoir

(1) *Histoire de Charles VII, roi de France, et de son époque*, t. I, p. 220, 221.

quelles préoccupations, quels soucis absorbaient Isabeau de Bavière ?... La reine avait laissé à Vincennes et à Paris une partie de ses animaux et de sa volière. A travers les périls des routes infestées de gendarmes et de brigands, elle fit venir de loin, par devers elle, à Troyes et à grands frais, « trois douzaines de petits oiselets chantants, chardonnerets, pinçons, linottes, tarins, et autres, tant mâles que femelles ». — Des robes et des oiseaux, voilà ce que vit, dans le traité de Troyes, Isabeau de Bavière. »

CHAPITRE V

CONQUÊTES ET FUNÉRAILLES

Le mariage de Henri avec Catherine de France, outre qu'il était le moyen et le signe du triomphe éclatant de son ambition, fut pour le conquérant une grande satisfaction personnelle, car il était épris de la jeune princesse. Leur union fut célébrée le dimanche 2 juin, jour de la Trinité, dans l'église Saint-Jean de Troyes, par un prélat bourguignon, Henri de Savoisy, prétendant à l'archevêché de Sens, que lui disputait Jean de Norris, qui suivait le parti du dauphin. Les époux déposèrent sur le livre des Évangiles, comme prix symbolique du mariage, treize *nobles* au lieu de treize deniers, somme accoutumée (1). A l'offrande, avec

(1) Le noble d'or d'Angleterre équivalait à sept livres tournois; la livre tournois peut être évaluée en cette circonstance à environ cinq francs de notre monnaie, valeur intrinsèque. — Le denier tournois valait alors environ 0 fr. 01.

le cierge, ils offrirent chacun trois *nobles*. Le roi, de plus, fit présent à la fabrique de Saint-Jean d'une somme de deux cents *nobles*. Après la cérémonie religieuse, sur le soir, les nouveaux mariés prirent ensemble les soupes au vin, c'est-à-dire les tranches de pain trempées dans du vin, emblème usité en pareil cas de vie et de familiarité domestique. Puis l'archevêque officiant bénit le lit nuptial.

Mais toujours vigilant, Henri ne se laissa point distraire de son œuvre de conquête par les joies de la lune de miel. Le lendemain lundi, comme les seigneurs et chevaliers anglais et bourguignons voulaient, selon la coutume, instituer entre eux des joutes en guise de réjouissance, il ne le leur permit point. « Je prie, dit-il, Monseigneur le roi, de qui j'ai épousé la fille, et tous ses serviteurs, et à mes serviteurs à moi je commande que demain matin nous soyons tous prêts pour aller mettre le siège devant la cité de Sens, dont les ennemis de Monseigneur le roi sont maîtres, et là chacun de nous pourra jouter et escrimer, et montrer sa prouesse et sa hardiesse, car il n'y a plus grande prouesse au monde que de faire justice des méchants, afin que le pauvre peuple puisse vivre en paix. » — L'intérêt du pauvre peuple de France n'était pas le grand souci de Henri, mais si brillants que fussent déjà ses succès, il savait avoir encore beaucoup à faire pour venir à bout de ces *méchants* qui avaient l'audace, sous les ordres de l'héritier légitime de la couronne, qu'il usurpait, de défendre contre lui l'indépendance nationale. Au début même de cette année (janvier 1420) l'amiral de Braquemont, à la tête d'une flotte castillane et française, avait infligé à ses navires un sanglant échec. Vers le mois de mai un de ses lieutenants, le comte de Derby, avait été fait prisonnier, aux portes de Paris, par une bande d'Armagnacs. Même dans la France bourguignonne, le traité de Troyes avait soulevé des critiques et des murmures. Notre moine de Saint-Denis note à ce sujet les fluctuations de l'opinion publique et les propos, qu'il blâme d'ailleurs ou feint de blâmer, des récalcitrants. « On ne saurait, dit-il, prendre dans la conduite des affaires publiques de mesure si mûrement délibérée, qu'elle ne soit exposée aux censures de la critique. Beaucoup de gens se plaignaient que par le traité susdit le dauphin fût privé de l'autorité royale, concédée au roi d'Angleterre en faveur de la fille du roi de France, Madame Catherine. D'autres soutenaient qu'il n'était pas étonnant qu'on privât Monseigneur le dauphin d'une pareille autorité ; ils accusaient son inertie, qu'ils imputaient à l'influence de ses mauvais conseillers, et lui reprochaient d'avoir tenu jusqu'à présent sous les armes un nombre considérable de gens de guerre, non pour la défense des habitants et du royaume, mais à leur détriment et pour le plus grand dommage du pays. Il en était aussi quelques-uns, mais en petit nombre, qui, plus instruits que les autres, attribuaient à la divine Providence le changement d'état d'un si grand royaume et disaient avoir vu dans les annales comment ce changement avait été annoncé par une révélation divine au roi de France, s'il ne savait se soustraire aux mauvais conseils de ses courtisans et gouverner ses sujets avec plus de douceur. D'autre part, le menu peuple, composé d'hommes rudes et agrestes, affirmait que la paix faite entre les Français et les Anglais, si différents de langage, de lois et de mœurs, ne durerait pas longtemps. »

Le mardi 4 juin, Henri entra en campagne. Il emmenait avec lui la jeune reine et traînait à sa suite Charles VI et Isabeau. Il reçut en route la soumission de trois places, Ervy-le-Châtel, Saint-Florentin et Joigny. En passant à Villeneuve-le-Roi, il y établit Catherine avec son père et sa mère, puis, poursuivant sa route, arriva devant Sens, dont le siège, commencé le 8 juin, fut achevé le 11 par la capitulation de cette ville. « Vous m'avez marié et donné une épouse, dit-il à Henri de Savoisy, et moi je vous rends la vôtre, à savoir votre métropole. » Sans perdre de temps il transporta sa cour à Bray-sur-Seine et de là, le 16 juin, envoya son armée commencer le siège de Montereau, où il ne tarda pas à la rejoindre. Philippe de Bourgogne y commandait sous ses ordres. La ville fut enlevée le 25. Le gouverneur Guillaume de Chaumont, seigneur de Quitry, se retira dans le château avec une partie de la garnison. Un nouveau siège s'ensuivit, sur lequel Georges Chastellain nous a transmis quelques détails significatifs, ornés des réflexions morales où son esprit se complaît toujours.

« La ville de Montereau, nous rapporte ce méditatif *indiciaire*, était donc prise et délivrée de ses ennemis. Il ne restait plus que le château, qui était fort et de grande défense. C'est pourquoi le roi Henri, et avec lui le duc de Bourgogne et toute leur compagnie, se délogèrent de leur campement, et, pour serrer plus étroitement la garnison retirée au château, vinrent s'établir tout à l'entour de cette fortesse, par devant et par derrière. On avait fait un pont sur la Seine. Les deux princes prirent leurs logis entre les deux rivières, Yonne et Seine. Pleins d'activité et de diligence, ils firent amener une grande quantité de machines de guerre que l'on dressa contre les assiégés, pour leur donner mauvais passe-temps, si l'on pouvait. Et de fait, ils le leur donnèrent par mainte dure attaque, bien terrible. Or, pour leur persuader de capituler à moins de frais, le roi d'Angleterre envoya, mais sous bien sûre garde, les prisonniers qui avaient été faits à la prise de la ville, jusque sur les fossés du château, afin de parler à leur capitaine et de le décider par leurs prières à remettre le château aux assiégants et à sauver ainsi son existence et la leur. A cet effet et pour émouvoir davantage sa pitié sur leurs pauvres vies, tous ces nobles hommes prisonniers se mirent à genoux, joignirent les mains en pleurant, et quelques-uns au nom de tous le supplièrent que, en mémoire de la sainte passion de Jésus-Christ, vraiment Dieu, il consentît à rendre ledit château aux rois de France et d'Angleterre. Autrement, ils savaient bien, connaissant la cruauté du roi Henri et sachant ce qu'il leur avait annoncé, qu'il leur faudrait mourir et terminer leurs jours bien tristement, sans permission de se racheter ni miséricorde aucune. Mais leur prière fut, certes, vaine et de pauvre fruit pour eux, quoique bien touchante à voir. Car telle fut la réponse de leur capitaine, le seigneur de Quitry : « Compagnons, aux faits de guerre c'est tout hasard. Qui est pris, il est atteint. Faites pour le mieux en ce qui vous regarde. Il nous pèse de vous voir en pareil malheur, mais, pour ce qui nous concerne, nous garderons cette place et nous prendrons notre sort comme il pourra nous en advenir. »

« Ces pauvres gentilshommes, quand ils ouïrent cette dure réponse de leur capitaine, demeurèrent bien ébahis, comme on peut le croire. Désespoir leur était plus proche qu'espérance de salut pour leurs vies. Voyant donc leur mauvaise fortune de plus en plus croître, et que des affections de ce monde ils n'auraient plus dorénavant que courte part et ensuite congé pour jamais, ils demandèrent que tout au moins on leur permît de parler à leurs femmes, car plusieurs avaient les leurs dans la forteresse et des enfants aussi. D'autres y avaient des parents et compagnons, dont ils désiraient prendre congé. Ils espéraient, par aventure, que leur capitaine, sur l'instance et prière des leurs, s'adoucirait à leur égard. On fit donc venir femmes, enfants, parents et amis sur les murs, et l'on s'abstint de toute guerre, soit dedans, soit dehors, jusqu'à la fin de l'entrevue. Puis en pleurs et en larmes, après maintes requêtes faites piteusement audit capitaine et refusées, les malheureux prirent congé de tous, et recommandant leurs âmes à Dieu et aux prières des leurs, ils s'en retournèrent le plus réconfortés qu'ils purent. Ils furent ramenés au camp avec un triste effet pour eux, car incontinent le roi anglais fit dresser en lieu assez haut un gibet, et là visiblement, car en cet endroit ceux du château pouvaient les apercevoir de bien près, ils furent tous pendus et étranglés en belle et publique fin. En leur compagnie finit aussi un valet de pied du roi, que celui-ci fit pendre en même temps, à cause d'un chevalier d'Angleterre que ce valet avait tué ; le roi en fit belle exécution de justice, bien que, pour un homme de cette condition, il l'aimât assez.

« Les gens du dauphin, cependant, non émus en apparence de cette rigoureuse et mortelle cruauté qu'ils avaient vue devant leurs yeux, persistèrent dans leur orgueil pendant plusieurs jours et se défendirent vaillamment, certes, pour le petit nombre qu'ils étaient. Mais vaillance n'y pouvait servir, ni orgueil sauver la place. Bon avis, certes, et bon sens leur étaient plus nécessaires. Huit jours après qu'ils avaient laissé pendre leurs compagnons, par peur maintenant et par épargne de leurs vies, eux qui d'autrui n'avaient eu pitié, ils traitèrent avec le roi anglais et consentirent à lui rendre le château, sous condition d'avoir leurs corps et leurs biens saufs et de se retirer où ils voudraient. Exception pourtant devait être faite au cas où il y aurait parmi eux quelqu'un qui pût être trouvé coupable de la mort de Monseigneur le duc Jean ; car celui-là, c'est-à-dire tous ceux qui seraient dans ce cas, demeureraient à la merci du roi d'Angleterre et du duc de Bourgogne. Ces conditions furent accordées à la garnison, et chacun s'en alla où bon lui sembla. Le seigneur de Quitry, leur capitaine, y acquit toutefois peu d'honneur, pour avoir laissé mourir tant de genstilshommes et avoir tenu si peu de temps depuis leur mort. Il semblait à beaucoup de gens qu'il avait montré, en ce cas, d'une part bien dure conscience, et de l'autre petite vaillance et pauvre discernement, pour n'avoir pas reconnu l'état des choses aussi bien avant leur mort que depuis. Or il advint qu'un gentilhomme bourguignon, nommé Guillaume de Bière, lui vint imputer qu'il avait été présent à la mort du duc Jean, et sur cette accusation offrit de le combattre en champ clos. Mais le sire de Quitry fit valoir ses raisons et s'étant défendu avec vigueur de l'imputation, fut mis hors de cause. Il s'en alla donc avec ses gens retrouver son maître le dauphin. »

Le château de Montereau avait capitulé dans les premiers jours de juillet. Dès le 7 de ce mois Henri V entreprit la conquête d'une position de bien plus haute importance, à savoir Melun, l'une des principales places fortes demeurées au dauphin dans les environs de la capitale et qui barrait l'accès de Paris par la Seine. Elle avait alors pour capitaine l'illustre et loyal Barbazan. Notre ami Jean Jouvenel nous a laissé de ce siège, qui fut long (7 juillet-17 novembre), un récit où se trouvent des détails pris à bonne source, puisque l'un de ses frères était un des chefs de la garnison.

« Les deux rois, raconte-t-il, s'en allèrent mettre le siège devant Melun, où commandait le seigneur de Barbazan avec plusieurs chevaliers et écuyers, qui avaient grande volonté de bien tenir. L'investissement fut accompli. Du côté du Gâtinais c'étaient le roi d'Angleterre et ses frères, avec les Anglais en grande compagnie ; du côté de la Brie, le roi de France et le duc de Bourgogne. Mais les gens de dedans la ville ne s'en disaient pas moins bons et loyaux Français, et fidèles au roi de France, et ils se préparèrent le mieux qu'ils purent à se défendre, comme il en était besoin. Avec ledit seigneur de Barbazan étaient de vaillantes gens, tant du pays que d'autres provinces : c'est à savoir Messire Nicole de Giresme, vaillant chevalier de Rhodes, Messire Denis de Chailly, Arnault

8

Guillon de Bourgogne, Louis Jouvenel des Ursins, fils du seigneur de Traynel, Gilles d'Escheviller, bailli de Chartres, et plusieurs autres vaillantes gens. C'était un siège bien digne de remarque, puisqu'il s'y trouvait deux rois et tant de princes, ducs, comtes, barons et gentilshommes. Les Anglais et Bourguignons fortifièrent leurs camps de palissades, pieux et fossés par dehors. Ceux de dedans la ville firent plusieurs sorties à leur avantage et causèrent de grands dommages à leurs ennemis. Aussi étaient-ils assez grosse et puissante compagnie, quoique d'abord ils n'eussent pas fait semblant d'être en si bon nombre et que les assiégants se fussent imaginé qu'il n'y avait quasi personne. Quand le roi d'Angleterre vit comme ceux de dedans se défendaient, ce prince, que l'on estimait sage et vaillant en armes, s'aperçut bien qu'il fallait dire, comme il le fit, que « c'étaient vaillantes gens et que on ne les aurait pas aisément ».

« Alors furent ici et là disposés les bombardes, canons et vougiaires, qui commencèrent fort à tirer contre les murs et sur la ville, et aussi les compagnons du dedans tiraient de même de grand cœur coups de canon et traits d'arbalètes et tuaient nombre d'assiégeants. Entre les autres tireurs, il y avait un compagnon que l'on disait être un religieux de l'ordre de Saint-Augustin, très bon arbalétrier, auquel on fit donner une très bonne et bien forte arbalète : et quand les Anglais ou Bourguignons venaient près des fossés, et qu'il les pouvait apercevoir, il ne les manquait point, et l'on dit qu'à lui seul il tua bien soixante hommes d'armes, sans compter les moindres soldats (1).

« Cependant Monseigneur le dauphin régent faisait grande diligence d'assembler des troupes pour faire lever le siège aux Anglais. On envoya pour cela divers commissaires dans tous les pays de son obéissance. Et de fait il fut bien levé de quinze à seize mille hommes, et l'on choisit ensuite des capitaines pour les conduire. Ils avaient très grand désir et volonté de se trouver en besogne contre leurs ennemis, et vinrent jusque dans les environs d'Hyèvre et de Château-Renard. De là on trouva moyen d'envoyer des espions dans le camp des Anglais, pour examiner leurs retranchements et aviser comment on y pourrait pénétrer et frapper sur eux. Mais ces espions rapportèrent qu'ils étaient si bien fortifiés qu'il serait impossible d'y rien faire d'avantageux. C'est pourquoi l'on s'en retourna sans rien faire. Toutefois, il y avait de grosses garnisons françaises à Meaux et en d'autres lieux de Brie et de Champagne, qui faisaient forte guerre aux Anglais et Bourguignons, tant à ceux

(1) Ce religieux se nommait Dom Simon. Il avait appartenu au monastère du Jard, diocèse de Sens, et remplissait maintenant la charge de célerier à l'abbaye de Jouy en Brie. Il était assisté sur les remparts de Melun par un autre moine, qui lui servait comme d'écuyer ou de valet d'armes. Après le siège ils tombèrent tous deux au pouvoir de Henri V, qui les fit décapiter.

qui étaient occupés audit siège qu'à d'autres ailleurs. Pareille chose faisaient aussi ceux qui étaient dans Yèvre et dans Château-Renard, et ils causaient aux ennemis de grands dommages, au point que les Anglais et Bourguignons ne s'osaient bonnement tant soit peu écarter du siège. En revanche, de divers endroits ils faisaient fort battre ladite ville de Melun de gros engins, tellement qu'en plusieurs lieux les murs furent rasés quasi à la hauteur des fossés. Cela fit que plusieurs fois on mit en délibération si on donnerait l'assaut, mais le roi d'Angleterre n'en était jamais d'avis à cause de la vaillance qu'il avait reconnue en ceux du dedans. Ceux-ci presque tous les jours faisaient des sorties et se conduisaient vraiment en braves gens et en vaillants soldats.

« Or audit siège survint un grand seigneur d'Allemagne, nommé le duc Rouge de Bavière (Louis III le Barbu, comte palatin du Rhin), qui amena quantité de gens bien ordonnés et équipés. Il s'établit du côté du duc de Bourgogne et examina la ville. Quand il eut bien considéré l'état où l'artillerie l'avait mise, il s'émerveilla fort de ce qu'on ne lui donnait pas l'assaut. Il en parla au duc de Bourgogne, mais celui-ci lui répondit « qu'il en avait naguère fait l'observation, mais que tel n'était pas l'avis du roi d'Angleterre ». Le duc Rouge répliqua « qu'il lui en parlerait », et de fait il lui en parla. Le roi l'écouta avec beaucoup de patience et de douceur et rendit justice à son zèle et à sa bonne volonté. Mais il lui montra combien la chose était hasardeuse. Toutefois, parce que le duc Rouge tenait fortement à son idée, le roi ajouta « que les deux ducs préparassent donc leurs équipements et fissent diligence d'avoir des échelles d'assaut, et d'amasser bourrées et fagots pour remplir partie des fossés. Quand de leur côté, dit-il, on ferait donner l'assaut, du sien il ferait son devoir. » Le duc Rouge fut bien joyeux de ce consentement, car son intention était de faire merveilles et d'avoir l'honneur de l'assaut. Ainsi les deux ducs firent diligence d'avoir des équipements convenables et nécessaires pour cette attaque. Or, contre toute cette entreprise le seigneur de Barbazan n'était point en garde. Mais il arriva que ceux qui étaient chargés de la défense de ce côté de la ville s'aperçurent un jour que l'on faisait amas d'échelles et d'autres choses semblables. Ils le vinrent dire au seigneur de Barbazan, qui observa les actions et mouvements de l'ennemi, et reconnut par l'examen des circonstances que son intention était d'assaillir la ville de ce côté seulement. En effet il ne paraissait rien du côté où était établi le camp du roi d'Angleterre qui permît de penser que l'on y fût aucunement disposé à donner l'assaut. En conséquence, le seigneur de Barbazan disposa quarante ou cinquante arbalétriers munis de fortes arbalètes et plusieurs des meilleurs tireurs de la ville sur les murailles du côté des Bourguignons. Il y joignit des hommes d'armes en telle quantité que bon lui sembla. De plus, il mit avec eux un certain nombre de gens de la cité, destinés à jeter sur l'ennemi de grosses pierres, de l'eau et de la graisse bouillantes. D'autres, choisis parmi les mieux armés et les plus vaillants, devaient sortir par une fausse poterne, qui donnait de la ville dans les fossés. Mais il défendit que l'on tirât où que l'on entrât dans les fossés jusqu'au moment où l'on ouïrait sonner les trompettes à l'intérieur de la ville. Enfin il advint un jour que du côté du duc de Bourgogne et du duc Rouge, on commença à crier : « A l'assaut! » et leurs trompettes sonnèrent à grand bruit. Les ennemis arrivèrent alors tout joyeusement et allègrement sur le bord des fossés, jetèrent leurs échelles dedans et plusieurs y descendirent en diligence. Alors, quand il parut au seigneur de Barbazan qu'il y en avait assez, il ordonna aux trompettes de la ville de sonner bien fort, ce qu'ils firent. Il y avait déjà des ennemis qui escaladaient les murs. Mais ceux de dedans se défendaient avec vaillance, et jetaient de grosses pierres, et plusieurs de leurs ennemis tombaient au fond des fossés. Les autres assaillants continuaient de descendre du dehors dans les fossés, où on les régalait soigneusement de gros carreaux d'arbalètes. Tout à coup, les Français s'élancèrent par la poterne susdite, bien armés et équipés, pour combattre ceux qui étaient au dedans des fossés. Alors, quand les Bourguignons et les Allemands virent la façon de faire des Français, ils reconnurent la folie de leur entreprise. On fit donc sonner la retraite et ils commencèrent à se retirer. Mais comme ils remontaient pour sortir hors des fossés, les arbalétriers de la ville les régalaient par derrière de viretons qui pénétraient dans leurs corps jusqu'aux pennons (ailes servant à diriger les flèches ou traits d'arbalètes). Finalement, ils s'en allèrent à leur grande honte, non sans qu'il en demeurât dans les fossés un bon nombre de morts ou de blessés. Ils demandèrent ensuite qu'il leur fût permis de relever et d'emporter leurs compagnons restés ainsi sur la place, et on le leur concéda volontiers. Quand la chose vint à la connaissance du roi d'Angleterre et de ceux de son camp, cela ne leur déplut guère, et plusieurs d'entre eux disaient « que ç'avait été une folle entreprise, et que si elle avait manqué, c'était bien fait ». Toutefois, le roi d'Angleterre parla d'autre sorte. « Si leur objet n'a pas été atteint, dit-il, l'entreprise du moins était vaillante. En fait de guerre fautes valent exploits. »

« Cependant les assiégés se trouvaient de plus en plus en grande pénurie de vivres. Ils n'avaient plus rien à donner à leurs chevaux, si ce n'est qu'ils hachaient de la paille bien menue, et la leur faisaient manger. Ils furent réduits eux-mêmes à ne manger que chair de cheval. Et néanmoins ils se défendaient toujours vaillamment, et tenaient bon, et ne voulaient encore entendre à aucun traité.

Quand donc les Anglais et Bourguignons virent et connurent que par assaut on n'aurait pas la place, ils commencèrent à miner en divers lieux. Mais ceux de dedans se doutèrent bien de la chose. Pour s'en assurer ils firent diligence d'écouter aux caves, pour voir s'ils ouïraient rien, s'ils n'entendraient point que l'on frappât sur les pierres, ou quelque bruit ou son de ce genre. Sur ces entrefaites, à l'endroit ou Louis Jouvenel des Ursins était de garde avec d'autres, on entendit quelque chose paraissant indiquer que près de là on besognait. Ledit Louis alors s'arma très bien et prit une hache en son poing, dans l'intention d'aller à l'endroit où il lui semblait que l'ouverture de la mine était près d'être percée, afin d'y faire résistance et que les ennemis n'y entrassent point. En y allant, il rencontra le seigneur de Barbazan, qui lui demanda : « Louis, où vas-tu? » Et il lui répondit qu'il allait pour la chose susdite. Et alors ledit seigneur lui dit : « Frère, tu ne sais pas bien encore ce que c'est qu'une mine et la façon d'y combattre. Donne-moi ta hache. » Là-dessus, il lui fit couper le manche assez court. En effet, les mines tournent souvent en biaisant et sont étroites : voilà pourquoi de courts bâtons aux haches y sont nécessaires. Le seigneur de Barbazan y vint lui-même avec d'autres chevaliers et écuyers, et ils s'aperçurent que les mines des ennemis étaient prêtes. En conséquence on fit hâtivement faire des sortes de barrières et d'autres dispositions et instruments pour résister à leur entrée. Et comme ledit seigneur vit le désir dudit Louis, il voulut qu'il fût le premier à faire exploit d'armes en ladite mine. Cependant les assiégés envoyèrent chercher des manœuvres pour contreminer. Manœuvres et gens de guerre avaient des torches et lanternes. Quand ceux de dedans eurent contreminé environ deux toises, il leur sembla qu'ils étaient proches des ennemis. On fit alors de bonnes et fortes barrières et on les fixa. En même temps les adversaires s'aperçurent qu'on contreminait. Tant fut de part et d'autre qu'ils se trouvèrent et rencontrèrent. Alors les compagnons manœuvres se retirèrent des deux côtés. Il y en avait parmi les ennemis qui avaient grand désir d'entrer les premiers. A la rencontre, il y eut donc quelques coups frappés, mais pas beaucoup, puis on se retira de part et d'autre. Ceux de dedans mirent la chose en telle disposition qu'on ne leur pouvait nuire. Or, parce qu'on disait « qu'aux mines se faisaient des vaillances d'armes », on fit savoir « que s'il y avait quelqu'un qui voulût faire exploit d'armes, qu'il y vînt ». Là-dessus, ledit Louis requit audit seigneur de Barbazan « qu'il lui donnât congé de faire exploit », ce qui lui fut octroyé, mais à condition qu'il trouvât un partenaire. Il en trouva un assez aisément, fort bon gentilhomme anglais d'Angleterre. Heure leur fut assignée pour comparaître tous deux. Il y avait torches et lumières, et ils combattirent l'un contre l'autre une grosse demi-heure. Il n'y eut aucun des deux qui n'y perdît de son sang, puis ils furent séparés par ceux qui étaient chargés de la garde, et se retirèrent. Depuis ce temps il n'y avait guère d'heure dans le jour, qu'il n'y eût dans la mine des exploits d'armes. Entre autres champions, Raimond de Loré, un vaillant écuyer, fit une entreprise d'armes de deux contre deux. Il prit pour second Louis Jouvenel, et ils combattirent contre deux Anglais bien et vaillamment et en eurent l'honneur. Il n'était pas possible de se faire là prisonniers, car il y avait au travers de la mine un gros chevron à la hauteur de la poitrine, et il était défendu que nul ne passât par-dessus ni par-dessous.

« Le roi d'Angleterre et le duc de Bourgogne firent plusieurs chevaliers, et c'étaient de grands seigneurs qui s'étaient vaillamment comportés aux exploits d'armes faits en ladite mine. Et à cette occasion les trompettes sonnaient et les ménétriers jouaient dans leurs camps, et l'on y menait une grande joie. Le seigneur de Barbazan dit qu'il voulait faire aussi des chevaliers, et il envoya querir Louis Jouvenel des Ursins et Gilles d'Escheviller, et il les fit chevaliers. Il fit aussi sonner à cette occasion ce qu'il avait de trompettes, mais le nombre n'en était pas à comparer à celles du camp des ennemis. Pour y suppléer, il fit sonner les cloches de la ville. Les ennemis en furent tout ébahis et pensèrent que ceux du dedans avaient quelque espérance de secours. Mais après ils surent que c'était pour la raison susdite. Or qui voudrait raconter au long les vaillances tant d'un côté que de l'autre, la chose serait trop longue. Le roi d'Angleterre lui-même approuvait fort et louait la vaillance de ceux du dedans. S'ils avaient eu des vivres, jamais on ne les aurait réduits ni ils ne se seraient rendus.

« Le prince d'Orange (Louis de Chalon) vint au camp du duc de Bourgogne pour s'employer à son service contre ceux qu'ils nommaient tous deux Armagnacs. Quand le roi d'Angleterre le sut, il lui envoya dire « qu'il prêtât le serment d'observer le traité de Troyes ». Le prince répondit « qu'il était prêt à servir le duc de Bourgogne, mais quant à faire le serment de mettre le royaume aux mains de l'ancien et capital ennemi du royaume de France, qu'il ne le ferait jamais ». Pour cette raison il s'en alla assez soudainement et retourna en son pays, car il n'était pas sans crainte que le roi d'Angleterre ne lui fît quelque déplaisir.

« Les assiégés de Melun étaient réduits à grande détresse et extrémité de vivres. Mais ils espéraient toujours qu'il leur viendrait du secours ou qu'il arriverait dans les camps des ennemis quelque incident, quelque dissentiment qui les obligerait à lever le siège. Il y avait bien un mois qu'ils étaient sans pain et ne mangeaient seulement que chair de cheval, qui est une chose peu ou point nourrissante. Aussi fallait-il que ceux qui en mangeaient allassent deux ou trois heures après à la selle, car cette nourriture ne pouvait s'arrêter presque en rien au corps d'une personne. Ces maux n'étaient pas ignorés des ennemis, car quelques pauvres habitants qui n'avaient plus de quoi manger s'en allèrent, spécialement par la rivière. En outre les assiégeants faisaient quelquefois des prisonniers dans les escarmouches. Les assiégés auraient volontiers tenté une sortie pour s'échapper, s'ils eussent pu. Mais le siège était si solide et les positions ennemies tellement fortifiées contre la ville qu'il était impossible que la garnison se pût sauver sinon par quelque traité. Des négociations furent donc enfin ouvertes et l'on parlementa. Il y eut bien plusieurs conditions discutées, mais finalement ceux du dedans furent contraints d'accepter celles des ennemis. Il fut donc conclu « qu'ils s'en iraient la vie sauve et sans être mis à aucune rançon ». On excepta de ce traité ceux qui avaient été consentants de la mort du duc Jean de Bourgogne. Il fallut donner pour otages le seigneur de Barbazan lui-même et douze autres au choix de l'ennemi. Il y avait quelques seigneurs de Bourgogne et de France qui auraient volontiers sauvé d'un tel sort Messire Louis des Ursins, mais les Anglais le demandèrent expressément comme otage.

« La ville fut donc ainsi rendue et livrée, et on la trouva bien dégarnie de vivres. Il n'y avait plus une botte de paille dans les lits ni autrement, car tout avait été donné à manger aux chevaux. Plusieurs de la garnison se tirèrent d'affaire : aux uns on ouvrit voie pour s'échapper, les autres avaient des amis et des accointances du côté des Bourguignons, d'autres enfin donnèrent de l'argent. Selon l'accord conclu, la généralité s'attendait « à s'en aller simplement un bâton au poing ». Mais les Anglais et leurs alliés interprétèrent l'accord autrement, c'est à savoir que les gens de la garnison « s'en iraient la vie sauve, non pas où ils voudraient, mais aux prisons du roi à Paris ». Et c'est pour cela que plusieurs cherchèrent et trouvèrent le moyen de se sauver. Une telle interprétation fut chose honteuse et malhonnête pour un si vaillant roi qu'était, disait-on, le roi d'Angleterre. On pourrait la comparer à la volonté arbitraire d'un vrai tyran, comme on le verra mieux par ce qui sera dit ci-après, et cela déplaisait fort aux Anglais eux-mêmes.

« Parmi ceux qui étaient dans ladite ville de Melun, il y avait trois vaillants écuyers, qui avaient servi feu Monseigneur le duc d'Orléans dans ses guerres, et auxquels certaines personnes du parti du duc de Bourgogne avaient grande volonté de faire déplaisir : ils se nommaient Raimond de Loré, le bâtard de Ducy et le bâtard de Seine. On leur voulait imposer qu'ils s'étaient trouvés présents à la mort du duc de Bourgogne, ce qui était faux. Cela fit qu'ils supplièrent un seigneur qui était assez proche du roi d'Angleterre et fort aimé de lui, de les vouloir sauver. Celui-ci, croyant bien faire et pensant qu'ils s'en devaient aller librement quand bon leur semblerait, les mit dehors, et ils s'en allèrent. Cela vint à la connaissance du duc de Bourgogne, qui s'en plaignit au roi d'Angleterre. Le roi aussitôt, sans autre procès, fit couper la tête à ce seigneur : cela fut une pitié, mais il était Anglais. Les otages et aussi les autres qu'on put saisir, furent menés en bateaux à Paris. Les uns furent enfermés en la bastille Saint-Antoine, les autres au Palais, au Châtelet, au Temple et en diverses autres prisons. Telle fut la manière abusive dont on fit qu'ils s'en allèrent « la vie sauve et sans être mis à aucune rançon ». La façon de sauver leur vie, ce fut d'en mettre plusieurs en de basses fosses, notamment au Châtelet, et là de les laisser mourir de faim, et quand ils demandaient à manger et criaient la faim, on leur donnait du foin et on les appelait chiens, ce qui était grand déshonneur au roi d'Angleterre. Il y en eut plusieurs, notamment au Palais, qui s'échappèrent et passèrent la rivière à la nage. En apparence on n'exigeait d'eux, selon le traité, aucune rançon, mais le roi d'Angleterre faisait don de leurs personnes à des prisonniers de son parti, qui les mettaient à rançon pour se racheter eux-mêmes. C'est ainsi, par exemple, qu'au seigneur de Châtillon, qui était prisonnier de guerre d'un vaillant écuyer, nommé Poton de Saintrailles, il donna, bailla et livra le seigneur de Préaux, Messire Nicole de Giresme, Arnault Guillon de Bourgogne et Messire Louis Jouvenel, qui payèrent audit seigneur de bien grosses rançons, et pourtant ce seigneur de Châtillon était déjà délivré et hors des mains dudit Poton. Et l'on fit de même pour plusieurs autres. »

Fort de ses succès militaires, qui apparaissaient comme une consécration positive du traité de Troyes, Henri V fit à Paris, le dimanche 1er décembre 1420, son entrée solennelle, côte à côte avec Charles VI. Les ducs de Clarence et de Bedford chevauchaient derrière les rois, mais à quelque distance. Seul, à gauche, dans un rang moyen entre ces deux groupes du cortège, en habit de deuil, s'avançait le duc de Bourgogne. Selon sa coutume, la multitude accourue criait : « Noël ! » L'entrée des reines Isabeau et Catherine eut lieu le lendemain. Charles reprit son séjour de l'hôtel Saint-Paul. Henri s'installa au Louvre. Il ne tarda guère à faire sentir aux Parisiens sa main forte et dure. La capitale fut soumise à un emprunt forcé, dont l'Université ne fut pas exempte. Ses réclamations furent nettement repoussées par le roi d'Angleterre « qui, dit notre Jouvenel, parla trop bien et hautement à eux ; ils se crurent permis de répliquer, mais à la fin ils se turent et désistèrent, car autrement on en eût logé en prison ». Les clauses du traité de Troyes furent interprétées d'une façon analogue à celles de la capitulation de Melun. Le commandement de la capitale fut commis au duc d'Exeter, la Bastille et le château de Vincennes donnés en garde à des capitaines anglais.

Le célèbre chef bourguignon Villiers de l'Isle-Adam avait éprouvé déjà qu'il ne faisait pas bon de demeurer trop attaché aux coutumes de France. Chargé d'une mission en Bourgogne, il en était venu rendre compte à la fin du siège de Melun. « Pour son retour, selon l'expressif récit de l'*indiciaire* de Philippe le Bon, il fit faire une robe de routier d'un rude drap de blanc gris, avec laquelle il se présenta devant le roi anglais et devant son maître, le duc Philippe, auxquels il fit les révérences convenables et rendit compte de ce dont il avait eu charge de leur part. Et alors le roi anglais voyant L'Isle-Adam si rudement habillé, lui demanda, par manière de plaisanterie : « Et comment, L'Isle-Adam, est-ce là une robe de maréchal de France? » Et ledit L'Isle-Adam, qui était homme de grosses manières et à la bonne franquette, peu mignard, mais lourdement gai et vaillant, répondit, ce me semble, sur même ton, et portant ses yeux tout franchement au visage du roi, lui dit : « Sire, je suis un gros villotier, la robe est de même que le corps ; je l'ai fait faire telle pour venir en ces bateaux parmi la Seine. » L'Isle-Adam croyait bien faire et ne pas mal dire. Mais il ne plut pas au roi d'être regardé ainsi en face. « Comment, dit-il, osez-vous regarder ainsi un prince au visage quand vous lui parlez ? » L'Isle-Adam, toujours à la bonne franquette et aussi peu ébahi que devant, s'en va lui répondre : « La coutume des Français est telle, que si un homme parle à un autre, de quelque état qu'il soit, prince ou autre, les yeux baissés, l'on dit chez nous que ce n'est point un honnête homme ni loyal, puisqu'il n'ose regarder au visage celui auquel il parle. » — Ha Dieu ! dit alors le roi, telle n'est pas notre guise. » — « Et depuis, dit un autre chroniqueur, Pierre de Fenin, racontant la même anecdote, le roi Henri montra bien qu'il n'aimait point le seigneur de l'Isle-Adam, car il le fit depuis arrêter en la ville de Paris et mettre en prison avec l'intention de ne jamais l'en faire sortir, et en effet il n'en sortit point du vivant du roi Henri. Et, bien plus, celui-ci l'aurait fait mourir, si ce n'eût été le duc Philippe de Bourgogne, qui le pria tout spécialement de ne le point mettre à mort. »

Les fêtes de Noël apportèrent un triste spectacle à ceux des Parisiens (et il y en avait beaucoup) dont le cœur était demeuré patriote. La pompe déployée au Louvre par le roi Henri et l'affluence des courtisans qui, se tournant vers l'aurore de cette domination étrangère, subissaient les dédains de seigneurs anglais, fit un navrant contraste avec l'abandon où fut laissé en son hôtel Saint-Paul le souverain national, entouré de quelques « pauvres vieux serviteurs » et visité seulement par des gens de petit état. En dépit des belles promesses, déjà oubliées, ce n'était pas en frères, mais en maîtres que se conduisaient les acolytes et les soldats insulaires du nouvel « héritier de France ». — « La cité de Paris, dit Chastellain, siège ancien de la royale majesté française, semblait être changée de nom et de situation, parce que le roi Henri et son grand peuple anglais en faisaient un nouveau Londres, tant en langage comme en leur rude et fière manière de vivre. Ils prirent position, ici et là, par toute la ville qui en fut tout occupée et maîtrisée. Et ils s'en allaient, les têtes levées, comme des cerfs, regardant de côté et par derrière, et se glorifiant de l'opprobre et male aventure des Français, dont ils avaient largement répandu le sang à Azincourt et ailleurs, et une grande part de leur héritage usurpée par tyrannie... Bien leur semblait, aux princes et aux chevaliers anglais, que l'héritage des Français était le leur, et que le gouvernement et domination de France seraient désormais abolis par le nom des Anglais, que les Français le voulussent ou non. C'est ce que ceux-ci éprouvèrent bien vite, car de cette heure en avant tout le royaume et ses affaires furent gouvernés et conduits par la main du roi anglais, et tous les offices et charges changés et transférés selon la disposition de son bon plaisir. Il en priva même ceux que le roi Charles et les deux ducs de Bourgogne, père et fils, y avaient établis, et y mit partout des gens de sa nation, des Anglais, des étrangers, nullement convenables à la nature du pays. »

Henri jugea sa conquête suffisamment avancée pour s'absenter quelque temps et aller faire un séjour en Angleterre. Toutefois, il s'arrêta un mois à Rouen pour organiser de la plus solide façon son autorité en Normandie, car, selon sa politique prévoyante, cette province, même en cas d'un échec futur de sa main mise sur la France entière, devait demeurer un fleuron de sa couronne impossible à détacher. Son frère, le duc de Clarence, fut tout spécialement chargé de la défendre contre toute entreprise du gouvernement dauphinois. Il fut investi du reste des pouvoirs de lieutenant général en France. Le 25 janvier 1421, Henri de Lancastre quitta Rouen et se rendit par Amiens à Calais. Il débarqua, le 1er février, à Douvres avec la reine Catherine, dont le couronnement solennel eut lieu, le 23 du même mois, à Londres, dans l'antique abbaye de Westminster.

Pendant l'absence du conquérant la face des choses faillit prendre à son détriment une autre tournure. Le dauphin n'avait nullement renoncé à l'héritage de ses pères. Au mois de janvier 1421, l'Écosse, sa fidèle alliée, lui envoya un nouveau et important secours. Ces troupes, commandées par des capitaines expérimentés, formèrent le noyau d'une armée en état d'agir avec une vigueur efficace et de profiter de l'imprudence du lieutenant général anglais. Jeune et impétueux, le duc de Clarence voulut, en l'absence de son frère, se distinguer, lui aussi, par ses conquêtes. Il envahit le Maine et l'Anjou. Mais l'armée de Charles VII s'étant portée à sa rencontre, une bataille s'engagea, le 22 mars 1421, au lieu appelé Baugé, entre Beaufort et La Flèche. Les Anglais y éprouvèrent une cruelle défaite, où le duc de Clarence trouva la mort. Le soir même, les deux principaux chefs de l'armée française annoncèrent en ces termes au régent cette brillante victoire :

« Très haut et puissant prince et notre très redouté seigneur, nous nous recommandons à vous aussi humblement que nous le pouvons. Qu'il vous plaise savoir que, hier vendredi, nous arrivâmes en cette ville de Baugé, avec l'intention de livrer bataille aux Anglais, vos anciens ennemis et les nôtres, au champ de la Lande-Charles. Aujourd'hui, nous avons envoyé notre cher cousin, le connétable de notre armée, et votre maréchal, le sire de la Fayette, pour reconnaître ledit champ, avec plusieurs autres seigneurs. Nous avions intention d'y combattre lesdits ennemis lundi prochain, parce que le jour de Pâques était pour cela une trop grande fête (1). Mais, très haut et puissant prince et notre très redouté seigneur, aujourd'hui sont venus devant cette ville vosdits ennemis et les nôtres, rangés en bataille, une heure avant le soleil couchant. Aussitôt que nous avons su leur venue, nous avons marché ouvertement contre eux, et là, Dieu en soit loué ! le champ est demeuré pour nous. Le duc de Clarence est tué et aussi le comte de Kent. Le comte de Huntingdom est mon prisonnier et le comte de Sommerset est pris aussi. En fin de compte, toute la fleur de vosdits ennemis et des nôtres est morte ou prise.

(1) Pâques tombait, cette année, le 23 mars. C'est le samedi saint que fut livrée la bataille de Baugé.

« Et, à cause de cela, très haut et puissant prince et notre très redouté seigneur, nous vous prions très ardemment, pour l'honneur de votre royaume de France, qu'il vous plaise de venir ici, en ce pays d'Anjou, pour aller aussitôt en Normandie, car, avec l'aide de Dieu, tout est à vous.

« *Item*, très haut et puissant prince et notre très redouté seigneur, nous vous envoyons la bannière dudit duc de Clarence. Celui qui la portait est mon prisonnier, car il a été pris par le gentilhomme de mon hôtel appelé Thomas Walen.

« *Item*, très haut et puissant prince et notre très redouté seigneur, qu'il vous plaise savoir que votre aimé Messire Charles le Bouteiller est mort à cette journée. Que Dieu ait son âme! En son vivant, il était sénéchal de Berry. C'est pourquoi, très haut et puissant prince et notre très redouté seigneur, nous vous prions de tout notre cœur qu'il vous plaise, de votre grâce et à notre requête, de donner ledit office, tel que ledit chevalier l'eut en son vivant, à votre serviteur et notre cousin Thomas Serton, lequel a grandement fait son devoir en cette rencontre.

« Autre chose ne savons dire pour le présent, sinon qu'il vous plaise de nous mander votre intention par ce même messager.

« Très haut et puissant prince et notre très redouté seigneur, que le Saint-Esprit vous ait en sa sainte garde comme nous le désirons.

« Écrit en cette dite ville de Baugé, la veille de Pâques, à minuit.

« Vos très humbles serviteurs, les comtes de Douglas et de Buchan. »

L'effet moral de cette victoire fut, comme il arrive d'ordinaire, beaucoup plus considérable que ses résultats matériels. Quoique une partie notable de l'armée anglaise eût opéré habilement sa retraite vers ses places fortes de Normandie, les envahisseurs de notre sol furent en proie quelque temps à une terreur générale, tandis qu'une vive confiance, allant jusqu'à l'enthousiasme, excitait l'ardeur des partisans du dauphin. Un signe caractéristique de ce retour de fortune fut le revirement du duc de Bretagne. Toujours disposé à céder au vent, Jean VI abandonna l'alliance anglaise et par un traité conclu à Sablé, le 8 mai 1421, s'engagea, en son nom et au nom de ses sujets, à soutenir le dauphin régent et à se mettre en guerre ouverte contre l'étranger. Charles, de son côté, reniait définitivement les Penthièvre, et promettait, par une clause secrète, d'éloigner de sa cour, au moment propice, le président Louvet et autres instigateurs ou complices de l'attentat commis naguère contre le duc Jean. L'offensive fut hardiment prise ensuite contre les Anglais. L'armée du comte de Buchan pénétra en Normandie et mit le siège devant Alençon. Cette entreprise, à laquelle le comte de Salisbury s'opposa d'abord inutilement, échoua ensuite devant la ferme attitude et l'habileté tactique du général anglais. Le régent Charles marcha en personne avec une belle armée dans la direction de l'Ile-de-France. Il investit Chartres et, le 25 juin, emporta Gallardon d'assaut. Le duc d'Exeter, qui commandait à Paris, commençait à craindre de s'y voir bloqué. Mais le roi Henri, rappelé d'Angleterre par les mauvaises nouvelles qui lui arrivaient du continent, avait débarqué à Calais, le 10 juin, avec une armée toute fraiche, comptant quatre mille hommes d'armes et vingt-quatre mille archers. Il expédia un premier secours immédiat au duc d'Exeter, puis, sans trop se hâter, se dirigea lui-même vers la capitale, où il arriva le 4 juillet. Sa calme vigilance remit ses affaires en bon état. Le 12, il opéra sa jonction à Mantes avec le duc de Bourgogne, qui lui amenait un corps d'armée. Il envoya ensuite son frère, le duc de Glocester, auquel il confia quinze mille hommes, à la rencontre du dauphin. Mais ce prince, sur l'avis prudent de ses conseillers, n'avait pas cru devoir s'engager à fond contre son redoutable adversaire. Dès le 5 juillet, il avait commencé sa retraite et regagné, par Châteaudun et Vendôme, ses cantonnements de la Loire.

Henri, qui n'avait pas tardé à rejoindre son frère à Chartres, prit la direction du siège de Dreux, commencé le 18 juillet. La place se rendit le 20 août. Le conquérant marcha ensuite vers la Loire, où il fit devant Orléans une démonstration menaçante. Toutefois, lui non plus n'avait pas osé livrer une bataille rangée à l'armée française, qui la lui avait offerte près de Vendôme. Il fut, à son tour, contraint de se replier, car une épidémie ravageait l'armée anglaise en proie, de plus, à la famine. A la fin de septembre il était de retour dans la capitale. Cette campagne offensive, en somme infructueuse, ne lui avait pas coûté moins de quatre mille hommes.

Henri dut donc renoncer pour le moment à entamer la France d'outre-Loire. Mais en dépit de ses pertes, il ne relâcha rien de ses efforts tenaces pour l'affermissement de sa domination au nord de ce fleuve et en particulier dans les pays voisins de la capitale. Dès le 6 octobre 1421, il mit le siège devant Meaux, position de premier ordre, encore au pouvoir des Dauphinois. Ses avances aux assiégés furent mal reçues. Ils y répondirent par une farce outrageante. Ils promenèrent sur les murs un âne affublé d'une couronne et « icelui battant et tempêtant de coups pour le faire braire, dit Chastellain, ils le firent crier et mugir en dérision du roi, en criant à ceux du dehors : « Venez le secourir ! » Une défense obstinée repoussa de mois en mois les efforts du roi d'Angleterre et rendit longtemps vaines les ingénieuses machines de guerre dont il fit usage, et parmi lesquelles on remarquait des canons de fer sans affûts, montés sur des carapaces de bois et chargés de pierres sphériques. Mais la garnison aussi avait une artillerie meurtrière. L'une de ses coulevrines envoya un projectile qui enleva la tête du fils de lord Cornwall. Ce grand seigneur, cousin germain du roi Henri, venait d'être lui-même grièvement blessé à la cuisse. En voyant périr son unique enfant, il maudit une telle guerre, fruit d'une ambition injuste, et jura de n'y plus prendre aucune part. Il se retira en effet en Angleterre où il vécut désormais dans la retraite.

Les conseillers du dauphin résolurent de tenter un coup de main pour secourir la place. Guy de Nelle, seigneur d'Offémont, fut chargé de cette entreprise. Le 2 mars 1422, à minuit, trompant la vigilance des Anglais, il arriva devant une poterne avec une troupe de guerriers d'élite. Les assiégés prévenus avaient posé au pied de la muraille des échelles enveloppées de linge blanc et qui se confondaient ainsi avec la couleur du mur. Une partie des gens du seigneur d'Offémont avaient déjà réussi à pénétrer dans la ville. Lui-même, posté sur une vieille planche qui dominait le fossé, dirigeait le mouvement. Mais voici qu'un goujat en train de monter à l'échelle laissa choir une besace pleine de harengs qu'il portait au cou. Cette charge tomba sur la tête de Guy de Nelle dont, à ce choc, la pesante armure fit céder la planche pourrie où posaient ses pieds. Il fut précipité au fond du fossé et tous les efforts pour l'en tirer demeurèrent sans fruit. Cependant l'alarme était donnée au quartier peu éloigné du duc d'Exeter, puis au quartier général anglais. Les ennemis accoururent en grand nombre, les Français furent accablés et un cuisinier du roi Henri eut l'honneur de faire prisonnier Guy d'Offémont.

Cet échec affecta péniblement la garnison qui, le lendemain, 3 mars, se détermina à évacuer la ville proprement dite, pour se retrancher, de l'autre côté de la Marne, dans la position spécialement fortifiée que l'on appelait *le Marché*. Un second siège commença, non moins acharné que le précédent. Plusieurs attaques des Anglais furent repoussées avec énergie. Dans l'une d'elles Richard Beauchamp, comte de Worcester, fut tué d'un coup de canon. Un soldat anglais qui, tandis que tous ses compagnons se faisaient tuer ou prendre, avait joué des jambes, fut, dit-on, enterré vivant par ordre du roi Henri. Celui-ci poursuivit obstinément son entreprise et, la famine aidant, réduisit enfin la garnison aux abois. Le 2 mai 1422, après sept mois de siège, elle capitula. Le vainqueur exerça des représailles cruelles. Parmi ceux qui en furent l'objet, le bâtard de Vaurus, l'un des principaux chefs de la défense, avait, tout compte fait, largement mérité son sort. C'était l'un des plus vaillants, mais l'un des plus féroces capitaines armagnacs. Depuis longtemps il avait fait de son poste de Meaux un vrai repaire de bandits. S'attaquant non seulement aux Anglais ou aux Bourguignons, mais aux paysans et aux voyageurs, il les rançonnait, torturait et massacrait sans merci. Un orme gigantesque, situé à l'entrée de la ville, était chargé par son ordre, souvent par ses propres mains, d'horribles grappes de pendus. On l'appelait *l'arbre de Vaurus*. Le 3 mai 1422, il y figura lui-même, après avoir été au préalable traîné dans une charrette à travers les rues de la ville et décapité. Mais ce monstrueux homme de guerre ne fut pas la seule victime de la froide vengeance du roi anglais. Louis Gast et Jean de Rouvre furent aussi décapités aux halles de Paris. D'autres chefs dauphinois furent enfermés dans les prisons de la capitale, et la vie n'y était pas douce.

« C'était, dit notre excellent Jouvenel, grande pitié des prisonniers, qui étaient en diverses prisons de Paris, car on les laissait mourir de faim aux prisons où ils étaient, et l'un mort, les autres arrachaient avec leurs dents sa chair. Les Anglais voulaient aussi faire mourir Messire Philippe de Gamaches, pour lors abbé de Saint-Faron de Meaux, et depuis abbé de Saint-Denis, noble homme, qui vaillamment et de son corps s'était employé à la défense de la ville prise. Or il avait son frère à Compiègne, capitaine de cette place pour Monseigneur le régent. On fit savoir à ce capitaine qu'on jetterait son frère dans la rivière, si lui-même ne rendait la place de Compiègne. Messire Guillaume de Gamaches, tel était le nom de ce seigneur, considéra sur cela que si on venait l'attaquer, il faudrait, bon gré, mal gré, après qu'il aurait tenu quelque temps, qu'il rendît la place, qui était mal garnie de vivres et de gens. Pour éviter donc la mort de son frère, il rendit la ville et la mit aux mains des ennemis, puis s'en alla, tous ses biens saufs, excepté les équipages et munitions de guerre servant à la forteresse. Par ce moyen Messire Philippe, l'abbé, fut heureusement délivré. Or en sa compagnie se trouvaient trois religieux de Saint-Denis, lesquels avaient aidé de tout leur pouvoir à la défense de la ville de Meaux. Ils y furent pris, et l'évêque de Beauvais, nommé Maître Pierre Cauchon, fils d'un laboureur de vignes d'auprès de Reims (1), faisait diligence de les faire mourir. En attendant ils furent étroitement gardés par son ordre en bien fortes et dures prisons. Cet évêque ne considérait pas que ces religieux n'avaient en rien failli, car la défense leur était permise de droit naturel, civil et canonique. Mais il disait qu'ils étaient criminels de lèse-majesté et qu'on les devait dégrader. Ce qu'il en faisait, c'était pour montrer qu'il était bon et zélé Anglais. Or, quand la chose vint à la connaissance de l'abbé de Saint-Denis, il fit diligence de les avoir, et les requit, et réclama à ce sujet. Enfin, après plusieurs délais, il lui furent remis et délivrés pour en faire ce que bon lui semblerait. Les ayant, il les fit mener à Saint-Denis. »

Pendant le siège de Meaux, Henri V avait reçu d'Angleterre une heureuse nouvelle. Le 6 décembre 1421, au château de Windsor, la reine Cathe-

(1) Cette indication de Jouvenel paraît inexacte. Il résulte, ce semble, d'actes authentiques que Pierre Cauchon était fils de Remi Cauchon, licencié en droit civil, anobli par Charles VI au mois de février 1393. C'est ce qu'a fait remarquer le P. Ayroles : *La Vraie Jeanne d'Arc. La Pucelle devant l'Église de son temps*, p. 115. La question pourtant n'est pas complètement éclaircie.

rine lui avait donné un fils, héritier en naissant de deux royaumes. La Providence semblait d'accord avec l'ambition du conquérant. Le 31 mai 1422, jour de la Pentecôte, les royaux époux présidèrent au Louvre un splendide festin, auquel s'assit une cour magnifique. Selon l'usage, le commun peuple fut admis à considérer ce beau spectacle, mais, contrairement à la tradition française, on s'abstint de le régaler à des tables spécialement dressées en des salles voisines, et il n'y eut fête que pour ses regards. Cependant Charles VI et Isabeau, en leur hôtel Saint-Paul, « assez seuls se tenaient » et faisaient maigre chère: Mais déjà la main de Dieu se levait, invisible, sur la tête du triomphateur.

Les conseillers du dauphin avaient résolu en ce moment de diriger leurs principales forces contre les possessions propres du duc de Bourgogne. Une armée de vingt mille hommes les envahit et plusieurs places bourguignonnes, notamment la Charité-sur-Loire, tombèrent aux mains des Français. Philippe le Bon appela Henri à son secours. Vers le 1er juillet, le roi d'Angleterre, qui s'était établi le 12 juin à Senlis avec la reine Catherine, Charles VI et Isabeau, partit de cette ville dans la direction de la Bourgogne.

Mais sur ces entrefaites son état de santé était devenu non seulement fâcheux, mais inquiétant. Il ne pouvait déjà plus monter à cheval et se faisait transporter en une litière ou cacolet. Arrivé le 3 à

Corbeil, il dut céder à la maladie et se faire conduire au château de Vincennes, où il arriva le 7 juillet. Une amélioration passagère lui redonna l'espérance de pouvoir prendre en personne la direction des opérations militaires. Le rendez-vous général des forces anglo-bourguignonnes avait été fixé à Vézelay. Au commencement du mois d'août, Henri se rendit à Corbeil, pour de là joindre son armée que commandait son frère, le duc de Bedford. Mais après avoir lutté une dizaine de jours contre la reprise et les progrès de la maladie et ne pouvant plus même supporter longtemps le cacolet, il dut descendre en barque le cours de la Seine pour regagner sa couche de douleur. Au pont de Charenton il fit un suprême effort. Pour dissimuler son état, il voulut essayer de rentrer à cheval au château de Vincennes. Mais il n'y put tenir et ce fut en litière qu'il se fit mener à cette résidence, où l'agonie l'attendait.

Dans les derniers jours du mois d'août, il perdit lui-même toute illusion. « Or le roi anglais, nous raconte le grave *indiciaire* de Bourgogne, se savait en péril de mort et sentait bien que sa fin était proche. C'est pourquoi, voulant donner ordre à ses affaires, il fit venir devant lui le duc de Bedford, son frère, son oncle, le duc d'Exeter, le comte de Warvick, Messire Louis Robsaert et plusieurs autres, au nombre d'environ huit personnes, parmi lesquelles était compris Messire Hugues de Lannoy, à cause de son maître, le duc Philippe. Quand ils furent donc devant son lit, il leur déclara qu'il voyait bien que c'en était fait de sa vie et que la volonté de son Créateur était de le retirer de ce monde mortel. Puis il commença à parler à son frère, le duc de Bedford. « Jean, mon cher frère, lui dit-il, je vous prie, par l'affection que vous avez toujours eue pour moi, que vous veuilliez toujours être bon et loyal envers mon cher fils Henri, votre neveu. Je vous donne charge, à peine de la plus grande faute que puissiez commettre, que, tant que vous vivrez, vous ne souffriez jamais qu'un accord soit conclu avec notre adversaire Charles de Valois ni aucun autre, sinon que, tout au moins, quelque chose qui advienne, le duché de Normandie soit conservé en toute souveraineté à notredit fils. Et au cas que notre frère de Bourgogne veuille se charger du gouvernement de ce royaume, je vous conseille et commande qu'il lui soit publiquement remis. Mais, en cas de refus de sa part, prenez-le vous-même. Et à vous, bel oncle d'Exeter, je vous laisse à vous seul et pour le tout le gouvernement du royaume d'Angleterre, car j'ai confiance que vous le conduirez bien. Et en même temps je vous donne la pleine et haute main sur mon cher fils, votre neveu, et je vous prie de l'aller voir souvent (1). Et, quelque chose qui advienne, ne revenez

(1) Le duc de Glocester, frère de Henri V, fut désigné par lui comme lieutenant du duc d'Exeter dans sa double charge. Il semble donc qu'il y ait à la fois quelque exagération et quelque omission dans la façon dont sont rapportées ici les dernières dispositions du roi d'Angleterre.

jamais en France. Et vous, beau cousin de Warwick, je veux que vous soyez le maître et gouverneur de mondit fils, et que vous demeuriez toujours avec lui, pour l'élever et former selon qu'il convient à sa situation. Je ne saurais mieux pourvoir à cette mission, ni en charger un plus digne. Et ensuite, je vous prie, vous tous ensemble, que vous vous gardiez bien toute votre vie, à peine de la plus grande faute que puissiez commettre, de vous engager en différend ou querelle avec notre frère de Bourgogne. Faites par-dessus tout cette recommandation et défense de ma part à mon frère Humfrey (duc de Glocester). Si en effet il advenait, ce qu'à Dieu ne plaise ! qu'il y eût entre vous et lui aucune division, les affaires de ce royaume, qui sont grandement avancées pour notre parti, en pourraient beaucoup empirer et tourner à notre détriment. Je vous recommande aussi de ne point délivrer de prison notre beau cousin d'Orléans, le comte d'Eu, le seigneur de Gaucourt ni Guichard de Sisay (1), jusqu'à tant que notre fils soit venu en âge de gouverner. Quant aux autres prisonniers, faites-en comme bon vous semblera. » — Les seigneurs qui étaient là, émus de pitié, lui répondirent qu'ils obéiraient tous à ses ordres et ne les enfreindraient en rien leur vie durant. Après cet entretien,

(1) Fait prisonnier, lors de la capitulation de Meaux, Guichard de Sisay s'était refusé à toutes les propositions et instances du roi d'Angleterre, qui, frappé de sa valeur et de ses talents militaires, avait voulu l'attirer à son service.

le roi appela devers lui Messire Hugues de Lannoy, et dans une conversation particulière, il le chargea de recommander le fait du royaume de France et la cause de son fils au duc de Bourgogne, comme à l'homme du monde de qui dépendait davantage le progrès ou la déchéance de son parti.

« Cela dit, Messire Hugues, voyant bien que le moment était venu de se retirer, prit congé du roi, et la chambre demeura comme vide. Mais presque aussitôt le roi fit venir devant lui les médecins, et les requit en termes exprès de lui vouloir dire, selon la possibilité de leur science, quel terme de vie il pouvait avoir encore. Mais eux, refusant de lui donner une décision si précise, voulurent différer leur réponse. Ils lui dirent que Dieu avait bien le pouvoir de le faire relever et guérir, et que, par conséquent, il devait mettre son espoir en la grâce divine, et non se préoccuper de l'heure de sa mort temporelle. « Hé ! dit alors le roi, cela ne suffit pas. Dieu, je le sais bien, est tout-puissant et miséricordieux, mais je me sens arrivé au point où je sais bien que la mort m'est prochaine. Laissez donc Dieu agir envers moi par sa grâce ainsi qu'il lui plaira, mais, vous autres, instruisez-moi de ce qui est à votre connaissance selon la marche de la nature. » Sur cette parole, ils délibérèrent ensemble et s'accordèrent à une conclusion, et celle-ci faite, l'un d'eux vint se jeter à genoux devant le lit du roi et lui dit : « Sire, pensez à votre fait, car il nous semble que, si une singulière grâce de Dieu n'intervient contre le pouvoir de nature, vous n'avez vie en vous que pour deux heures. » Et alors le roi, louant Dieu, s'en tint à cette parole. Il fit venir devant lui son confesseur avec plusieurs autres gens d'Église de sa maison, et leur ordonna aussitôt de réciter devant lui les sept psaumes. Et quand on en vint à ce passage : *Miserere mei, Deus* (ayez pitié de moi, mon Dieu), et que l'on disait : *Benigne fac, Domine, in bona voluntate tua Sion, ut ædificentur muri Jerusalem* (Seigneur, montrez votre bienveillance à Sion, afin que s'élèvent les murs de Jérusalem) : « Holà ! » dit alors le roi, et il les fit arrêter là et dit tout haut : « Certes, sans la mort que j'attends à cette heure, mon intention finale était, après que j'aurais établi en tranquillité et paix ce royaume de France, de me mettre en devoir d'aller conquérir Jérusalem sur les infidèles, s'il eût plu à Dieu, mon Créateur, de me laisser vivre assez pour cela. Mais je n'en étais pas digne ni ne le suis. J'implore donc pour mes fautes sa miséricorde. » Et alors il se tut et fit continuer la lecture jusqu'au moment où l'étreinte de la mort le surprit. Et il paya sa dette, selon la coutume des autres mortels, en pleine connaissance, le dernier jour du mois d'août. » — La reine Catherine était absente ; Henri l'avait laissée à Senlis avec Charles VI et Isabeau.

A propos de la mort de ce roi conquérant, Georges Chastellain nous a en outre transmis dans sa chronique une intéressante anecdote. « Entre autres récits bien grands, dit-il, que j'ai ouï conter au sujet de ce prince, il en est un qui me fut rapporté par un haut et noble baron, le seigneur de la Trémoille, qui me certifia que le fait en question était réellement advenu au roi Henri. « Véritablement, me dit ce seigneur, environ un an avant le trépas de ce roi, il vint devers lui un ermite se disant messager de Dieu, qui insista fort pour lui parler et usa de tous les moyens pour arriver jusqu'à sa personne (1). Le roi, enfin, quoique à grand'peine, consentit à lui donner une audience particulière et secrète. Et l'ermite alors lui parla ainsi :

« Sire, Notre-Seigneur Dieu, qui ne veut point votre perte, mais bien vous avertir au sujet de votre salut, m'a envoyé à moi-même un saint homme, comme son messager, par lequel il m'a fait révéler plusieurs choses à vous dire, lesquelles vous touchent à l'âme et au corps. Ce saint homme m'a donc chargé de vous dire que la volonté de Dieu est que désormais vous cessiez de tourmenter son chrétien peuple de France, dont les clameurs sous votre fléau qui le châtie ont provoqué sa

(1) Cet ermite venait de Saint-Claude en Franche-Comté et se nommait Jean de Gand. « On raconte, dit M. Kervyn de Lettenhove, qu'il s'était rendu également près du dauphin, qui s'était montré mieux disposé pour le rétablissement de la paix. Louis XI, dont la naissance avait été, disait-on, annoncée par l'ermite à Charles VII, honora beaucoup sa mémoire et s'adressa au pape Sixte IV pour obtenir sa canonisation. »

pitié. Ce n'est pas, en effet, pour être le persécuteur ou le tyran des chrétiens qu'il vous a donné élévation et gloire, mais pour être le champion et le défenseur de la sainte foi, et il vous a doué des qualités propres à cette vocation. Et en témoignage de la vérité de mes paroles et pour que vous y puissiez mieux ajouter foi, il m'est enjoint de vous rappeler que naguère, quand vous étiez encore prince de Galles, une secte d'hérétiques se souleva en Angleterre, et qu'il la convint rabattre par puissance et par bataille (1). Dieu alors considéra votre cœur et l'ardeur déployée par vous en sa querelle, lorsque vous exposâtes votre corps au péril jusqu'à être blessé au front d'un trait. Il jeta sur vous un regard de faveur et résolut de vous faire l'instrument de sa puissance contre les infidèles. Ce que vous avez aujourd'hui de gloire et de haut règne vous vient de là et il vous l'a toléré jusqu'à présent. Mais de persévérer plus avant en ce royaume, il vous le défend, et vous avertit que si vous donnez attention et soumission à son commandement, cela vous tournera à gloire et à salut, mais si vous y contredisez, ce vous sera abrègement de vie et appel sur vous de sa colère. »

« A ces paroles se trouva bien ébahi ledit roi. Il pensa audit cas et le pesa bien fort, et ne savait quelle réponse faire. Il n'ajoutait point foi à l'ermite et le considérait comme un abuseur et un

(1) Il s'agit des Lollards, dit M. Kervyn, qui plusieurs fois prirent les armes.

personnage feint, et d'ailleurs, pour paroles comminatoires et qui n'avaient point de preuve assez apparente, il ne se voulait défaire ni désister d'une si haute couronne comme celle de France. Finalement, il tint les paroles de l'ermite pour frivoles, fit une réponse à double sens, sans consentir ni refuser, et renvoya l'homme sans résultat et sans espoir d'acquiescement. L'ermite, avant de le quitter, voyant qu'il ne le pouvait désabuser de la vanité temporelle, lui dit pour conclusion que, avant le dernier jour de cette présente année, le roi se ressentirait de la main de Dieu, dont le courroux l'atteindrait, et qui ne s'apaiserait que par sa mort. Et alors il s'en alla, et personne ne sut ce qu'il devint ni quel chemin il prit. Et, lui parti, le roi lui-même raconta la chose, et en narra les circonstances à quelques seigneurs de ses familiers. Et ceux-ci depuis en virent l'effet véritable. En effet, avant que l'an vint à sa fin, le roi, comme l'ermite le lui avait annoncé, fut atteint du mal dont il mourut, les uns disent le mal de Saint-Fiacre, les autres le mal de Saint-Antoine. Alors, le roi commença à se repentir de son refus, et s'enquit à tout le monde si l'on ne pourrait pas arriver à retrouver le saint prud'homme, afin que celui-ci le vînt visiter et que le roi, grâce à ses prières, pût recouvrer la miséricorde de Dieu et échapper à la mort. Mais tous répondirent que personne ne savait voie ni moyen pour retrouver cet ermite.

« Or, voici qu'il advint, selon la volonté de Dieu, que pendant que le roi manifestait ainsi ses regrets, survint l'ermite, car il avait reçu avis en son esprit du cas arrivé. On le dit au roi, qui en montra grande joie et le manda devant lui. Alors il déclara en soupirant son repentir et demanda si, en consentant à ce dont il avait autrefois fait refus, il pourrait recouvrer la santé et apaiser la colère de Dieu sur lui tombée. Le prud'homme répondit par des paroles de consolation. Le roi, dit-il, ne devait pas douter de la miséricorde de Dieu, toujours ouverte au pécheur repentant, et Dieu avait autant de puissance pour lui envoyer la santé que la maladie. Mais il ajouta qu'il regrettait bien que le roi ne l'eût pas cru à temps et eût fait si peu d'attention aux menaces divines. Sur quoi, le roi l'interrogea en secret et lui demanda expressément et avec instances si finalement il pourrait échapper à la mort ou non, et obtenir grâce de Dieu. L'ermite, serré de près et obligé de donner une réponse exacte, après avoir tout fait pour l'éviter, dit au roi en termes précis : « Certes, Sire, ne perdez pas confiance en la grâce de Dieu, car j'y ai tout espoir pour vous, mais, pour la vie du corps, n'y mettez point d'attente, car vous êtes à votre fin, ainsi prenez soin de votre âme. » — « Or donc, dit alors le roi, puisqu'il plaît à Dieu qu'il en soit ainsi, je vous prie que vous m'instruisiez d'une chose avant ma mort, et la voici. Savez-vous si, selon le plaisir de Dieu, mon héritier pourra en mon lieu régner après moi en France? » L'ermite lui répondit qu'il ne devait pas se préoccuper de cela en une telle extrémité et voisinage de mort; mais finalement, pour satisfaire à ses instances, il lui certifia qu'il n'en serait pas de la sorte, et que jamais son héritier n'aurait en France règne ni durée. Ainsi parla l'ermite au roi Henri en travail de mort, et il s'en alla, cela fait, sous la conduite de Dieu. »

Écoutons maintenant sur le décès et les funérailles de Henri V notre religieux de Saint-Denis :

« Le lundi trente et unième jour du mois d'août, Henri, roi d'Angleterre, rendit le dernier soupir au château du bois de Vincennes, l'une des plus agréables résidences du roi de France. Il succomba à une espèce de dysenterie, appelée le mal de Saint-Fiacre, parce qu'il avait voulu, disait-on, en vue de sa guérison, enlever le précieux corps du très glorieux saint du lieu qu'il occupait, et le transporter ailleurs; ce qui était une grave offense envers le Créateur et ledit glorieux saint. Il se proposait, selon toute vraisemblance, de faire passer ces précieuses reliques dans son royaume d'Angleterre. Et, comme l'intention est réputée pour le fait, lorsque l'on a fait ce qui dépend de soi pour l'accomplir, il devait être pour cette raison considéré comme sacrilège et profanateur d'église.

« Je dirai ici quelques mots du caractère de ce prince, afin de le faire mieux connaître. Pendant tout le temps de son règne, et notamment depuis sa descente en France, il montra beaucoup de magnanimité, de valeur, de prudence et de sagacité; grand justicier, jugeant les grands aussi bien que les petits, suivant l'exigence des cas, il se fit à ce titre une haute réputation parmi le peuple. Il était craint et respecté de tous ses parents et sujets, et même de ceux de ses voisins qui n'étaient pas ses sujets. Nul prince de son temps ne paraissait plus capable que lui de soumettre et de conquérir un pays, en raison de la sagesse de son gouvernement, de sa prudence et des autres qualités dont il était doué, bien que les divisions et les discordes qui régnaient entre les princes français l'eussent aidé puissamment à réaliser ses projets de conquête; car *tout royaume divisé contre lui-même périra*. Il espérait fermement, ainsi qu'il a été dit plus haut, ceindre un jour sa tête de la couronne des lis et obtenir par les raisons susdites, bien qu'elles fussent peu fondées, la succession au trône de France, comme héritier présomptif. Mais le souverain Maître de toutes choses, de qui Boèce a dit:

O Sagesse éternelle, arbitre des humains, etc.,

et qui seul sait lire au fond des cœurs, en disposa autrement, et ledit roi Henri dut quitter ce monde à l'âge de quarante ans ou environ.

« On fit l'ouverture de son corps, et on le sépara en plusieurs parties, que l'on fit bouillir avec de l'eau dans une chaudière. Ces différentes parties furent enfermées avec les os dans un cercueil de plomb rempli de toutes sortes d'aromates, et l'eau dans laquelle on les avait fait bouillir fut mise dans un cimetière. Ensuite son corps fut placé sur un char tendu de drap noir, et conduit à l'église de Saint-Denis en France. De chaque côté du char, c'est-à-dire en avant et en arrière, il y avait deux lampes, qui, au dire de certaines gens, brûlèrent tout le long du chemin, chose difficile à croire, car il y a près de deux lieues du château de Vincennes à Saint-Denis. On portait autour du char deux cents torches et cinquante cierges allumés. Le corps était accompagné par le duc de Bedford, l'aîné des frères du défunt, et par plusieurs autres seigneurs, ses exécuteurs testamentaires, tous en habits de deuil. Monseigneur l'abbé de Saint-Denis et les religieux du couvent, vêtus de leurs chapes et des autres ornements qu'ils prennent dans les plus grandes solennités, allèrent au-devant du convoi jusqu'au lieu appelé le Lendit (1), à une demi-lieue environ de l'abbaye. Dans le chœur de l'église on avait dressé un catafalque orné de tous côtés de tentures noires. Le corps y resta toute la nuit, et pendant ce temps quelques-uns des religieux ne cessèrent de chanter des psaumes et d'adresser des prières au Seigneur pour le repos

(1) Ce nom venait de la célèbre foire qui s'ouvrait le 11 juin, en cet endroit, c'est-à-dire dans la plaine située entre La Chapelle et Saint-Denis : *Indictum* d'où *Endit, l'Endit, Lendit.* — De 1418 à 1426 elle n'eut pas lieu.

de son âme. Le lendemain, Monseigneur l'évêque de Paris, avec la permission de Monseigneur l'abbé de Saint-Denis, — car l'abbé et les religieux de ladite abbaye sont exempts de toute juridiction, celle du Pape exceptée, — célébra la grand'messe en habits pontificaux. Les exécuteurs testamentaires du roi donnèrent à ladite abbaye, pour les services et les peines desdits religieux, les ornements complets d'une chapelle, de couleur rouge, garnis de roses d'or, avec deux draps d'une étoffe riche et précieuse pour décorer les deux tables du maître-autel, celle d'en haut et celle d'en bas, ainsi qu'une croix d'argent du poids de quatre-vingts marcs, et cent écus d'or pour servir aux charités du couvent. Puis, après une collation, lesdits seigneurs prirent la route d'Angleterre pour y transporter ledit corps dans une abbaye de ce pays qu'on appelle Westminster. Quant aux honneurs et aux témoignages de respect qui lui furent rendus sur son passage tant en Normandie qu'en Angleterre, ils furent sans nul doute aussi grands que possible et tels que le comportèrent les ressources des villes et des cités. Quoi qu'il en soit, comme c'est un devoir de piété et une œuvre toute spirituelle de miséricorde de prier pour les défunts, demandons au Très-Haut que l'âme dudit roi repose en paix. Amen. »

L'ambition de Henri V avait été déçue par une mort prématurée. Peu de temps après, sonna l'heure de la délivrance pour la longue et incurable démence de Charles VI. Le roi nominal de France était rentré à Paris le 19 septembre, dans un état de langueur qu'aggravèrent, au mois d'octobre, plusieurs accès de fièvre quarte, et bientôt dans la quasi-solitude de son palais délaissé, il résigna entre les mains de Dieu sa triste couronne.

« Le mardi vingt et unième jour d'octobre, dit le religieux de Saint-Denis, achevant l'histoire lamentable de ce règne, le très chrétien et très illustre prince Charles, sixième du nom, roi de France, trépassa de ce monde en son hôtel royal de Saint-Paul, après un règne d'environ quarante-trois ans. Pendant la plus grande partie de ce temps, ses facultés mentales furent gravement et profondément altérées. Aussi était-il nécessaire de l'entourer jour et nuit des soins les plus attentifs et les plus vigilants, afin de contenir ses nombreux accès de folie et de mettre obstacle à ses caprices désordonnés. Ce prince infortuné, au milieu des cruelles souffrances qu'il eut à endurer, montra toujours beaucoup de patience et de résignation ; il était bon, doux et pieux, dévoué et affectueux pour son peuple, servant Dieu chaque jour avec la plus grande dévotion, en dépit des tracasseries, des injustices et des contraintes exercées contre lui, contre son État et contre les siens...

« Après sa mort, ledit roi très chrétien fut exposé sur son lit pendant un jour entier aux regards du peuple, la face découverte, dans ledit hôtel de Saint-Paul. Cette exposition aurait dû, dit-on, durer trois jours, d'après l'usage adopté pour les rois de France décédés. Son visage avait conservé ses couleurs; il n'était ni trop altéré ni décomposé; on eût dit que le roi vivait encore et n'était qu'endormi.

« Le même jour, après midi, Messeigneurs les chanoines de la Sainte-Chapelle du Palais récitèrent près du corps les vigiles des morts, et le lendemain ils dirent une messe. Le corps resta dans le même endroit jusqu'au 9 novembre. Pendant ce temps, tous les ecclésiastiques, à quelque état, à quelque rang, à quelque ordre religieux qu'ils appartinssent, ainsi que la vénérable Université et ses officiers, ne cessèrent jour et nuit de célébrer des messes pour le repos de son âme, et d'adresser au Seigneur des oraisons et des prières.

« Le second jour après sa mort, son corps fut placé dans un cercueil de plomb hermétiquement fermé de tous côtés et rempli de toutes sortes d'aromates odoriférants...

« Le neuvième jour de novembre, le corps du roi fut porté de l'hôtel royal de Saint-Paul à Notre-Dame de Paris; il était escorté par tout le clergé, les ordres religieux, mendiants et non mendiants, le collège de Navarre, tous les collèges de l'Université, et presque tous les bourgeois et habitants de Paris. Ce jour-là les marchands n'étalèrent point leurs marchandises en vente au Palais; car on aimait beaucoup le roi. Ce qui le prouvait, c'est que tous le pleuraient, le regrettaient et déploraient sa mort avec des larmes et des sanglots. Les gens de son écurie portèrent son corps, selon le devoir de leur office (1). Les échevins de Paris soutenaient au-dessus le poêle ou drap mortuaire. Tout autour du cercueil étaient deux cents torches allumées, dont chacune pesait cinq ou six livres. Le duc de Bedford suivait à pied; il portait un manteau noir en forme d'épitoge et un chaperon à courte cornette. Quand le corps fut dans ladite église de Notre-Dame, on chanta, après la collation, les vigiles des morts, et le lendemain on célébra une messe à laquelle assistèrent l'Université, une foule de prélats et de nombreuses processions de toutes les paroisses de la ville et de la cité, de la bourgeoisie, des ordres mendiants et autres religieux de toute condition. Pendant ledit service, on brûla bien douze mille livres de cire, tant au-dessus d'une espèce de chapelle en bois, tendue de noir aux armes de France et placée dans le chœur, qu'ailleurs et dans presque toutes les parties de l'église. Au-dessus des portes de ladite église étaient deux grandes bannières également aux armes du roi.

« Après le service, qui fut célébré avec la plus grande solennité, lesdits écuyers de l'écurie portèrent de nouveau le corps jusqu'à Saint-Lazare,

(1) « Le roi était représenté en effigie sur son cercueil, largement couché en un lit, dit le *Bourgeois de Paris*, le visage découvert, couronné d'or, tenant en une de ses mains un sceptre royal, et en l'autre une manière de main faisant la bénédiction de deux doigts, et ces doigts étaient dorés et si longs qu'ils arrivaient jusqu'à sa couronne. »

sur la route de Saint-Denis. Ensuite d'autres, appelés les *hanouars* (1), le portèrent jusqu'à une croix qui se trouvait près du Lendit, et qu'on désignait sous le nom de la *Croix-aux-Fiens*. Le duc de Bedford, dans le costume indiqué plus haut, accompagna le cercueil à cheval jusque-là; il était immédiatement derrière le corps. Après lui venaient la cour du Parlement, le Châtelet, la Chambre des comptes, les échevins de Paris, et une foule immense de peuple, ainsi que l'Université de Paris, les chanoines de la Sainte-Chapelle, les chanoines de Notre-Dame, tous les autres membres du clergé tant séculier que régulier, puis le vénérable abbé et les religieux du monastère de Saint-Denis, vêtus de leurs chapes et des plus précieux ornements de l'abbaye brodés de fleurs de lis. Huit d'entre eux soutenaient avec huit lances le poêle étendu au-dessus du corps.

« Il y eut une longue pause à ladite croix. L'évêque de Paris, sachant qu'il entrait sur le territoire de Monseigneur l'abbé de Saint-Denis, lui demanda son autorisation, et protesta qu'il ne voulait ni ne prétendait empiéter en rien sur son droit spirituel, attendu que ledit abbé et ledit couvent relevaient immédiatement de l'Église de Rome avec une étendue limitée de territoire; et de ce il fut dressé des lettres authentiques par la main d'un notaire.

(1) Les hanouars ou mesureurs de sel avaient le privilège de porter le cercueil du roi de France à ses obsèques solennelles.

En conséquence, tout le monde retourna chez soi, à l'exception dudit duc et dudit évêque. Alors le clergé de Saint-Denis, c'est-à-dire les prêtres de l'église collégiale de Saint-Paul et de l'Hôtel-Dieu, et tous les curés, chapelains et vicaires se rangèrent sur deux files; ils étaient suivis des religieux. Puis venaient ledit évêque et ledit abbé, vêtus des ornements pontificaux, et enfin le corps, derrière lequel marchait immédiatement le duc de Bedford, seul et dans le costume qui a été dit; il alla ainsi jusque dans l'intérieur de l'église de Saint-Denis. Quatre présidents du Parlement tenaient les coins du drap d'or qui couvrait le corps. A la Croix-aux-Fiens, on commença à chanter le *Libera* pour l'âme du défunt, et l'on ne cessa ce chant qu'à l'entrée de l'église. Les cloches de la ville et de l'abbaye étaient en branle. Lorsque les hanouars eurent porté le corps jusque devant l'Hôtel-Dieu dans la ville, huit religieux de l'abbaye en prirent possession et le portèrent à leur tour jusqu'au chœur malgré la résistance des hanouars, officiers royaux, qui prétendaient avoir droit audit drap d'or. La cérémonie n'en fut pas moins continuée ainsi. De Paris à l'abbaye on avait disposé un nombreux luminaire qui ne cessa de brûler. Lorsqu'on entra dans l'église, on y trouva aussi un nouveau luminaire, non seulement au-dessus d'une espèce de chapelle en bois construite au milieu du chœur et couverte de draperies noires fleurdelisées sous laquelle reposait le corps dudit roi très chrétien, mais encore tout autour du chœur et de l'église. Ce luminaire était estimé à quatre mille livres de cire. Les armes du feu roi avaient été placées dans toutes les parties de l'église, contre les piliers et les murs, et au-dessus de la porte sur deux grandes bannières.

« Cela fait, lesdits religieux commencèrent à dire les vigiles en grande solennité. Puis le duc de Bedford et tous les autres se retirèrent et retournèrent dans leurs appartements. Les enfants de ladite église, les jeune chapelains et quelques anciens pères et religieux veillèrent près du corps jusqu'au matin, adressant dévotement au Seigneur des prières, des oraisons, des psaumes et toutes sortes de vœux pour l'âme du défunt. Le lendemain matin, le chancelier de France, l'évêque de Paris, le patriarche de Constantinople, l'évêque de Chartres, l'abbé de Saint-Germain-des-Prés et l'abbé de Saint-Crépin de Soissons revinrent dans l'église, ainsi que le duc de Bedford, qui avait passé la nuit à l'abbaye. L'évêque de Paris dit la messe avec la permission dudit seigneur abbé, ainsi qu'il a été indiqué plus haut; l'évêque de Chartres fit l'office de diacre et l'abbé de Saint-Denis celui de sous-diacre. Personne, à l'exception dudit duc, qui était vêtu comme nous l'avons dit ci-dessus, n'alla à l'offrande.

« Lorsque la grand'messe fut terminée, les gens de l'écurie portèrent le corps pour qu'il reçût la sépulture au même endroit où avaient été inhumés ses très illustres parents, à savoir son père et sa mère... L'évêque de Paris inhuma le roi dans ladite chapelle. où le corps fut placé sur des barreaux de fer. Cela fait, les partisans des Anglais crièrent sur la fosse : « Vive le roi Henri, roi de France et d'Angleterre ! » Puis ils se mirent à crier « Noël ! » comme si le Seigneur fût descendu du ciel.

« Ensuite il fut offert audit couvent par Maître Philippe de Reuilly, trésorier de la chapelle royale du Palais, et par Michel de Laillier, tous deux exécuteurs testamentaires dudit roi très chrétien, une chasuble avec des ornements de diacre et de sous-diacre, et deux draps aux fleurs de lis d'or en champ d'azur, pour être placés devant les deux tables du maître-autel. En outre, lesdits exécuteurs donnèrent cent francs pour servir aux charités du couvent, ainsi qu'une grande somme d'argent pour tous les pauvres et mendiants qui venaient demander l'aumône. De plus, le grand maître de l'hôtel du roi fit rendre à ladite abbaye ou église, comme lui étant dû, le drap d'or dont il a été question plus haut, nonobstant les prétentions que les hanouars avaient élevées à la possession de cet objet.

« En conséquence, que tout chrétien fidèlement attaché à la couronne des lis prie humblement le Très-Haut de daigner recevoir l'âme du feu roi dans sa demeure céleste, afin qu'elle y jouisse éternellement de la félicité des bienheureux... Amen. »

CHAPITRE VI

L'ENFANT D'ANGLETERRE ET LE ROI DE BOURGES. — COUPS D'ÉTAT, COUPS DE MAIN ET INTRIGUES DE COUR.

Au retour des obsèques de Charles VI, le duc de Bedford, comme nous le rapporte l'auteur du *Journal* dit *d'un Bourgeois de Paris*, « fit porter l'épée du roi de France devant lui, comme régent, et le peuple en murmura fort, mais il le fallut souffrir ». Cette affirmation catégorique de l'autorité nouvelle annonçait que l'enfant vagissant dans son berceau de Windsor, qui venait d'hériter des conquêtes de Henri V et du bénéfice du traité de Troyes, aurait un énergique tuteur en France. Jean de Lancastre, toutes qualités, tous défauts balancés, était à peine inférieur à son frère, le conquérant, et c'était vraiment une chance peu commune pour l'usurpation étrangère, reposant en principe sur une si faible tête, de retrouver ainsi dans son chef réel un équivalent de l'homme supérieur qui en avait préparé, puis recueilli le succès.

Cette régence, saisie par Bedford d'une main si ferme, Philippe de Bourgogne l'avait refusée. Cela n'indiquait point une confiance absolue dans l'ordre présent des choses ni une adhésion sans arrière-pensée à la royauté de Henri VI. Philippe cependant resserra ses liens avec l'Angleterre. Il conclut le mariage de sa sœur Anne avec Jean de Lancastre, s'entremit pour confirmer l'alliance que le duc de Bretagne, mécontent de l'inexécution des promesses du dauphin, avait, le 8 octobre 1422, transportée de nouveau de la cause française à la cause anglaise, et repoussa les ouvertures qui lui étaient faites de la part du légitime héritier de Charles VI par l'intermédiaire du duc de Savoie. Le 14 janvier 1423, il adressa de Lille aux villes françaises d'opinion bourguignonne une circulaire où il se montrait pleinement fidèle au triste pacte de Troyes.

« Très chers et bons amis, bien que nous-même et quelques-uns de nos bons et loyaux amis nous vous ayons depuis peu écrit et notifié quel était notre état présent, car nous savons que vous aimez à en avoir de bonnes nouvelles, néanmoins nous avons été informé que par divers moyens les ennemis de Monseigneur le roi (Henri VI), qui sont les nôtres, s'efforcent de vous faire croire le contraire et de vous persuader quantité de choses contre la vérité, à notre préjudice et à celui de nos partisans, dans l'intention de vous séduire et de vous attirer malicieusement à leur damnable parti. C'est pourquoi, très chers et bons amis, nous vous déclarons et certifions que, bien qu'il ait plu à Notre-Seigneur Jésus-Christ de nous éprouver par maladie, consistant en fièvre quarte, mal commun à plusieurs en ce moment, toutefois, grâces lui en soient rendues! nous en sommes maintenant en bonne disposition, car ladite maladie est bien moins forte qu'elle n'a été. Nous espérons donc de sa bonté et miséricorde que nous en viendrons bientôt à parfaite convalescence et guérison. Cela nous permettra d'aller en France pour agir en toute affection et puissance de concert avec notre cher frère, le régent du royaume (Bedford) et avec le duc de Bretagne, afin de relever ledit royaume en bonne paix et justice et de le débarrasser des ennemis qui sont cause de la désolation qui y est. Nous vous requérons donc instamment et de cœur, très chers et bons amis, de vous conserver toujours dans vos mêmes sentiments, en rendant bonne obéissance à Monseigneur le roi et à ses officiers, sans aucunement varier ni prendre une autre attitude que celle tenue par vous jusqu'à présent, car vous devez savoir que s'il vous survient quelque chose ou que vous désiriez quelque action de notre part qui nous soit possible, nous serons prêt à la faire et accomplir de très bon cœur. Très chers et bons amis, que le Saint-Esprit vous ait en sa sainte garde. »

Ce que le duc de Bourgogne qualifiait dans cette lettre de « damnable parti », c'était désormais à tous les yeux non aveuglés soit par l'intérêt personnel, soit par les illusions, par les rancunes, par les passions d'une politique à outrance, la cause même de l'indépendance française, représentée par le chef de la dynastie nationale. Au moment de la mort de son redoutable antagoniste, Henri de Lancastre, le dauphin Charles se trouvait à Bourges, où il résidait depuis plusieurs mois. Le 26 septembre 1422, il quitta cette ville pour se rendre à La Rochelle. Un complot dirigé par le duc de Bretagne menaçait de livrer aux Anglais cette place maritime, d'autant plus précieuse au dauphin, qu'elle était sur l'océan son unique port, et formait le point de jonction habituel de ses relations militaires avec ses fidèles alliés de Castille et d'Écosse. Arrivé le 10 octobre, il en repartit le 15 et, durant ces quelques jours, prit avec une active énergie les mesures nécessaires pour le maintien de son pouvoir et la sûreté de la place. Mais durant son séjour il faillit être victime d'un singulier accident. Il avait convoqué dans l'hôtel que l'évêque de Maillezais possédait à La Rochelle une assemblée des principaux de la ville, afin d'obtenir un subside, et il la présidait, assis dans une haute *chaire* de bois, placée sous une arcade cintrée, et adossée à la muraille. Tout à coup, au milieu de la délibération, le plancher de la salle s'effondra sous le poids des assistants, dont un grand nombre, le dauphin compris, furent précipités dans un cellier sis au-dessous. Il y eut des morts et des blessés. Le prince, préservé par sa *chaire* même, qui atténua sa chute en glissant dans l'ouverture, en fut quitte pour de légères contusions. Cependant le bruit de l'événement faillit causer de graves désordres. « Tous ceux, dit un chroniqueur bien informé (Perceval de Cagny) qui n'étaient pas dans l'hôtel furent sur le point de s'entre-tuer; car ils crurent que le dauphin et les seigneurs de sa suite avaient succombé par trahison et mauvais complot. » La fausse nouvelle de la mort du prince se répandit même par tout le royaume. Pour témoigner à Dieu sa reconnaissance, Charles fonda une messe spéciale dans la Sainte-Chapelle de Bourges. Il envoya au Mont-Saint-Michel en péril de mer, pour la consacrer à l'archange qu'il vénérait d'une manière toute particulière, une pierre qui, pendant sa chute, s'était détachée au-dessus de sa tête. Il joignit à cet *ex-voto* un buste de cristal fait à sa ressemblance.

Ce fut au retour de ce voyage de La Rochelle, au château de Mehun-sur-Yèvre, le 24 octobre, que lui parvint la nouvelle de la mort de Charles VI. Le 30, il affirma son droit héréditaire. Quittant son vêtement noir, il revêtit, à sa messe, une robe de couleur vermeille. La bannière de France fut solennellement élevée dans la chapelle du château, pendant que les hérauts d'armes poussaient à plusieurs reprises le cri traditionnel : « Vive le roi ! » Le surlendemain, 1er novembre, il se rendit à Bourges, où dans l'appareil royal il célébra la fête de la Toussaint. Le dauphin Charles désormais porta le nom de Charles VII. Par dérision, ses ennemis, maîtres de Paris, la vieille capitale capétienne, et de Reims, la ville du sacre, devaient bientôt l'appeler le *roi de Bourges*.

Ses possessions d'ailleurs étaient les mêmes que la veille. C'étaient les provinces du Centre : Touraine, Berry, Poitou, Saintonge, Limousin, Auvergne ; c'étaient encore le Dauphiné, le Languedoc et une certaine partie de la Guyenne. Son autorité s'étendait aussi, à titre de souverain et de seigneur suzerain, sur l'Orléanais et le Blaisois, apanage du duc Charles d'Orléans, prisonnier en Angleterre ; sur le Vendômois, possédé par un prince de la maison de Bourbon ; sur le Maine et l'Anjou, domaines de la reine Yolande et de son fils. Parmi les positions isolées que lui conservaient encore dans la France bourguignonne et dans la France anglaise l'épée de vaillants capitaines et le patriotisme de la population, une mention spéciale est bien due à l'est, dans la vallée de la Meuse, à la châtellenie de Vaucouleurs ; à l'ouest, sur son rocher dominant la mer, à l'abbaye fortifiée du Mont-Saint-Michel. Il ne faut pas négliger non plus de rappeler le glorieux souvenir de la noble cité de Tournai, la bonne ville flamande, inébranlablement fidèle à la cause française, et qui ne consentit même pas, malgré les interpellations comminatoires de ses voisins des Pays-Bas et des « quatres membres de Flandre », à proclamer sa neutralité.

Le gouvernement de Charles VII et son entourage demeurèrent aussi d'abord tels qu'étaient ceux du dauphin. C'était le vieux parti armagnac qui dominait toujours dans ses conseils et le président Louvet y conservait la haute main. Le 3 février 1422, il avait fait enlever les sceaux à Robert le Maçon pour les faire donner à Martin Gouge, évêque de Clermont, qu'il jugeait plus dans sa dépendance. La clause secrète du traité de Sablé avec le duc de Bretagne était demeurée lettre morte, et son inexécution, jointe à la mobilité native d'un prince toujours prêt aux tours de girouette sous les sautes de vent de la fortune, avait rejeté Jean VI, comme nous l'avons vu, dans l'alliance anglaise. L'influence de Louvet s'était encore récemment accrue par le mariage de sa fille avec Jean, bâtard d'Orléans, si célèbre plus tard sous le nom de Dunois. Sa faveur, son autorité de premier ministre s'appuyaient, entre autres titres, sur sa qualité de créancier de son souverain. « Depuis longtemps, dit M. de Beaucourt analysant une série d'actes authentiques, il avait su se rendre nécessaire par les prêts faits au trésor : en août 1418, il avançait une somme de 4.500 livres ; en février 1420, il fournissait une partie de la vaisselle d'argent dont le dauphin avait fait présent aux comtes de Buchan et de Vigton à leur arrivée en France; au commencement de 1421, il livrait comptant une somme de 7.500 moutons d'or pour les frais de l'armée amenée d'Écosse par les comtes de Douglas et de Mar. Le dauphin lui avait donné, en garantie de ce prêt, la châtellenie de Meulhon en Dauphiné. Dans les lettres de don, en date du 8 mai 1421, on rappelait les éminents services rendus par le président de Provence qui, depuis longtemps, aidait la couronne, non seulement « de sa faculté et chevance », mais aussi « de la peine et du travail de sa personne », qu'il avait « du tout exposée et abandonnée », et qu'il exposait chaque jour « pour le bien et service » du roi et du dauphin, et dont le dévouement avait été jusqu'à se priver « de la plus grande partie de son vaillant » pour subvenir à son maître dans sa « nécessité ». L'insistance mise par le dauphin à exiger l'accomplissement de ce don par le conseil du Dauphiné, atteste à la fois l'empire exercé par Louvet et le joug que subissait à son égard le prince. »

Les nécessités de sa situation politique et militaire, aggravées, dans l'ordre financier, par ses goûts de magnificence et sa générosité volontiers prodigue, entraînèrent fréquemment Charles, dauphin ou roi, dans des emprunts à ses ministres, à ses courtisans et même à ses serviteurs. Nous voyons Guillaume d'Avaugour lui prêter 6.000 livres en 1420, 1.000 livres en 1422. Il est bien à croire que ce seigneur n'y perdait rien, car, outre les remboursements, il était favorisé de dons de terres et de chevaux. En outre, le prince s'adressait volontiers à lui, comme à bon nombre de ses familiers, pour l'entretien, l'accroissement de ses écuries, et ce trafic sans doute n'était pas sans profits. Sur ce même chapitre des emprunts royaux, ce n'est pas en vain non plus que Vallet de Virille a dépouillé les documents contemporains. « Le 25 mars 1423, Charles VII, par acte daté de Bourges, reconnut avoir reçu de Georges, seigneur de la Trémoille, 2.000 écus d'or. Cette somme avait été avancée ou prêtée au roi par La Trémoille, dit l'acte, « pour le paiement de certain nombre de gens d'armes et de trait du pays de Bretagne, que nous envoyons promptement de là à la rivière de Seine. » Le 12 janvier précédent, les États, réunis à Bourges, avaient voté en faveur du roi un subside ou taille générale à répartir entre les pays qui reconnaissaient l'autorité de Charles VII. Le prince devait indemniser La Trémoille de son avance : il lui accorda, par ce même mandement, le droit de lever ladite taille pour le compte et au profit de lui, La Trémoille, sur les sujets du roi qui habitaient les terres et seigneuries de Georges, situées dans le royaume. Quelques jours plus tard, le 5 avril, Charles donna 200 livres à Lubin Raguier, son queux ou gentilhomme de cuisine, « en considération de ce que ledit Lubin avait prêté, par l'ordonnance du chancelier et des conseillers du roi à l'évêque de Laon (intendant général des finances), la somme de 1.000 livres, pour remettre à Louis Boyaux, chevalier, chambellan, tant pour lui que pour certains gens d'armes à Beaugency ».

La cour de Charles était agréable et luxueuse, fructueuse aussi pour les gens avisés, mais non pas paisible. La violence des caractères et des passions s'y donnait parfois carrière jusqu'aux plus sanglants excès. Témoin cette anecdote racontée par M. de Beaucourt d'après les lettres de rémission, c'est-à-dire de pardon, accordées au comte de Ventadour, qui y tient le principal rôle. « Jacques, comte de Ventadour, avait épousé la fille du grand maître des arbalétriers Torsay : c'était un jeune et brillant seigneur, que le dauphin avait nommé conseiller et chambellan. Un soir, au mois de mai 1421, Charles étant à la Ferté-Bernard au moment d'aller rejoindre ses troupes devant Montmirail, le comte de Ventadour se présenta pour remplir les devoirs de sa charge et assister au coucher de son maitre. L'*huis* du *retrait* du dauphin était gardé par Guichard du Puy, son premier huissier d'armes, lequel dit au comte qu'ordre lui avait été donné de ne laisser pénétrer personne, et qu'il n'entrerait pas. Le comte lui répondit que cette défense ne le concernait point. « N'êtes-vous pas homme? Ne me croyez-vous pas? reprit brusquement Guichard. — Je me souviendrai de cette réponse », dit le comte en se retirant dans l'antichambre. Survint

Jean du Cigne, l'un des écuyers d'écurie du dauphin. Ventadour rentra à sa suite, et se mit à apostropher Guichard; ils allaient en venir aux mains, quand le premier écuyer, Pierre Frotier, et les autres gens de la maison du prince qui étaient là, les séparèrent. Le dauphin, entendant la dispute, sortit de son *retrait* et demanda ce que c'était. Guichard et Ventadour, s'agenouillant tous deux, donnèrent chacun son explication. A la plainte du comte, Charles répondit : « Ne vous en prenez point à nos gens, mais dites-nous-le, et on leur ordonnera ce qu'on vous devra faire, car il faut qu'ils fassent ce que leur avons commandé. » Le comte se retira en silence, mais avec la vengeance dans le cœur : quatre jours après, Guichard du Puy, sortant de l'église, tombait frappé de deux coups d'épée par le comte de Ventadour, qui, le lendemain, était arrêté et mis en prison. » — Mais, au mois de juillet suivant, Charles lui fit grâce.

Parmi les dépenses du nouveau roi, après son avènement, quelques-unes semblent indiquer chez lui l'intention de se mettre personnellement en campagne contre la coalition anglo-bourguignonne. En décembre 1422, il achète quatre coursiers ou chevaux de bataille; des selles et des harnais en janvier 1423. Au mois de février, il fait fourbir ses armures. On garnit pour lui plusieurs sortes de casques; à savoir un bassinet, deux armets et une salade; on renouvelle de plumes fraîches la houppe d'une de ces coiffures martiales; on peint des bannières pour les trompettes de son escorte, des cottes d'armes et trois lances à ses couleurs. Mais avec tout cela, il ne s'éloigne pas de Bourges et ne surveille les opérations militaires que par l'esprit et en conseil. Louvet et ses séides n'aimaient pas sans doute à le voir s'éloigner de leur tutelle.

Le duc de Bedford payait davantage de sa personne. Vers la fin de l'année 1422, la ville de Meulan avait été enlevée par deux capitaines français : Jean Malet, sire de Graville et Yvonnet de Garancières. Jean de Lancastre vint bientôt avec des forces considérables pour la reprendre. Elle fut énergiquement défendue par Louis Paviot, chargé de sa garde, et une armée française de six mille hommes fut envoyée pour la secourir. Mais la mésintelligence qui régnait entre ses chefs, et à laquelle correspondait l'indiscipline des soldats, fut cause qu'elle se débanda sans avoir atteint son objet. L'un de ces chefs, le fameux Tanguy du Chastel, avait, parait-il, appliqué à son usage personnel, en achat de vaisselle, joyaux et pierreries, une contribution de deux mille livres obtenue des Orléanais pour cette expédition. Louis Paviot fut tué d'un coup de canon. Irritée de l'abandon où on la laissait, la garnison renversa publiquement la bannière de Charles; les gens d'armes qui la composaient arrachèrent de leurs vêtements la croix d'étoffe blanche, signe distinctif des soldats français d'alors. Le 1er mars 1423, une capitulation fut signée, et le lendemain, les portes furent ouvertes aux Anglais.

Quelques mois plus tard, un plus cruel échec atteignit la cause nationale. Il fut précédé de particularités assez curieuses. Un aventurier bourguignon, nommé le Bâtard de la Baume, avait passé en secret au service du roi de France. L'ignorance où l'on était dans la région auxerroise de ce changement de parti favorisa le coup de main par lequel, dans les derniers jours de juin, le Bâtard se rendit maître de Cravant. Les habitants, qui l'avaient reçu en ami, payèrent cher cette erreur. La ville fut mise à sac avec des excès de tout genre, et les plus riches bourgeois enfermés sous une trappe, dans l'étage souterrain de la tour carrée qui dominait la place et servait de citadelle. Mais, dans la bande actuelle de la Baume, il y avait encore un certain nombre de gens d'armes bourguignons. Trois d'entre eux, tout en suivant leur chef, étaient demeurés attachés de cœur à leur ancienne cause. L'un d'eux s'échappa et alla trouver un des principaux lieutenants de Philippe le Bon, Claude de Chastellux. Il lui fit connaître et adopter le plan combiné pour lui livrer Cravant. Chastellux, comme on le lui demandait, arriva le 3 juillet au matin, avec cinq ou six cents combattants, à deux lieues de la place, en vue de la grande tour. Des signaux lui firent connaître que les conjurés suivaient leur dessein.

L'exécution en avait été assumée par deux

écuyers, auxquels leur troisième compagnon avait servi d'émissaire. L'un s'appelait Jacques de Catry, dit *le Velu*, l'autre Étienne de Ville, connu sous le sobriquet soldatesque de *Sauve-le-Demeurant* (*Sauve qui peut!*). C'étaient eux qui, cette nuit même, avaient fait le guet sur la plate-forme de la tour. Sauve-le-Demeurant descendit dans la salle du rez-de-chaussée, où se trouvaient trois hommes d'armes, chargés de la garde de la tour et des prisonniers logés sous la trappe. C'était un samedi, jour maigre. En bon camarade, l'écuyer annonça aux trois soudards qu'il viendrait diner avec eux, mais enrichirait leur ordinaire d'une tarte dont ils lui diraient des nouvelles. A dix heures du matin, moment de ce repas, il revint en effet avec sa tarte et trouva les trois gardes attablés déjà en compagnie de deux femmes. Il leur fit part de l'arrivée prochaine d'un nouveau convive, son compagnon le Velu. En l'attendant, il se mit à considérer d'un œil de connaisseur une hache de bataille déposée contre le mur. Il la prit dans ses mains et, tout en la maniant, s'approcha de la table. « Y a-t-il un de vous, dit-il aux soudards, qui sache faire ce qu'on appelle *les trois coups de la hache?* — Si vous le savez, vous, montrez-le nous », lui répondit-on. Sauve-le-Demeurant fit aussitôt cette démonstration, mais d'une façon inattendue et terrible. Levant la hache à deux bras, il en asséna un coup si fort sur le crâne de l'un des attablés, que sa cervelle se répandit sur le pavé de la salle. Il retourna sur-le-champ la hache et du choc de la seconde lame, aiguisée en une pointe obtuse, il renversa le deuxième convive de son escabeau et le coucha raide mort. Quant au troisième, ce fut du manche qu'il le frappa en pleine poitrine. Celui-ci, à la vérité, ne perdit pas la vie, mais il fut du coup jeté en arrière, les pieds en l'air, et demeura deux heures comme foudroyé, anéanti de douleur et de terreur, sans parole et quasi sans souffle. Le même manche, mais, ce semble, plus doucement mis en œuvre, fut l'arme dont le robuste écuyer se défendit contre les deux femmes, qui bravement lui sautèrent au visage et le balafrèrent d'égratignures.

Cependant le Velu, derrière la porte, se rendait compte de ce qui se passait. Il remonta en toute hâte sur la plate-forme, y déploya une enseigne blanche et y alluma un feu de nature à produire beaucoup de fumée. Le temps, très clair, favorisait ces signaux. Le sire de Chastellux s'élança au galop vers Cravant avec trois escadrons. Le Velu, redescendu près de Sauve-le-Demeurant, mit à profit la situation du garde suffoqué, en train de reprendre ses sens. Soucieux avant tout de sa vie, le soudard indiqua la trappe qui s'ouvrait dans le corps de garde, et conseilla à ses vainqueurs de se faire des prisonniers délivrés par eux une garnison provisoire. Cet expédient permit en effet aux deux écuyers d'organiser la défense de la tour contre le Bâtard de la Baume qui, averti, arrivait avec ses gens d'armes et de l'artillerie. Ils lui envoyèrent, en guise de premiers projectiles, les deux cadavres, victimes du jeu des « coups de la hache ». Toutefois, ils risquaient de ne pouvoir tenir longtemps, mais l'ingénieux le Velu, suivi de trois hommes, réussit à s'esquiver du côté d'un pont-levis situé à l'une des extrémités de la forteresse et qui donnait sur les champs. Lui et ses compagnons abaissèrent le pont et ouvrirent la porte correspondante. Quelques minutes après, Chastellux et ses Bourguignons s'introduisaient par là dans la place, tombaient, lance baissée, sur le Bâtard et ses gens ainsi surpris et mis en déroute, et finalement s'emparaient de Cravant au cri de : *Notre-Dame! Bourgogne!*

Le Bâtard de la Baume réussit à gagner les champs avec un certain nombre de ses hommes. Une fois en sûreté, il se rendit à Bourges et, après son rapport, insista auprès du roi et de ses conseillers sur l'importance de Cravant comme position militaire, et sur l'avantage qu'il y aurait à s'en emparer de nouveau. Une expédition, commandée par Jean Stuart, connétable d'Écosse, fut entreprise à cet effet. Le sire de Chastellux fut bientôt assiégé dans sa récente conquête par des forces imposantes. Mais alors une armée anglo-bourguignonne s'assembla dans Auxerre pour lui porter secours. On remarquait parmi ses chefs quelques-uns des plus renommés lieutenants de Bedford, les comtes de Salisbury et de Suffolk, les seigneurs de Scales et de Willoughby. Le samedi 31 juillet 1423, elle avait pris position sur la rive gauche de l'Yonne. La rive droite était occupée par l'armée française, en réalité composée principalement de mercenaires étrangers : Écossais, Aragonais, Lombards, Espagnols, et faible sur la discipline. Une partie maintenait le siège de Cravant, l'autre faisait face à l'ennemi. Malgré une vigoureuse résistance des Écossais, les Anglo-Bourguignons forcèrent en deux endroits le passage de la rivière et la bataille s'établit sur la rive droite. Chastellux, à la tête de la garnison de Cravant, fit alors une sortie heureuse, perça les lignes des assiégeants et vint prendre à revers le connétable d'Écosse. Cela décida de la journée. La débandade se mit parmi les routiers de l'armée française, qui subit des pertes considérables. Jean Stuart eut un œil crevé et tomba aux mains de l'ennemi. Le chapitre de l'église cathédrale d'Auxerre, qui possédait la seigneurie de Cravant, récompensa Chastellux par un singulier privilège. Un acte capitulaire du 16 août 1423 décida que désormais, à perpétuité, l'aîné de cette maison serait chanoine-né de la cathédrale. Il eut en conséquence le droit d'assister à l'office avec le surplis canonial passé par-dessus ses vêtements de gentilhomme et, tout ensemble (marque bizarre de cet honneur exceptionnel) de siéger dans sa stalle avec un faucon au poing.

Voici en quels termes par ses lettres datées de Bourges, le 2 août, Charles VII annonça aux habitants de Lyon, en l'atténuant par une considération assez singulière, la défaite que ses troupes venaient de subir :

« Chers et bien-aimés, nous avons eu nouvelles d'une entreprise que les Anglais, nos ennemis, ont faite sur nos gens qui étaient occupés au siège de Cravant, en suite de quoi ladite place est demeurée auxdits ennemis. Toutefois, il n'y avait audit siège que très peu et, pour ainsi dire, rien des nobles de notre royaume, mais seulement des Écossais, des Espagnols et autres gens de guerre étrangers, qui avaient coutume de vivre sur nos pays, de telle sorte que la perte n'en est pas bien grande. Et néanmoins, nous vous écrivons la chose comme elle est, afin que, à tout événement et pour plus de sûreté, vous vous teniez encore mieux sur vos gardes, et fassiez toujours bonne diligence de bien garder votre ville. Mais il ne faut pas vous troubler ni ébahir en rien pour la chose dont il s'agit, car, Dieu merci ! nous ne nous en sentons nullement abattu et nous sommes assez puissant pour y donner bon remède. Dans peu de temps nous réunirons nos forces pour agir en cette circonstance selon que Dieu nous conseillera ; mais déjà nous avons pourvu à la défense des voies les plus exposées. »

Un heureux événement de famille et de dynastie avait dû contribuer par avance à mettre le nouveau roi en garde contre le découragement. La reine Marie d'Anjou, fiancée à Charles depuis son enfance, mais qu'il n'avait définitivement épousée que l'année précédente (avril 1422, Charles avait alors vingt ans et Marie dix-sept) avait donné, le 3 juillet 1423, au roi un fils, au trône un héritier direct. L'enfant fut baptisé solennellement le lendemain dans la cathédrale de Bourges par Guillaume de Champeaux, évêque de Laon. Il eut pour parrains Jean, duc d'Alençon, et Martin Gouge, évêque de Clermont, chancelier de France; pour marraine, Catherine de l'Ile-Bouchard, comtesse de Tonnerre. Il reçut le nom de Louis. Ce devait être Louis XI.

Le 9 octobre suivant, Charles VII, se prévalant d'un brillant succès remporté, le 26 septembre, par le comte d'Aumale près de La Gravelle, en Normandie, se montre plein d'ardeur et de confiance, plus qu'il ne l'était peut-être, dans une lettre adressée aux habitants de Tournai. « C'est bien, leur dit-il, notre intention, s'il plait à Dieu, conformément à votre bon conseil, de nous mettre en campagne avec toutes nos forces, à l'entrée de la saison nouvelle, et d'aller par delà et jusqu'à Reims pour nous y faire sacrer et couronner et réduire tous nos sujets rebelles. » Plusieurs années devaient s'écouler, et Charles devait passer par de terribles angoisses, avant que ce hardi projet ne fût mis, un peu malgré lui, à exécution par un ange envoyé du ciel.

Le retour de la reine Yolande, qui était venue de Tarascon pour assister aux couches de sa fille, et qui donnait maintenant de plus près son attention aux intérêts de son gendre, était pour celui-ci, eu égard aux aptitudes politiques de cette princesse, une garantie contre ses propres défauts. L'année 1424 nous le montre néanmoins, comme les précédentes, livré à la direction de Louvet, qui abuse de toute façon de son autorité politique et financière, et cela d'autant plus aisément qu'il s'est fait délivrer par le roi des blancs-seings qu'il remplit à sa volonté. Tanguy du Chastel, qui partage avec lui la faveur de Charles, compense tristement ses services par ses violences et ses malversations. Le grand écuyer Pierre Frotier, qui forme avec ces deux hommes une sorte de triumvirat dirigeant, est un parvenu brutal et cupide, qui ne sait même pas se contenir dans les cérémonies publiques et en présence de son maître. Lors de l'entrée solennelle de Charles à Poitiers, où il porte, en vertu de sa charge, l'épée royale, apercevant un sergent, nommé Jean de Muy, dont il croit avoir à se plaindre, il l'apostrophe en jurant : « Vous voilà donc, ribaud. Vous ne mourrez que de mes mains.

— Monseigneur, répond le sergent effaré, je vous supplie de m'écouter.

— Je ne vous écouterai pas, ribaud, repart Frotier, je vous ferai mourir cruellement et manger aux chiens. »

Une chose à noter, c'est que le chancelier Martin Gouge, précédemment créature du vieil Armagnac Louvet, incline maintenant à la politique que la reine Yolande désire voir suivre par son gendre, à savoir une réconciliation avec le duc de Bourgogne.

Au printemps de cette année pourtant la cour de

Bourges était encore toute à la guerre. Le ban et l'arrière-ban avaient été convoqués pour le 15 mai. Dans une conversation avec un cordelier venu de Bourgogne, comme émissaire du parti français, Charles VII exprima de nouveau son intention de marcher en personne sur Reims et, de là, sur la Normandie, « parce que, dit-il, nombre de gens des bonnes villes étaient venus le trouver sous des déguisements pour l'assurer que, quand il lui plairait de venir vers eux, ils le recevraient bien et lui rendraient obéissance ». Toutefois, les conseillers de Charles le dissuadèrent cette fois encore de prendre part aux opérations militaires. Il faut dire, à leur décharge, que, dans l'état des affaires, sa mort ou sa capture eût été un malheur à peu près irréparable. L'armée expéditionnaire, forte d'environ vingt mille hommes, qui fut dirigée au mois d'août sur la Normandie, avait pour noyau un gros corps auxiliaire récemment venu d'Écosse. Aussi avait-elle pour principaux chefs les comtes de Buchan et de Douglas, pourvus, à la vérité, l'un de la dignité de connétable de France, l'autre du duché de Touraine. Les gens d'armes français, selon l'usage adopté, y étaient en petit nombre. Mais on remarquait parmi les capitaines accourus à ce rendez-vous de vaillance le duc et le bâtard d'Alençon, les comtes d'Aumale, de Tonnerre et de Ventadour, le vicomte de Narbonne, le maréchal de la Fayette, le sire de Gaucourt, La Hire, Saintrailles, etc. Le 17 août 1424, une bataille rangée fut livrée près de

Verneuil à l'armée anglaise, renforcée de recrues des provinces soumises, et que commandait le duc de Bedford en personne. La lutte fut acharnée, mais le sang-froid du chef, ferme et vaillant tacticien, la discipline des hommes d'armes et l'habileté hors ligne des archers d'Angleterre l'emportèrent une fois de plus. L'armée de Charles VII ne perdit pas moins de sept mille hommes, Bedford, dit-on, seulement seize cents. Les comtes de Buchan et de Douglas, les comtes d'Aumale, de Tonnerre et de Ventadour, le vicomte de Narbonne y laissèrent la vie; le duc d'Alençon, le maréchal de la Fayette, le sire de Gaucourt demeurèrent aux mains des vainqueurs.

Cette défaite porta un coup mortel, non pas à l'indépendance française, mais au gouvernement du président Louvet, qui, loin de relever la cause nationale, paraissait la conduire à sa ruine. La politique de la reine Yolande prit alors le dessus dans les conseils de Charles, de sorte que Louvet lui-même, pour conserver le pouvoir, jugea utile de s'y rallier. Des négociations furent engagées avec le versatile duc de Bretagne, qui se montra disposé à se joindre au duc de Savoie pour prendre en main la tutelle du roi de Bourges et essayer de procurer sa réconciliation avec le duc de Bourgogne, que de graves sujets de mécontentement indisposaient en ce moment contre la dynastie des Lancastre. Arthur de Bretagne, comte de Richemont, brouillé personnellement avec Bedford, devait être le représentant officiel et le ministre agissant de cette politique et de cette tutelle, dont le signe serait l'épée de connétable de France remise en ses mains. Après de longs et divers pourparlers (septembre 1424-mars 1425), Richemont accepta ce rôle, et même avec joie, puisqu'il n'hésita pas à donner des garanties, signées de sa main, aux conseillers armagnacs du roi : le président Louvet, Tanguy du Chastel et Pierre Frotier. Mais il ne se crut pas tenu de faire honneur à cette signature. Le duc de Bretagne, en souvenir de l'attentat des Penthièvre, et le duc de Bourgogne, comme préliminaire à tout accord, exigeaient la disgrâce des personnages susdits et Richemont ne demandait pas mieux que de la leur accorder. Mais Louvet alors paya d'audace, reprit pleinement l'autorité de premier ministre, destitua le chancelier Martin Gouge, emmena Charles à Poitiers et l'y entoura de troupes à sa dévotion. D'autre part, le connétable de Richemont occupa Bourges avec des forces imposantes, et s'appuyant sur l'adhésion explicite de la reine Yolande, dénonça publiquement Louvet et ses partisans comme « traîtres au roi ». Il y avait déjà deux dynasties en France, voici maintenant que la France française elle-même se séparait entre deux pouvoirs rivaux. La guerre civile éclatait entre Bourges et Poitiers. Charles, encore sous l'influence de Louvet, marcha sur Bourges avec une armée.

Tanguy du Chastel accomplit alors un acte du

plus méritoire patriotisme. Uni à la reine Yolande et s'offrant lui-même en sacrifice, il décida le roi à sacrifier aussi Louvet. Cette décision fut prise, le 12 juin 1425, à Selles-en-Berry. Quelques jours après, Charles fit à Bourges, dans une assemblée des partisans du connétable, cette déclaration assez humiliante « qu'il connaissait bien le mauvais conseil qu'il avait eu au temps passé, et que dorénavant il se voulait conduire par bon conseil, et faire tout ce que son beau-frère le duc de Bretagne et son connétable lui voudraient conseiller ». Mécontent de lui-même et surtout de Richemont, il regimba ensuite quelque peu contre sa tutelle. Mais enfin, le 5 juillet, à Châtellerault, il acheva de capituler entre ses mains. Une ordonnance rendue à cette date déclara que le président de Provence s'était rendu coupable, au préjudice de la couronne, des plus graves abus. En conséquence, conformément à l'avis de sa « très chère et très aimée mère » la reine de Sicile, du Grand Conseil et du Parlement, le roi déclarait « de sa certaine science et propre mouvement », révoquées et annulées toutes les lettres de pouvoirs donnés à Louvet, « comme faites et obtenues contre son intention et volonté », et défendait d'y obéir au cas où le président voudrait s'en servir, faisant en même temps commandement à Louvet de remettre les pouvoirs et lettres en blanc demeurés entre ses mains, et de restituer les joyaux de la couronne qu'il détenait indûment. La disgrâce du président de Provence ne le laissait d'ailleurs nullement misérable. Il exerça jusqu'à sa mort la charge lucrative de capitaine et viguier de Saint-André-lès-Avignon. Tanguy du Chastel fut nommé sénéchal de Beaucaire et reçut, en prenant congé de Charles, un don de deux mille livres. Pierre Frotier résigna sa charge de grand écuyer et se retira, bien pourvu « en son hôtel ». Guillaume d'Avaugour, écarté aussi du Conseil, fut doté d'une pension sur le revenu du grenier à sel de Tarascon. Un vrai crève-cœur pour Charles, ce fut l'obligation où il se vit de se priver des soins de son médecin Jean Cadart, qui l'assistait depuis son enfance. Ce fidèle, mais avisé « physicien », partit pour le Midi, asile préféré des vieux Armagnacs, riche, assure-t-on, d'environ trente mille écus.

La direction des affaires appartenait maintenant tout entière à Richemont. Son programme, qui s'annonçait comme destiné à renouveler la face des choses, consistait surtout en deux points : la paix avec le duc de Bourgogne et la mise sur un meilleur pied des forces militaires de Charles, de telle sorte que ses sujets en souffrissent moins et les Anglais davantage. Ce second objet ne fut aucunement atteint, et le connétable ne se préoccupa pas beaucoup d'y réussir. Un pas fut fait vers l'accomplissement du premier par le traité de Saumur (7 octobre 1425). Le duc de Bretagne y reconnut de nouveau les droits héréditaires et la suzeraineté du roi de Bourges, mais en revendiquant sur lui une lourde tutelle. Sa médiation, jointe à celle du duc de Savoie, s'exerça ensuite avec activité pour détacher Philippe le Bon de l'alliance anglaise. Toutefois, en fin de compte, ces négociations, qui se poursuivirent durant près de deux années (1425-1427), échouèrent contre la mauvaise volonté persistante du duc de Bourgogne.

Richemont jouissait bien de la plénitude de l'autorité, mais non pas de la faveur personnelle de Charles VII. Il essaya toutefois de se garder contre cet inconvénient, par son accord avec l'un des membres de l'administration précédente, qu'il excepta de la disgrâce de Louvet et de ses amis. Pierre de Giac, que nous avons vu l'un des gentilshommes d'Isabeau, puis l'un des conseillers familiers de Jean sans Peur, avait été fait prisonnier et conduit à Bourges à la suite du meurtre de Montereau. Là, il passa bientôt au parti du dauphin et, à cette heure, il possédait à un tel point la confiance du roi que Richemont jugea prudent de s'entendre avec lui et de lui laisser sa place à la cour et dans les conseils de Charles. Ce Giac était un habile homme, mais un scélérat de la pire espèce. Épris de la personne et des grands biens de la marraine du dauphin Louis, Catherine de l'Isle-Bouchard, comtesse de Tonnerre, il avait résolu de l'épouser à tout prix, et, paraît-il, pour obtenir à cet effet l'assistance du diable, lui avait cédé, par un pacte de sorcellerie, la propriété d'une de ses mains. Catherine était veuve, mais Giac, lui, ne l'était pas. Par son ordre, la malheureuse Jeanne de Naillac, sa femme, qui était enceinte, dut prendre un breuvage empoisonné. Pour mieux en assurer l'effet, son aimable époux la prit en croupe et la mena ainsi au galop l'espace de. quinze lieues sans débrider. Le résultat de cette agréable chevauchée fut conforme à l'intention de son auteur. Jeanne de Naillac céda la place à Catherine de l'Isle Bouchard. Voilà ce que racontait du sire de Giac la rumeur publique.

Aveugle et sourd, comme le sont trop souvent les princes, Charles n'en tenait pas moins cet odieux personnage pour un serviteur dévoué et pour un ami fidèle. Il le nomma son premier chambellan, le créa comte d'Auxerre, le combla de ses dons et ne vit plus que par ses yeux. Giac, dont le caractère n'était pas moins insolent que son cœur vil, ne se refusa plus aucune hardiesse d'orgueil ou de lucre. Témoin l'incroyable arrestation accomplie pour son compte, au mois d'août 1426, en vertu d'un ordre royal expédié à l'insu du roi. Robert le Maçon, seigneur de Trèves en Anjou, ancien chancelier et aujourd'hui encore l'un des principaux membres du gouvernement, fut assailli sur la route de Trèves à Thouarcé par une bande d'hommes armés, que commandait le sire de Langeac, sénéchal d'Auvergne, muni de l'ordre susdit. Battu et détroussé, l'infortuné vieillard fut jeté sur un cheval et mené tout d'une traite à dix-sept lieues de là, au château d'Usson, où il arriva rendant le sang à pleine bouche. Langeac s'y constitua son geôlier. Toutefois, le prisonnier put informer Charles VII de sa situation. Plusieurs ordres successifs, de plus en plus explicites, prescrivirent son élargissement. Ce fut en vain. La reine Marie d'Anjou intervint à son tour, sans plus de résultat. Après deux mois de captivité, l'ancien chancelier eut recours à un moyen plus efficace. Il obtint sa liberté au prix de deux mille écus d'or. Ce qui achève le tableau, c'est que le roi, désireux de venir en aide à son vieux serviteur, paya une partie de cette rançon.

Au comble où il était parvenu, Giac crut n'avoir plus besoin de ménager Richemont. Il se gêna moins encore avec son ancien collègue auprès de la reine Isabeau, Georges de la Trémoille, devenu comme lui de bourguignon dauphinois. Ces deux seigneurs eurent un jour une vive altercation en présence même du roi. La Trémoille dut quitter la cour. C'était un personnage moins atrocement criminel, mais non moins dangereux que Giac, et plus avisé encore peut-être. Il s'entendit avec le connétable, outré de la puissance croissante du favori, et lui fit comprendre qu'il était grandement l'heure de s'en débarrasser. Richemont résolut un coup de force. C'était un « justicier », comme on l'appela, sans scrupules, surtout quand il s'agissait de supprimer un adversaire. Un séjour de Charles à Issoudun, dans les premiers jours du mois de février 1427, lui parut l'occasion favorable.

Le vendredi 7, au soir, il se fit apporter les clefs de la ville sous prétexte d'un pèlerinage qu'il voulait faire le lendemain, de grand matin, à Notre-Dame du Bourg-Dieu. Il se leva en effet de très bonne heure, mais pour être prêt au premier avertissement de La Trémoille, avec qui le coup de main avait été combiné. En attendant, il se rendit à la messe. Mais son chapelain avait à peine revêtu les ornements sacerdotaux que l'avis convenu parvint au connétable. Il alla aussitôt rejoindre La Trémoille et tous deux se dirigèrent vers le château, suivis d'une troupe d'archers.

Giac était au lit avec sa femme. Soudain on heurte violemment à la porte de la chambre. « Levez-vous, lui dit-on, vous êtes trop à votre aise. — Qui êtes-vous? demande-t-il. — Nous venons de la part du connétable. — Ah! s'écrie le favori, je suis un homme mort. » Dans son émoi il ouvre, ou bien la porte est enfoncée. On le saisit, on l'entraîne, couvert seulement d'un manteau et chaussé d'une seule botte. Pendant que Catherine de l'Isle-Bouchard, sautant hors du lit, pousse des cris lamentables et essaie de sauver sa vaisselle que les archers pillent, Giac est jeté sur une petite haquenée et conduit, par ordre de Richemont, à Dun-le-Roi, dont le connétable est seigneur du chef de sa femme. Cependant le vacarme est parvenu jusqu'à la chambre royale. Charles VII se lève et revêt son armure. Sa garde personnelle se range à sa porte et se dispose à marcher où il l'enverra. Mais Richemont paraît et enjoint de ne pas bouger. « Allez-vous-en, dit-il, ce que je fais est pour le bien du roi. » Charles, irrité, témoigne son mécontentement au connétable, et son courroux dure même assez longtemps pour que Richemont se préoccupe de faire agir en sa faveur l'influence de la reine Yolande et d'autres puissantes interventions.

Ce courroux, d'ailleurs, n'a pour Giac aucun effet. Le bailli de Dun-le-Roi instruit contre l'ancien favori un procès sommaire. Tombé de si haut, le misérable devient fort lâche. Il avoue tout ce qu'on veut et descend aux plus basses supplications. Il offre de payer comptant à Richemont cent mille écus, de lui remettre en gage sa femme, ses enfants, ses châteaux forts, et de ne jamais approcher du roi à une distance moindre de vingt lieues. Richemont est inexorable. La sentence prononcée, un bourreau est envoyé par lui de Bourges. Il précipite le condamné dans l'Auron, puis le corps, retiré de la rivière, est remis à la famille du supplicié. « Et à l'heure où ledit de Giac fut ainsi mort et noyé, disent les lettres royales rendues en 1438, à l'occasion d'un procès relatif à cette sinistre affaire, ledit de la Trémoille était sorti de notredite ville de Bourges et venu au plus près de l'endroit où ledit de Giac fut noyé, et il se promenait là à cheval en attendant les nouvelles de la mort dudit de Giac. » — La haine de la Trémoille pour Giac ne s'étendit d'ailleurs aucunement à sa veuve. « Et peu de jours après, continue le document précité, ledit de la Trémoille se transporta en notre château de Meung devers ladite Catherine de l'Isle-Bouchard, où elle feignait encore tenir le deuil de sondit mari ; et bien qu'elle sût avec certitude qu'il était cause de la mort de celui-ci, toutefois ils s'entretinrent ensemble, et lui fit ladite Catherine très bon accueil. Et ils s'entendirent si bien ensemble, qu'aussitôt après ladite Catherine livra audit de la Trémoille quantité de joyaux d'or et d'argent dudit seigneur de Giac, et il les emporta ou fit emporter où bon lui sembla. Et de plus s'en alla ladite Catherine avec ledit de la Trémoille, lequel l'emmena au château de Gençais en notre pays de Poitou, et là ils s'épousèrent et couchèrent ensemble. Et tout le monde fut émerveillé que si hâtivement elle se fût mise entre les mains dudit de la Trémoille et l'eût pris pour mari, étant données les choses dessus dites; par quoi il peut véritablement paraître que ladite Catherine était consentante ou du moins très joyeuse de la mort dudit seigneur de Giac, en son vivant son mari. » — La pauvre Jeanne de Naillac était bien vengée.

Il va sans dire que le connétable, pour apaiser Charles VII, ne négligea pas de porter à sa connaissance les crimes confessés par Giac. Mais ce qui acheva de calmer le courroux du roi, c'est que la place demeurée vacante dans sa confiance intime fut bientôt occupée par un nouveau favori, Jean du Vernet dit Le Camus de Beaulieu, que Richemont aida lui-même a gagner l'amitié royale. Mais il en fut bientôt de Beaulieu comme de son prédécesseur. Devenu de simple écuyer grand maître de l'écurie et capitaine de Poitiers, il voulut l'influence et le pouvoir pour lui tout seul. Abusant à son tour de la faiblesse de Charles, il le tenait pour ainsi dire en chartre privée, « gâtait tout, dit le chroniqueur Gruel, et ne voulait qu'homme approchât du roi et faisait pis que Giac ». Le connétable de nouveau se vit supplanté. Alors le « justicier » s'éveilla derechef en lui et agit de la façon la plus expéditive. Cependant il se tint cette fois dans la coulisse. L'un des principaux chefs militaires de ce temps, Jean de Brosse, seigneur de Boussac et de Sainte-Sévère, se chargea du coup et, à son tour, en chargea quelques soudards. Vers la fin de juin 1427, par un beau jour d'été, le roi se tenait à une fenêtre de son château de Poitiers et considérait les vertes prairies s'étendant sous ses yeux au confluent du Clain et de la Boivre. Il suivait du regard deux hommes montés sur des mulets qui se promenaient dans cet agréable paysage et qui lui semblaient de sa connaissance. Tout à coup, non sans un vif émoi, il vit cinq ou six hommes armés se précipiter sur les promeneurs, frapper l'un d'eux à grands coups d'épée et, le laissant étendu sur l'herbe, prendre la fuite en toute hâte. L'autre, qui revint sain et sauf et ramena au château le mulet de son compagnon, fut soupçonné plus tard de connivence avec les meurtriers. C'était

Jean de la Granche, favori du favori. Le Camus de Beaulieu avait cessé de vivre. Charles, furieux, envoya immédiatement ses gardes fouiller les environs. Mais ni ce jour, ni plus tard, on ne réussit à mettre la main sur les agents de Boussac, sur les exécuteurs de la haute justice du connétable.

Convaincu que s'il pouvait continuer d'être le tuteur politique du roi de Bourges, ou plutôt son substitut dans la direction des affaires, il ne serait jamais personnellement son favori, pour la troisième fois Richemont essaya de confier cette situation à un homme qui consentirait à subordonner ses avantages aux intérêts d'une ambition supérieure. Il fit choix pour ce rôle de son associé dans l'affaire de Giac, Georges de la Trémoille. Le roi ne se prêta pas volontiers d'abord à cette délégation de sa confiance. « Beau cousin, dit-il au connétable, qui lui recommandait chaudement La Trémoille, vous me le donnez, mais vous vous en repentirez, car je le connais mieux que vous. » Charles avait plus de perspicacité que d'énergie. Il ne tarda pas à se laisser conduire par ce favori qui n'était ni de son choix ni de son goût.

Richemont n'avait pas pris garde que La Trémoille était à la fois un trop grand et trop riche seigneur, un trop audacieux et trop habile homme, pour accepter le second rôle quand la chance lui était offerte de conquérir le premier. Il n'était pas sans doute, comme Arthur de Bretagne, de race régnante, mais sa maison occupait déjà un haut rang parmi les familles seigneuriales du royaume, et elle était même, au moins indirectement, alliée à la maison royale. Sa mère, Marie de Sully, avait été en premières noces l'épouse du comte de Montpensier, fils du duc de Berry, et petit-fils du roi Jean, et lui-même, Georges de La Trémoille, avait eu pour première femme Jeanne, comtesse d'Auvergne, veuve de ce même duc de Berry, beau-père de sa mère. Il avait d'ailleurs rendu cette princesse fort malheureuse et s'était approprié le plus qu'il avait pu de ses grands biens, cause probable du mariage. car elle était de dix ans plus âgée que lui. Maintenant, comme nous l'avons vu, il jouissait des grands biens d'une autre veuve, celle de Giac, Catherine de l'Isle-Bouchard. Quoique passé au parti de Charles VII, il avait conservé de puissantes relations à la cour du duc de Bourgogne. Sa tactique fut très adroite, quoique parfaitement malhonnête. Richemont avait fait savoir au roi les grands services qu'il pouvait attendre de La Trémoille; La Trémoille excita l'antipathie de Charles VII à l'endroit de Richemont en faisant ressortir l'échec complet du programme de gouvernement du connétable. Non seulement celui-ci n'avait pas détaché Philippe le Bon de l'alliance anglaise, mais il n'avait pu empêcher le duc de Bretagne, son propre frère, inépuisable en revirements, de retourner à cette alliance (8 septembre 1427). Vaincu ainsi sur le terrain diplomatique, le connétable n'avait pas été plus heureux sur le terrain militaire. Non seulement il n'avait pas, selon sa promesse, réorganisé de fond en comble l'armée royale, ni pris une part très active aux opérations contre les Anglais, mais il avait été battu en personne et mis en déroute à Saint-James-de-Beuvron (6 mars 1426) et il avait laissé capituler Pontorson (8 mai 1427) sans y conduire l'armée de secours rassemblée par lui à cet effet dans Angers.

Quelques semaines s'étaient à peine écoulées depuis que La Trémoille avait pris la place de Le Camus de Beaulieu quand Richemont put commencer à s'apercevoir que la sienne propre était menacée. Bientôt le doute ne fut plus possible. Le gouvernement du Berry lui fut enlevé pour être donné à son rival. Sans doute, le connétable ne perdit pas de temps pour se mettre en état de défense offensive. Dès le 4 août 1427, un pacte d'alliance contre La Trémoille fut conclu par lui avec les comtes de Clermont et de Pardiac, et tous trois se donnèrent rendez-vous pour le 24 octobre à Châtellerault, afin d'agir à force ouverte. Mais La Trémoille disposait de la personne et de la volonté du roi. Obéissant à une proclamation formelle de Charles VII, les habitants de Châtellerault fermèrent leurs portes au connétable. Celui-ci, en guise de protestation contre ce qu'il appelait leur « désobéissance », fit jeter une masse d'huissiers d'armes par-dessus la barrière, mais il n'en fut pas moins réduit, ainsi que ses alliés, à camper hors de la ville. La guerre civile était imminente. A la suite de négociations entre les deux partis, l'ouverture des hostilités fut ajournée. Le connétable alla prendre possession de la seigneurie de Parthenay, qui venait de lui échoir. La Trémoille profita de cette trêve pour fortifier sa situation. Il avait commencé déjà, et il continua, en habile politique, à se concilier quelques-uns des anciens conseillers, lieutenants et serviteurs armagnacs ou demi-armagnacs de Charles VII. Le bâtard d'Orléans, gendre de Louvet, reprit une place importante dans les conseils et dans les armées. Il en fut de même du sire de Gaucourt, récemment sorti de captivité. Le vieux Robert Le Maçon redevint l'un des ministres prépondérants, ainsi que l'archevêque de Reims, Regnault de Chartres. Un peu plus tard, ce fut le duc d'Alençon qui, moyennant quatorze mille écus, se lia d'une « affection inviolable » avec La Trémoille. Richemont avait bien essayé d'en finir par un de ses coups de « justice » accoutumés. Un beau jour, La Trémoille, qui était venu visiter sa femme en son château de Gençais, à quelques lieues de Poitiers, fut saisi, dans ce château même, par une bande armée qui le mit en péril de mort. Mais l'adroit favori sut fléchir ses agresseurs et il obtint d'eux non seulement la vie, mais la liberté, en échange d'une somme de dix mille écus, que le roi d'ailleurs lui remboursa.

Le coup manqué, Richemont en revint à la

guerre civile. Dans les derniers jours de l'année 1427 et les premiers de l'année 1428, il fit pour cet effet, de concert avec les comtes de Clermont et de Pardiac, un fort rassemblement de gens de guerre. Il essaya aussi de peser sur la volonté de Charles par une réunion d'États généraux. Mais La Trémoille avait aussi rassemblé des forces et il décida le roi à prendre l'offensive. Chinon, dont le connétable se croyait sûr, fut dans les premiers jours de mars occupé sans coup férir. Après des négociations nouvelles, qui n'aboutirent point, les comtes de Clermont et de Pardiac marchèrent sur Bourges et, avec la connivence des habitants, s'en rendirent maîtres. Toutefois la citadelle, la « grosse tour » comme on disait, refusant de reconnaître leur autorité, ils n'hésitèrent pas à en commencer le siège. Le roi accourut en personne avec sa garde et un nombreux corps d'armée. La Trémoille, le bâtard d'Orléans, le sire de Gaucourt, La Hire, Saintrailles l'accompagnaient. Il s'établit au château, voisin de la grosse tour, et fit faire sommation aux comtes d'évacuer la ville. Ceux-ci refusèrent d'abord; ils attendaient le connétable qui, venant de Parthenay, s'était mis en marche pour les rejoindre. Mais la route lui fut barrée par les précautions militaires de La Trémoille, et pendant que Richemont, obligé à un long détour, se dirigeait sur Limoges, ses alliés, reculant devant une lutte ouverte, faisaient leur soumission, moyennant diverses conditions et garanties, qui leur furent accordées sans peine. Le 22 juillet, La Trémoille, par un acte spécial, promettait au comte de Clermont de contribuer de tout son pouvoir à l'entretenir « en la bonne grâce et amour du roi notre seigneur ». Richemont s'en retourna de Limoges à Parthenay. En dépit des réserves faites en sa faveur par ses alliés, la partie était perdue pour lui. Il demeura durant plusieurs années entièrement écarté du gouvernement et des conseils de Charles VII, où son rival exerça de jour en jour davantage un pouvoir presque absolu.

Tant et de tels discords, ces continuels coups d'État, coups de main et commencements de guerre civile dans le parti national et à la cour du roi de Bourges, donnaient, hélas! beau jeu à la victorieuse usurpation du souverain étranger, l'enfant-roi d'Angleterre, représenté par la ferme intelligence et l'énergique main du régent Bedford. Les progrès de la domination anglaise auraient sans doute été plus rapides, si Bedford n'avait lui-même rencontré un obstacle très gênant à son action dans l'esprit turbulent et la conduite inconsidérée de son frère, le duc de Glocester, chargé plus particulièrement du gouvernement de l'Angleterre, mais qui lui créa un terrible embarras sur le continent par sa querelle acharnée avec le duc de Bourgogne. La cause de cette querelle fut une princesse passionnée et aventureuse, Jacqueline, fille de Guillaume de Bavière, comte de Hollande et de Hainaut, dont elle était l'héritière unique. On l'avait tout enfant unie à un autre enfant, le dauphin Jean, frère aîné de Charles VII. Après la mort de ce premier et tout nominal époux, Philippe le Bon, cousin germain de Jacqueline, l'avait, selon les vues de son intérêt politique et personnel, remariée à un son autre cousin germain, Jean de Bourgogne, duc de Brabant. Écoutons sur l'état de ce ménage princier, sur le caractère et les actes de Jacqueline, le curieux récit de notre grave et méditatif, mais quelque peu prolixe *indiciaire* Chastellain :

« Il faut entendre, nous dit-il, que ce duc de Brabant, nommé Jean, neveu du duc Jean de Bourgogne, était en affinité de sang avec la duchesse Jacqueline, sa femme, et de près, puisque lui et elle étaient enfants de frère et de sœur germains. Mais, malgré cette proximité de lignage, ils étaient bien différents de nature et de caractère. Le mari était faible, délicat et blême, assez peu mondain, et il se laissait mener et manier fort aisément. La dame était très jolie, très gaie, vigoureuse de corps, assez mal assortie, à ce qu'il semblait, à un tel époux; c'est ainsi qu'elle pensait du moins dans le secret de son cœur. Après une longue dissimulation, elle laissa enfin paraître l'aigreur et l'animosité qu'elle avait conçues contre lui. Elle prit pour prétexte la pauvre façon dont il gouvernait et l'accusa de se laisser conduire par de méchants conseillers et des gens sans utilité pour le bien public. Elle ne cherchait plus qu'à se séparer de lui, n'importe comment. Pour donner meilleure couleur à ce désir, elle alléguait qu'il y avait trop grande parenté entre eux pour être mariés ensemble. Elle ajoutait qu'à peine était-il possible qu'il y eût entre eux aucun bon accord ni aucune paix. Sous tel et tel prétexte, qui semblaient justifier, en quelque manière, sa prétention (1), elle soupirait après le divorce et ne cherchait qu'à reconquérir sa liberté, pour se transporter où bon lui semblerait, et se donner, si l'occasion s'en offrait et lui agréait, à un autre époux. Le prince, son mari, en fut honteux et confus. Il en fit souvent sa plainte à sa belle-mère, Marguerite de Bourgogne, comtesse de Hainaut douairière, et aussi à son cousin germain, le jeune duc Philippe de Bourgogne. Ceux-ci, à plusieurs reprises, s'entremirent entre les époux et réussirent, non sans peine, à les réconcilier en apparence, mais non pas de façon qu'il y eût plein amour ni réunion définitive. Finalement, il fallut bien que la haine amassée réciproquement en vînt à se manifester, sans que raccommodage par ami ou parent y pût rien guérir, et que la séparation s'opérât, honnête ou non, illicite ou excusable ou honteuse, au moyen des malices et fraudes que nous allons faire connaître.

« Dans le comté de Hainaut il y avait un chevalier, nommé le seigneur d'Escaillon (Louis Rob-

(1) Il paraîtrait que le jeune duc était accusé d'avoir pris pour favorite et introduit comme telle dans le palais conjugal la fille d'un chevalier brabançon.

saert), qui avait été toute sa vie Anglais de cœur et favorisait ce parti plus que tous les autres du monde. Ce seigneur avait joui de tout temps de la particulière et secrète confiance de sa dame et princesse naturelle, Madame Jacqueline. Il y avait entre eux une entente qui se dissimulait très bien aux autres. Ladite dame s'était maintes fois plainte audit d'Escaillon de sa situation et de ses secrets de femme, sans compter ce que lui-même, homme clairvoyant et subtil, y avait su découvrir et apercevoir. Le principal était que cette princesse, jeune et gaie, et grande héritière, avec chance d'être mariée à un haut et jeune prince, vivait et languissait en mortel déplaisir; qu'elle n'avait ni paix, ni amour, ni consolation en mariage; que le gouvernement de son mari dans ses domaines ne portait aucun fruit utile pour le bien public et privé, et que tout y allait de mal en pis. Presque tous les jours elle devisait desdits griefs avec le seigneur d'Escaillon et les soumettait à son opinion et conseil. Une fois enfin, elle mit en avant son intention de laisser là sa mère, son mari, tout son parentage; elle voulait, dit-elle, s'échapper et s'en aller hors de leur voie. C'est vers l'Angleterre que se portait son désir plus que partout ailleurs, sans doute parce que le seigneur d'Escaillon n'avait pas négligé de l'incliner de ce côté.

« Quand ledit d'Escaillon fut informé de ce projet de sa souveraine, il n'en fut aucunement courroucé, mais très joyeux au contraire, et à ce désir, violent déjà par lui-même, il mit le feu de plus en plus. Il représentait à ladite dame les honneurs et richesses et hautes magnificences d'Angleterre, et n'oubliait pas les renommées et vertus de certains princes de ce royaume, frères du roi et encore à marier. Bref, il conclut secrètement avec elle que, quand elle voudrait s'échapper et se soustraire à son mari, il se chargerait hardiment de l'entreprise et la conduirait à Calais, avant que personne peut-être pût savoir ce qu'elle serait devenue. Mais, pour y réussir, il lui conseillait bien de dissimuler encore et de ne faire semblant de rien, jusqu'au point et à l'heure où elle pourrait jouer son tour.

« Or il arriva que ladite dame Jacqueline était une fois venue faire ses plaintes, comme vous avez ouï que souvent elle les faisait, à la douairière de Hainaut, sa mère, qui demeurait au Quesnoy. Elle se tint là avec elle un assez bon espace de temps, comme dame et héritière du pays. Prière de sa mère, ni d'aucun autre ne la put décider à partir de là et faire retour vers son mari, le duc de Brabant. Elle avait une tout autre idée et entreprise en son cœur, de laquelle nul ne se doutait. Elle s'avisa un jour de prier sa mère de venir jusqu'à Valenciennes, ville qu'elle aimait fort et où elle était aimée, afin d'y prendre jeu et divertissement, et de visiter ses sujets et les notables bourgeois, qui avaient grand désir de la voir. La mère, qui ne se doutait de rien, se montra bénignement complaisante et y alla. Honorablement reçues et festoyées, elles y firent un agréable séjour. Cependant la fille, Dame Jacqueline, vint un jour dire à sa mère qu'il lui avait pris envie d'aller voir sa ville de Bouchain, une petite ville située assez près de Valenciennes. Elle la priait donc qu'elle consentît à ce que sa fille la quittât pour une nuit ou deux, car dès le lendemain, ou le troisième jour au plus tard, elle reviendrait sans faute auprès d'elle. Sur cette promesse et cet accord entre elles deux, Madame Jacqueline partit de la ville de Valenciennes un beau matin. Elle n'emmena qu'une très petite compagnie.

« Or le seigneur d'Escaillon, dont on ne se méfiait point, s'était rendu, un jour ou deux auparavant, à Valenciennes, où la princesse et lui avaient eu ensemble beaucoup d'entretiens secrets. On n'aurait jamais soupçonné le projet forgé entre eux. Mais il en advint que ce même beau matin où cette dame s'était mise en route, feignant de vouloir aller à Bouchain, le seigneur d'Escaillon se trouva sur les champs avec environ soixante combattants. Tout droit où la princesse arrivait, suivant son chemin, il s'en vint l'accoster, et la saluant humblement, se mit en sa compagnie. Puis, en homme bien instruit de ce qui était à faire, il changea la route et la marche commencées, tout en devisant gracieusement avec ladite princesse. Bref, ils firent tant que, ce même soir, ledit d'Escaillon la mena coucher au Dam, et le lendemain, de bon matin, ils s'en allèrent d'une seule traite jusqu'à la forte ville de Calais. Sitôt qu'ils y furent arrivés, il leur fut bien avis qu'ils n'avaient plus à craindre aucune poursuite, quelle qu'elle pût être. Ladite dame d'ailleurs, avec sa compagnie, fut honorablement reçue par le capitaine de cette cité et les seigneurs anglais présents, assez avertis, comme il est à croire, par le seigneur d'Escaillon, qui s'était entremis de côté et d'autre pour cette affaire.

« Quand Madame Jacqueline se vit ainsi à Calais, échappée des mains de son mari, et ne se souciant aucunement de retour maintenant qu'elle avait mis le pied à l'étrier, vous pouvez penser qu'elle se trouva fort à son aise. Pendant son séjour, en attendant la réponse du roi d'Angleterre, auquel elle avait envoyé demander si elle pourrait se rendre par devers lui, elle montait souvent sur les murs du port et, regardant outre la mer tout au plus loin qu'elle pouvait, ses yeux rayonnaient vers ces dunes anglaises qu'elle voyait blanchir là-bas, puis sur le château de Douvres, où elle souhaitait bien d'être, car il lui tardait de voir enfin cette seigneurie d'Angleterre, dont le seigneur d'Escaillon lui avait tant parlé. Aussi n'apercevait-elle bateau cinglant en mer ni voile tendue au vent sans espérer que c'était le navire qui lui rapportait sa joie, c'est-à-dire le retour du messager qu'elle avait envoyé au roi d'Angleterre, et c'était un chevalier de Hollande, nommé messire Gérard de

Polgheest. Celui-ci et deux autres dudit pays de Hollande, gentilshommes de bonne naissance, conseillers intimes et secrets de leur dame, s'étaient mis de son parti et avaient, d'accord avec le seigneur d'Escaillon, conseillé et machiné sa fuite et son voyage.

« Le chevalier hollandais, arrivé à Londres, annonça au roi d'Angleterre la venue de sa dame à Calais. Il reçut du roi le plus bienveillant accueil. Ce prince, pour l'amour de ladite dame, dont la venue lui causait grande joie, fit faire honneur et bonne chère au chevalier. Deux ou trois jours après, délibération prise sur cette affaire, où il voyait un grand avantage, il le renvoya vers sa maîtresse. Il mandait à cette dame qu'elle était la bienvenue dans son royaume, qu'il la recevrait avec grande joie et n'épargnerait ni son pouvoir ni son amitié en rien dont elle eût besoin. Ledit chevalier partit donc avec cette réponse et prestement vint à Calais. La réponse du roi d'Angleterre agréa, certes, beaucoup à la princesse. Prestement elle commanda aux mariniers de mettre à point leurs nefs, se mit en mer avec sa compagnie, et s'en alla cinglant sous bon vent vers Douvres. Là beaucoup de seigneurie anglaise l'attendait, et, en tête, le duc de Glocester, frère aîné du roi, et qui n'avait encore été l'époux d'aucune femme. Les nefs arrivèrent donc au port et la dame descendit. Aussitôt les cérémonies d'honneur et de bienvenue accomplies entre le duc et la princesse, elle monta sur son palefroi et prit aussitôt son chemin vers Londres, où le roi l'attendait.

« Ils n'y arrivèrent pas ce soir-là même, mais de bonne heure le lendemain, et se rendirent, elle et ledit duc qui la conduisait, devers le roi. Ce prince lui fit le plus bienveillant accueil, avec beaucoup d'honneurs et de marques de respect, car c'était une grande princesse, jadis dauphine de Viennois, et qui aurait pu devenir reine de France. Après un échange de gracieuses civilités, dont l'un et l'autre étaient bien instruits, le roi s'offrit à elle en tout et pour tout, et mit au gré de la princesse sa puissance et son avoir envers et contre tous adversaires, quels qu'ils fussent. »

Dans leur chevauchée de Douvres à Londres, le le duc de Glocester et Jacqueline s'étaient mutuellement plu. Humphrey de Lancastre sentit croître dans son âme un sentiment très vif, auquel les beaux domaines de la princesse n'étaient d'ailleurs pas étrangers. Henri V, tout en considérant avec plaisir cette perspective, eut soin, tant qu'il vécut, de tempérer l'ardeur de son frère, de crainte de s'aliéner le duc de Bourgogne, qui avait à bon escient pris fait et cause pour le mari délaissé. Mais, après la mort du conquérant, les remontrances de Bedford n'eurent plus le pouvoir d'arrêter la passion et l'ambition de Glocester. D'accord avec Jacqueline, il obtint de Benoît XIII, l'ancien pape d'Avignon, solennellement déposé par le concile de Constance, mais d'autant plus enchanté de faire acte d'autorité pontificale, l'annulation du mariage de sa chère princesse avec le duc de Brabant, puis, au mois de mars 1423, il épousa lui-même la comtesse de Hollande et de Hainaut et revendiqua ces deux comtés. C'était blesser au vif le duc de Bourgogne, soutien très intéressé du duc de Brabant. Bedford n'oublia rien pour apaiser Philippe le Bon, et obtint de son frère Humphrey que le différend de celui-ci avec le prince répudié par Jacqueline, serait soumis à l'arbitrage commun du régent anglais de France et du duc de Bourgogne. Les arbitres décidèrent de renvoyer la décision au pape légitime, Martin V. Jean de Brabant accepta. Mais Humphrey de Lancastre, repoussant cette solution, fit un coup de tête. Il passa sur le continent à la tête de cinq mille hommes et envahit le Hainaut. Bedford blâma hautement une telle équipée. Cependant, tout en protestant de son alliance cordiale avec le duc de Bourgogne, il agissait secrètement en cour de Rome pour faire valider le mariage de Jacqueline et de Glocester.

Philippe le Bon ne se contenta pas de plaintes amères contre l'agression du prince anglais, il envoya en Hainaut un corps d'armée pour aider le duc Jean à la repousser. En même temps, il prêtait une oreille en apparence favorable aux ouvertures du connétable de Richemont, agissant au nom de Charles VII. Philippe et Humphrey en vinrent à se défier en combat singulier. Le 22 décembre 1425, Bedford fit sagement annuler ce défi par une réunion de théologiens et de juristes assemblée à Paris pour cet effet, et qui déclara que toute querelle devait prendre fin entre les deux princes. Ils n'en continuèrent pas moins à se faire longtemps la guerre. Toutefois Glocester, beaucoup moins épris de Jacqueline, était retourné sans elle en Angleterre et ne bataillait plus en Hainaut que par ses lieutenants. La princesse, assiégée dans Mons par son époux délaissé, Jean de Brabant, ne put échapper à celui-ci qu'en acceptant d'être donnée en garde au duc de Bourgogne, qui, comme on dirait aujourd'hui, l'interna dans la ville de Gand. L'aventureuse Jacqueline trouva encore moyen de se donner libre carrière. Trompant la surveillance de ses gardes, elle s'enfuit à cheval et en habit d'homme pendant leur dîner et se rendit dans son comté de Hollande, où elle essaya en vain avec ses auxiliaires anglais de résister à Philippe le Bon, qui l'y poursuivit avec une armée. Le 19 janvier 1426, la victoire de Brauwers-Haven assura de ce côté le triomphe du duc de Bourgogne. Jacqueline ne fut pas plus heureuse en cour de Rome. Le Souverain Pontife déclara son mariage avec Jean de Brabant seul valable et régulier, et lui enjoignit de rejoindre son époux, ce qu'elle ne fit pas. Humphrey de Lancastre, au contraire, tant ses sentiments avaient changé, acquiesça de grand cœur à cette sentence. Il en profita, cette même année 1426, pour épouser une ancienne fille d'honneur de sa chère princesse, Éléonor Cobham, qui avait accompagné le duc et la duchesse de Glocester dans leur expédition de Hainaut. Jacqueline n'avait pas encore épuisé la série de ses époux. Devenue veuve par la mort de Jean, duc de Brabant, arrivée le 17 avril 1427, elle se détermina en 1428 à céder par traité l'héritage de ses États au duc de Bourgogne, avec promesse de ne point se remarier sans le consentement de ce prince. Elle ne laissa pas de s'unir plus tard, par amour et par reconnaissance, avec un simple gentilhomme, le chevalier Francq de Borsel ou van Borselen, stathouder de Hollande, qui l'avait secourue dans sa détresse. Pour obtenir l'aveu de Philippe le Bon, elle mit, par contrat du 31 juillet 1433, le duc en possession effective de tous ses domaines et obtint pour son mari le titre de comte d'Ostrevant. Cette remuante princesse trouva-t-elle enfin le bonheur dans sa dernière union? C'est ce que l'on peut croire, mais ce que nous ne saurions dire. Elle mourut le 8 octobre 1436.

Cette aventure mi-partie d'amour et d'ambitieuse convoitise ne fut pas le seul souci causé au régent Bedford par la turbulence de son frère cadet. La façon dont ce dernier menait le gouvernement de l'Angleterre, qui lui avait été confié, fut signalée publiquement comme déplorable par un puissant prélat, oncle des deux princes et du feu roi, Henri de Beaufort, fils d'un plus ancien Jean de Lancastre, et évêque de Winchester. Ce dissentiment en vint à un degré tel, que les partisans des deux adversaires furent sur le point d'engager une lutte à main armée dans les rues de Londres. Vers la fin de l'année 1425, Bedford, pour rétablir l'ordre et la paix menacés dans le pays même qui était la base de ses opérations et le réservoir de ses ressources, dut passer la mer et séjourner plus d'un an de l'autre côté du détroit. Il réussit à calmer son oncle et remit sévèrement son frère à sa place, c'est-à-dire dans la subordination due au chef politique et militaire de la famille. Il profita d'ailleurs de l'occasion pour faire voter au parlement de nouveaux subsides afin de continuer et d'achever la conquête du royaume de France.

Parmi les alternatives de succès et de revers partiels, inévitables dans une lutte qui, selon les habitudes de la guerre d'alors, s'éparpillait sur nombre de points, la balance, après les défaites de Cravant et de Verneuil, continua de pencher du côté des Anglais, et lors de l'avènement de La Trémoille, le progrès général de leur invasion commençait à laisser entrevoir la triste possibilité pour la France entière, — à part les provinces provisoirement bourguignonnes — d'être soumise au dur joug sous lequel gémissait déjà la capitale.

CHAPITRE VII

PARIS SOUS LA DOMINATION ANGLAISE

Nous apprenons de Chastellain que lors de son entrée solennelle à Paris, comme régent et comme héritier de France, le 1er décembre 1420, Henri V avait plutôt l'allure d'un conquérant que celle d'un souverain légitime et paternel. « Moult fière était sa contenance, dit l'*indiciaire*, et il regardait le peuple d'un étrange œil. » Cette attitude, confirmée, nous l'avons vu, par sa conduite, fut comme le présage et le symbole de la fière dureté du régime anglais dans la capitale. Malgré l'intérêt qu'ils auraient eu à faire ratifier par l'opinion publique l'usurpation conclue à Troyes, les princes et les seigneurs d'outre-mer ne se départirent point à l'égard des Parisiens de leur morgue britannique, et leur orgueil se soucia peu des blessures infligées à l'amour-propre français. Ils ne tinrent pas seulement à être les maîtres, mais à montrer qu'ils l'étaient. Ce ne fut pas uniquement le patriotisme des *armagnacs* de la capitale qui souffrit de cette arrogance, les *bourguignons* eux-même, se sentant traités aussi en vaincus, ne dévorèrent pas l'affront sans peine et de la bouche de quelques-uns, même des plus passionnés en faveur du nouveau régime, s'échappèrent à huis clos des grognements sourds. L'auteur du *Journal d'un bourgeois de Paris*, grognon de nature, il est vrai, n'a pu s'en taire. « *Item*, note-t-il sur son cahier ou registre, en avril, après Pâques, qui fut le quatrième jour de ce mois, l'an 1423, il fut tenu un grand conseil en la cité d'Amiens de nos seigneurs, et là ils firent mariages et alliances afin de maintenir la guerre contre les Armagnacs, et fut donnée la sœur du duc de Bourgogne au régent de France (Bedford). Après lesdits mariages vinrent à Paris le duc de Bedford, le comte de Salisbury, le comte de Suffolk et plusieurs autres seigneurs d'Angleterre, et n'y vint aucun seigneur de France, et il n'y avait donc que des Anglais, qui tenaient le plus grand état de beaux vêtements et de joyaux que l'on eût vu de mémoire d'homme; et nul ne se mêlait du gouvernement du royaume, sinon eux... *Item*, en ce temps (1424) rien ne se faisait que par l'Anglais, et nul des seigneurs de France ne se mêlait du gouvernement du royaume. »

Il faut entendre le même chroniqueur remémorer en grondant sur l'un de ses feuillets l'insolente conduite de Jean de Lancastre à l'égard d'une procession. « *Item*, tout le mois d'avril et jusqu'à environ trois ou quatre jours avant la fin du mois de mai (1427), il ne cessa de faire grand froid et il n'y eut guère de semaine où il ne gelât ou grêlât très fort, et il pleuvait toujours. Et le lundi avant l'Ascension, la procession de Notre-Dame et sa compagnie ordinaire s'en allèrent à Montmartre. Ce jour-là, il ne cessa de pleuvoir depuis environ neuf heures du matin jusqu'à trois heures après dîner. La procession ne ralentit point le pas en raison de la pluie, mais il est certain que les chemins furent si fort défoncés entre Montmartre et Paris que nous mîmes largement une heure pour venir de Montmartre à Saint-Lazare. Et de là vint la procession à Saint-Laurent, et, au départ de Saint-Laurent, il était alors environ une heure, la pluie tomba encore plus fort qu'auparavant. Or, à cette même heure, le régent (Bedford) et sa femme s'en allaient par la porte Saint-Martin. Ils rencontrèrent la procession, mais ils en tinrent bien peu de compte, car ils continuèrent à chevaucher très fort, et les gens de la procession ne purent reculer, et ces gens furent tout éclaboussés de la boue que les chevaux jetaient par devant et par derrière. Il n'y eut personne de l'escorte qui montrât quelque courtoisie et qui pour châsse ou pour procession daignât un peu s'arrêter. Ainsi s'en revint à Paris la procession le plus vite qu'elle put ; et il était entre deux et trois heures quand elle arriva à Saint-Merry. Ce jour donc, le régent s'en alla vers le duc de Bourgogne, et ce fut le vingt-sixième jour de mai de l'an 1427. »

Une chose particulièrement blessante pour les notables *bourguignons* de la capitale, mais dont se souciait peu le commun peuple, c'est l'état d'abandon et de dénuement relatif où vivait la veuve de Charles VI, leur chère régente de naguère. On était déjà loin, après trois années, des honneurs et des promesses par où avait été si pleinement et si honteusement séduite la coupable reine, la molle et luxueuse marâtre, qui avait renié son fils et la France à Troyes. « En ce temps (1423), remarque notre grondeur, d'ailleurs si peu patriote, la reine de France résidait à Paris, mais elle était entretenue si pauvrement qu'elle n'avait tous les jours que huit setiers de vin tout au plus pour elle et pour sa maison, et, à la plupart des gens de Paris si l'on eût demandé : « Où est la reine? » ils n'en auraient su que dire, car on faisait d'elle si peu de compte qu'à peine le peuple en avait quelque souci parce qu'on disait qu'elle était cause des grands maux et douleurs qui pour lors étaient sur le pays... *Item*, note-t-il encore l'année suivante, la reine de France ne bougeait jamais de Paris et elle y était comme une étrangère, enfermée tout le temps dans l'hôtel Saint-Paul, où était trépassé le noble roi Charles VI, son bon mari, à qui Dieu pardonne! Elle observait bien les convenances de sa retraite, ainsi qu'une veuve doit faire. » Soit remords efficace, soit apathie croissante, Isabeau en effet demeura désormais dans l'ombre.

Un autre grand personnage donnait à nos *bourguignons* parisiens un très douloureux sujet de mécontentement, c'était le duc de Bourgogne. Ils en voulaient aux Anglais de son effacement et ils lui en voulaient à lui-même. Il semble bien que Philippe, quoiqu'il jugeât en ce moment de son intérêt l'alliance avec l'usurpation étrangère, ne tenait nullement à s'identifier avec elle et à y jouer un grand rôle. Il se préoccupait surtout de profiter des circonstances pour agrandir ses propres États et ne prêtait qu'une attention médiocre au sort de ses partisans dans la France anglaise. C'est de quoi ceux-ci gémissaient, faisant de tristes retours sur ce prince et sur son père, sur l'égoïsme de Philippe et sa vie peu édifiante. « *Item*, écrit le pessimiste auteur du *Journal*, la veille de l'Épiphanie (1422), vint à Paris le duc de Bourgogne, et il amena foison de gens d'armes qui firent beaucoup de mal aux villages d'entour Paris, car il ne demeura rien après eux qu'on pût emporter, sauf ce qui était trop chaud ou trop pesant ; les Armagnacs étaient du côté de la porte Saint-Jacques, de Saint-Germain, de Bordelles jusqu'à Orléans, et ils faisaient de pires dévastations que jamais brigands sarrasins... *Item*, pour la bienvenue du susdit duc on fit crier qu'une petite monnaie nommée *noireis*, qui ne valait qu'une poitevine, vaudrait une maille tournois. Ce fut là tout le bien qu'il nous fit pour lors et à la ville de Paris, qui l'aimait tant et qui avait eu tant à souffrir et souffrait encore derechef pour lui, comme autrefois pour son père, prince si lent et si négligent en toutes ces choses que Dieu sait. Et vraiment le fils tenait bien de lui en ce défaut, car il aurait bien pu faire en un quart d'année ce à quoi il mettait deux ou trois ans. Il laissait bien paraître que de la mort de son père il avait peu ou point de souçi, car, certes, il menait une vie damnable et de jour et de nuit, comme avaient fait le feu duc d'Orléans et les autres seigneurs qui étaient morts très honteusement, et il était gouverné par de jeunes chevaliers pleins de folie et d'outrecuidance, et il se conduisait selon leur conduite, et eux selon la sienne, et en vérité aucun d'eux ne pensait à Dieu et n'avait cure que d'agir selon son caprice... *Item*, le duc de Bourgogne vint à Paris, le samedi vingt-deuxième jour de mai (1428), veille de la Pentecôte, et il vint sur un petit cheval, comme un simple archer, et il n'aurait pas été reconnu du peuple, si ce n'est que le régent (Bedford) l'accompagnait et aussi la régente (Anne de Bourgogne)... *Item*, il s'en alla le deuxième jour de juin suivant, veille de la fête du Saint-Sacrement. »

L'attitude de Henri V à l'égard du maréchal de L'Isle-Adam avait témoigné que même les grands chefs de la faction bourguignonne feraient bien de marcher droit. L'arrestation de ce capitaine souleva dans Paris une émeute durement réprimée. « Je ne sais, nous raconte Chastellain à ce propos, s'il vous souvient de ce que je vous ai dit naguère de la marque de mécontentement donnée par le roi Henri au seigneur de L'Isle-Adam pendant le siège de Melun. Après ce siège, à Paris, il lui ôta son office de maréchal de France. Puis quand il eut repassé la mer pour aller séjourner en son royaume d'Angleterre, et quand aussi le duc de Bourgogne qui aimait sincèrement ledit L'Isle-Adam, son serviteur, se fut aussi éloigné et retiré en ses pays, le duc de Glocester, capitaine de Paris, qui avait reçu les ordres secrets du roi avant son départ, fit mettre la main sur L'Isle-Adam, et le fit conduire par une bande de soldats anglais à la Bastille Saint-Antoine. Or, quand le bruit se répandit dans la ville que L'Isle-Adam était arrêté, un grand nombre de gens de la commune se soulevèrent, comme on dit, *à hacques et à macques* (haches et masses ou maillets), se proposant de le secourir et de l'enlever de force aux Anglais. Mais alors vinrent à leur rencontre cent vingt archers, les arcs bandés, tirant sur eux à mort et dont les flèches s'enfonçaient dans leurs corps jusqu'aux pennons. Les Anglais se jetèrent ainsi au travers des émeutiers et les rechassèrent en désordre dans leurs demeures. Et ledit L'Isle-Adam fut emmené, que les habitants de Paris le voulussent ou non. Toutefois ils en eurent grande déplaisance, car ils l'aimaient fort de tout temps, principalement parce que c'était un serviteur du duc de Bourgogne. L'Isle-Adam fut donc mis dans la Bastille et y fut retenu prisonnier durant la vie du roi, son ennemi. » — Après la mort de Henri V, non seulement il recouvra la liberté, mais il rentra en faveur auprès du duc de Bedford, devint un de ses lieutenants et reçut de lui une large part dans les dépouilles des proscrits. Toutefois il demeura, ce semble, au fond du cœur Bourguignon plutôt qu'Anglais.

D'autres chefs, au contraire, de la faction bourguignonne se firent vraiment Anglais et se distinguèrent par leur dureté impitoyable dans la part qu'ils prirent au gouvernement de l'étranger. Tel fut entre tous, et nous en avons déjà vu des preuves, l'évêque de Beauvais, Pierre Cauchon, dont l'assiduité aux conseils du régent à Paris témoigne d'une très grande activité politique. L'ancien avo- au Parlement Philippe de Morvilliers, devenu depuis la révolution de 1418 premier président de cette cour souveraine, et chargé en outre spécialement de la police de la capitale, se rendit odieux même aux partisans parisiens du duc de Bourgogne. « *Item*, gémit notre *bourgeois*, vers la fin de l'année 1421, il y avait en ce temps à Paris le premier président du Parlement, nommé Philippe de Morvilliers, le plus cruel tyran que l'on eût jamais vu dans cette ville. Pour une parole contre son autorité ou si l'on avait surfait aucune denrée, il faisait percer les langues, mener bons marchands en tombereaux à travers Paris et tourner les gens au pilori ; bref, il rendait jugements si cruels, si terribles, si épouvantables, que personne n'osait parler contre lui ou appeler de ses sentences. Avec cela, il faisait payer de très grosses et lourdes amendes. Aussi ceux qui tombaient entre ses mains s'en ressentaient toute leur vie, soit dans leur honneur, soit dans leur avoir, soit dans quelque partie de leur corps. »

Il est juste de le reconnaître, la tyrannie policière de Morvilliers, quand elle ne s'appliquait point à la politique, n'est pas sans indiquer, parmi ses outrances, un effort, louable en soi, du gouvernement anglais pour rétablir dans Paris l'ordre public, si violemment ébranlé par les commotions furieuses des derniers temps et par les saturnales sanglantes de la démagogie bourguignonne. Il semble notamtamment qu'il y ait eu de la part de l'administration du régent un certain effort pour prévenir ou réprimer, non pas, certes, en rase campagne ou dans les villages des environs, mais tout au moins dans l'enceinte de la capitale, dans la vie quotidienne de ses rues et de ses places, la turbulence et les excès de la soldatesque, et même des hommes d'armes d'outre-mer. Le pardon sollicité par quelques-uns de ceux-ci et qu'on leur accorde, atteste du moins le péril et même le commencement de châtiment où ils se sont vus. Les lettres de rémission (1), expédiées au nom du roi

(1) Les lettres de rémission ou lettres de grâce, dit M. Auguste Longnon, étaient accordées sur une requête adressée par

Henri VI, au mois de septembre 1424, à un jeune soudoyer d'Angleterre, nous offrent le spectacle d'une curieuse scène du Paris d'alors.

« Henri, par la grâce de Dieu, roi de France et d'Angleterre... Le cas suivant nous a été exposé de la part de Sander Russell, Anglais, pauvre jeune homme âgé de vingt-quatre ans ou environ, maintenant prisonnier en notre Châtelet de Paris. Il y a trois mois ou environ, ledit Russel, Thomas Tournoul et un nommé Guillaume Le Maréchal, soldats anglais de la garnison de Melun, arrivèrent un dimanche en cette ville de Paris, où ils étaient venus par la rivière en la compagnie de notre chère et très aimée cousine, la dame de Salisbury, à laquelle ils faisaient escorte. Or le mardi suivant, lesdits trois soldats, ensemble et d'un commun accord, s'en allèrent boire à l'hôtel et taverne de l'*Écu de Bretagne*, situé à la porte Baudoyer. En cet hôtel les trois compagnons dépensèrent en dépense de bouche la somme de trois ou quatre

l'accusé ou ses amis, qui y relataient toutes les circonstances du délit pour lequel on implorait la commisération du prince. Le récit, ordinairement détaillé, fait par le « suppliant », était reproduit dans les lettres de grâce dont il constitue le principal intérêt; on comprend qu'il ne faille pas toujours y ajouter une foi complète, car le coupable, porté à laisser dans l'ombre les circonstances défavorables à sa cause, altérait souvent la vérité ou ne la disait pas entièrement. Malgré ce défaut, il est peu de documents aussi réellement curieux pour l'histoire des mœurs. » — *Paris pendant la domination anglaise (1420-1436). Documents extraits des registres de la chancellerie de France.* Introduction, p. XII.

sous parisis. Cela fait, ils virent qu'ils n'avaient point de menue monnaie pour payer leur écot. Alors Thomas Tournoul tira de sa bourse un écu d'or et le remit à la maitresse dudit hôtel en la priant de leur en vouloir donner la monnaie, afin qu'ils la pussent payer et contenter. Or, Thomas réclama d'elle en échange de ladite pièce la somme de vingt-six sous parisis, en lui disant que telle était alors la valeur d'un écu d'or. Mais ladite dame lui répondit qu'elle n'en donnerait que vingt-quatre. Sur cela, Sander Russel dit à cette hôtesse de l'*Écu de Bretagne* : « Madame, rendez-moi l'écu que Thomas Tournoul vous a donné. Tenez, voici un florin que je vous remets à la place pour la sûreté de votre écot, et cependant j'irai en ville changer l'écu que vous a donné Thomas. » — Mais l'hôtesse refusa et les tint en suspens et en demeure. Alors Sander, voyant que cette dame ne voulait agir plus gracieusement ni se payer de son écot, et que ses compagnons et lui, quoique tout disposés à payer leur dépense, ne pouvaient sortir de cette taverne, se sentit grandement animé, courroucé et indigné. Il s'écria : « De par le diable! ne pourrons-nous donc sortir de céans? Pourtant, nous voulons bien acquitter l'écot! » Et en disant cela il jeta contre le mur, l'un après l'autre, deux verres vides, qui furent brisés et mis en morceaux. Et aussitôt ledit Russell et ses deux compagnons virent apparaître un nommé Robin Morillon, sergent à verge, dit-on, au

Châtelet de Paris, lequel leur dit ces paroles : « Que faites-vous ici ? Est-ce là votre conduite? A qui êtes-vous? » — Sander lui répondit : « Vous pouvez assez voir et entendre à notre langage quelles gens nous sommes et à qui. » — Morillon leur répondit d'une façon générale : « Vous voleriez bien les gens hors d'ici ou aux champs, si vous les y teniez, puisque vous les volez ici. » — Sander répondit pour lui et ses compagnons audit Morillon qu'il mentait en disant cela et qu'eux n'étaient point des larrons et ne volaient ni là ni ailleurs. — « Tais-toi, dit alors Morillon, et sache que je te ferai bien obéir au roi, notre seigneur! — Il me semble, repartit Sander, que je suis aussi bon pour te faire obéir au roi, notre seigneur, que toi pour moi. » — Et enfin, ces paroles échangées, ledit Morillon s'approcha et mit la main sur la dague dudit Sander, et il la tira si fort qu'il rompit la ceinture où elle était attachée, un tissu de soie ferré d'argent, auquel tenait également une bourse dans laquelle il y avait de la menue monnaie d'argent et de billon, Sander ne sait pour combien, et Morillon tira le tout à lui. Sander, se voyant ainsi traité, tira sa dague que Morillon tenait par le fourreau : ce fourreau vide, la ceinture et la bourse demeurèrent audit Morillon, qui les doit avoir encore. Sander, lui, se mit alors en posture de frapper ledit Morillon. Mais Thomas Tournoul et Guillaume Le Maréchal, ses compagnons, l'en empêchèrent et se mirent entre eux deux. Alors

Morillon descendit de l'étage supérieur dudit hôtel, où se trouvaient et buvaient lesdits compagnons, et s'en alla jusqu'au bout ou au milieu de l'escalier à vis descendant de cet étage. Lui parti, Thomas Tournoul et Guillaume Le Maréchal conseillèrent à Sander Russell, pour éviter plus longue noise, de ne pas séjourner davantage à l'hôtel de l'*Écu de Bretagne* et de se retirer à l'hôtellerie où il logeait, à l'enseigne de la *Souche*, rue Frogier-l'Asnier. Eux cependant se chargeaient de satisfaire l'hôte et l'hôtesse de l'*Écu de Bretagne*. Se rendant à ce conseil, Sander se mit à descendre les degrés de l'escalier. Mais alors Morillon, qui, de propos délibéré, l'attendait et l'épiait sur la vis dudit escalier, lui sauta sur le cou et les épaules en disant : « Oh ! traître, ribaud, tu viendras maintenant en prison! — Tu mens, répondit Sander, tu sais bien que je ne suis pas traître ! » — En même temps il saisit Morillon à la poitrine, par le corps et les vêtements, et le frappa de trois coups de dague d'estoc, c'est assavoir un dans le col et les deux autres sur les épaules ou environ. Or, pour le cas dont il s'agit, ledit Sander Russell a été arrêté et enfermé en notre Châtelet de Paris, où il est retenu prisonnier depuis trois mois ou environ en grande peine, pauvreté et misère, et il est en péril d'y demeurer longtemps et d'y finir misérablement ses jours, si nous ne lui accordons notre grâce et miséricorde. Il nous en supplie humblement et de sa part on nous certifie que c'est un jeune homme de bonne vie et renommée, non suspect, qui n'a été atteint ni convaincu d'aucun autre vilain cas, blâme ou reproche. On nous prie aussi de considérer qu'il a déjà tenu et souffert la peine de prison pendant trois mois ou environ, comme il a été dit, et encore qu'il n'est pas au courant des us et coutumes de notre royaume de France, et aussi que, dans le conflit dont il s'agit, il ne lui fut en aucune manière apparent que ledit Morillon fût notre sergent en notre Châtelet de Paris, car celui-ci ne lui en dit rien ni n'en fit aucune mention, et ledit Morillon ne portait point en ce moment la verge fleurdelisée ou autre insigne de cette charge, mais seulement une épée sans dague ; enfin, on nous certifie qu'audit cas, il n'y a eu ni mort d'homme, ni blessure grave. Nous donc... audit Sander Russell le cas susdit avons quitté, remis et pardonné, et par ces présentes quittons, remettons et pardonnons, à condition toutefois qu'il sera encore un certain temps retenu en prison au pain et à l'eau. »

Les lettres de rémission accordées, le mois suivant (octobre 1424), à Jeannette Bardin, surnommée *la Noire*, visent un cas inverse. Cette femme, qui s'avoue elle-même de mœurs légères, était emprisonnée pour le fait ainsi exposé en son nom : « Le vendredi septième jour de ce présent mois d'octobre, un nommé Richard Quatre, Anglais, accomgné d'un autre Anglais, tous deux inconnus de la suppliante, vinrent entre minuit et une heure frapper à la porte de la maison où elle demeurait, rue des Augustins, assez près du pont Saint-Michel. En ce moment, elle était seule et couchée. Elle ne leur voulut rien dire ou répondre, de sorte que lesdits Anglais continuèrent de heurter à sa porte à coups redoublés, au point qu'ils faillirent rompre ladite porte. Ladite suppliante alors leur demanda ce qu'ils voulaient, et leur dit que ce n'était pas le fait de gens d'honneur de venir frapper à la porte des gens, tard comme il était. Ne sachant pas s'ils ne la voulaient point voler ou lui jouer quelque mauvais tour, elle ajouta qu'ils n'entreraient pas dans sa maison. Lesdits Anglais lui répondirent qu'ils y entreraient et ils heurtèrent derechef avec menaces contre elle. Voyant qu'ils ne cessaient point, la suppliante leur dit que s'ils ne reculaient pas, elle leur enverrait quelque objet de sa maison. Lesdits Anglais n'en tinrent compte, mais frappèrent encore plus fort qu'auparavant. Alors ladite suppliante, pour se défendre, jeta par une fenêtre plusieurs pierres, afin d'éviter lesdites menaces et de pourvoir à la sûreté de sa personne et de ses biens. Elle fit tant qu'ils n'entrèrent pas dans sa maison. Mais l'une desdites pierres tomba sur la tête dudit Richard, lequel, après en avoir été malade au lit l'espace de huit jours ou environ, est allé de vie à trépas, à ce que l'on dit. Et pour ce fait ladite suppliante, qui ne savait rien de cette blessure, a été arrêtée, il y a trois jours, et est actuellement détenue en notre Châtelet de Paris, en danger d'une rigoureuse exécution de justice et de la fin de sa vie, si nous ne lui accordons notre grâce et miséricorde. » — Et cette grâce lui est accordée sans prolongation d'emprisonnement, bien qu'il y ait eu ici mort d'homme et, qui plus est, de soldat anglais.

Si les habitants de Paris, en passant de la domination bourguignonne à la domination anglaise, avaient, à ce qu'il semble, gagné quelque peu en fait d'ordre matériel, néanmoins, outre l'humiliation morale, leur sécurité personnelle, la paisible jouissance de leur vie, de leur liberté, de leur avoir, laissait singulièrement à désirer sous des maîtres rudes, inquiets, soupçonneux. En dépit du ralliement de l'ancienne faction bourguignonne, si nombreuse et si puissante dans la capitale, au gouvernement issu du traité de Troyes, il y avait entre ce gouvernement peu soucieux de plaire et la population parisienne une opposition latente, un mur invisible de méfiance et d'hostilité. Les anciens Armagnacs, devenus les patriotes, entretenaient, fomentaient cette disposition des esprits et souvent essayaient d'en tirer la conséquence. De là naissaient des conjurations d'une part, et, d'autre part, de terribles mesures répressives ou préventives. Nous sommes loin de connaître tous les complots tramés à Paris contre les Anglais. Vallet de Viriville, d'après les auteurs contemporains, nous en a raconté deux bien notoires, qui se rapportent l'un et l'autre à l'année 1422. Le premier eut lieu du vivant de Henri V. Il fut découvert pendant que ce roi visitait Compiègne récemment tombé entre ses mains.

« Le roi d'Angleterre, raconte donc l'historien précité (1), explorait par ses yeux cette nouvelle conquête, lorsqu'un avis alarmant lui fut apporté. Ses agents venaient de découvrir à Paris les fils d'une conspiration *orléaniste*. D'après cet avis, l'armurier du roi Charles VI, Maître Jean, demeurant en la rue de la Heaumerie, et un sien voisin, autre bourgeois, boulanger, auraient été les principaux acteurs du complot. Vers le 15 juin, la femme de Maître Jean, de concert avec les conjurés, se rendit à Capeau de grand matin. C'était un lieu situé hors de la capitale, proche le village ou faubourg de Saint-Marcel. La femme se mit en rapport avec des gens d'armes, *armagnacs*, qui pénétraient souvent jusqu'aux abords de la ville. Elle les entretint, dit-on, des moyens propres à livrer Paris au dauphin.

« Par malheur, cette femme attira l'attention d'un prêtre anglo-bourguignon. Ce dernier était venu se divertir à sa maison de campagne, et la conversation des conjurés avait lieu dans un endroit contigu à son jardin. Aussitôt, il alla dénoncer l'armurier aux gardes de la porte voisine. Lorsque la femme rentra dans Paris, elle fut arrêtée, mise à la torture, et révéla le secret auquel elle était ini-

(1) T. I, pp. 326-327, 367-368.

tiée. Henri V, instruit de ces faits, accourut à Paris, suivi de ses forces militaires. Après une instruction sommaire et secrète, la femme fut noyée, ainsi que les principaux agents du complot, et le roi d'Angleterre retourna immédiatement à Senlis...

« Le gouvernement anglais ne pouvait se guérir de son vice ineffaçable. Il ne pouvait se préserver de l'antipathie naturelle qu'il suscitait autour de lui. A peine le nouveau roi (Henri VI) était-il proclamé, que, vers la fin de novembre, une nouvelle trame s'ourdissait à Paris même contre les dominateurs étrangers.

« Des bourgeois de la ville conspirèrent de livrer cette capitale au roi Charles. Le gouvernement anglais découvrit le complot et réussit à l'étouffer par la force. Bon nombre des conjurés furent pris. Parmi eux se trouvait une femme, que l'on brûla. Plusieurs autres furent décapités. D'autres purent s'enfuir, laissant entre les mains des juges leurs biens confisqués. De ce nombre était Michel de Laillier, l'un des exécuteurs testamentaires de Charles VI, désigné (pour cet office) par le Conseil (anglais) de France, pendant l'interrègne.

« Le gouvernement redoubla de méfiance et de rigueur. Le prévôt de Paris fut changé. Au mois de février suivant (1423), tous les habitants de Paris durent prêter serment, « c'est à savoir, dit l'auteur du *Journal*, bourgeois, ménagers, charretiers, bergers, vachers, porchers des abbayes, et les chambrières, et les moines même, d'être bons et loyaux au duc de Bedford, frère du feu roi Henri d'Angleterre, régent de France, de lui obéir en tout et partout, et de nuire de tout leur pouvoir à Charles, qui se disait roi de France, et à tous ses alliés et complices. Les uns de bon cœur le firent, les autres de très mauvaise volonté. »

« On ne cessait jour et nuit, ajoute un peu plus loin le même chroniqueur, qui ne sait trop s'il doit s'en réjouir ou en gronder, d'arrêter des gens de Paris, que l'on soupçonnait d'être du parti des Armagnacs, et on les mettait en prison. » Les relations secrètes des Parisiens avec le roi de Bourges et ses agents tenaient constamment en éveil la police anglaise. C'est ainsi que, comme nous l'apprend M. Alexandre Tuetey dans une des excellentes notes qu'il a jointes au texte du *Bourgeois*, il est fait mention, dans le registre criminel du Parlement, à la date du 21 mai 1423, du cas de Michelette d'Auxerre, veuve de Guiot le Bossu, qui avait accueilli et caché dans sa demeure un messager du parti français, et s'était même chargée de faire tenir à divers habitants de Paris les lettres dont il était porteur. Arrêtée pour ce fait, elle avait été soumise à la torture, puis condamnée au pilori et au bannissement. Mais la Parlement, ne jugeant pas le cas si grave, ou l'estimant assez expié, commua cette peine en celle d'un mois d'emprisonnement.

D'une façon générale, on peut dire que le régime appliqué à la capitale par le gouvernement anglais était une véritable loi des suspects. « Ainsi, comme le rapporte M. Auguste Longnon, d'après les lettres de grâce, qui en tempéraient parfois, mais qui en attestent la rigueur (1), Jeannette Bonfils fut bannie de France pour avoir reçu du maître des monnaies du Puy-en-Velay une lettre, paraît-il, d'un caractère purement intime. Un honnête bourgeois, Jean de la Fontaine, est menacé de la prison perpétuelle, pour avoir eu, presque malgré lui, si l'on en croit sa supplique, quelques rapports avec un religieux de Sainte-Croix-de-la-Bretonnerie, qui servait de messager au dauphin et pour lequel il avait payé une part de rançon à la garnison anglaise de Chevreuse, afin d'éviter que ce compromettant personnage parût devant la justice parisienne. Un septuagénaire, d'origine tourangelle, Jean Michault, est poursuivi pour avoir donné l'hospitalité, durant une nuit, à un homme venu de Tours, et pour ne pas avoir livré à la justice les lettres de son frère que cet homme lui avait apportées. Enfin, une malheureuse veuve, demeurant à Longchamps, est jetée dans les prisons du Louvre, pour avoir demandé, sans l'aveu de l'administration anglaise, un sauf-conduit à la garnison dauphinoise de Saint-Denis à l'effet de vendanger ses vignes de Chaillot.

« Les autres lettres de rémission pour délits politiques sont octroyées à des émigrés parisiens,

(1) Recueil cité, introduction, pp. XIII-XV.

dont le plus grand nombre avaient quitté la capitale en suite de l'entrée des Bourguignons et de la ruine du parti armagnac, en 1418; cependant le départ de quelques-uns était antérieur de plusieurs années à cette date. Mais, quel que fût l'âge des émigrés à l'époque où ils avaient quitté Paris, — certains étaient alors de jeunes enfants que leurs parents avaient naturellement emmenés avec eux, — ils ne pouvaient rentrer dans leur ville natale qu'après avoir obtenu des lettres de rémission de l'autorité anglaise. Un habitant de Paris voyait-il frapper à sa porte un individu venant des pays obéissant encore au dauphin, il était tenu de le livrer à la justice, cet individu fût-il son parent, son frère, son fils, son père même. Ne le faisait-il pas, alléguant que le malheureux auquel il n'avait pas voulu refuser un asile, n'aurait pu, à moitié mort de froid et de misère, supporter la prison, il était emprisonné en même temps que son hôte, et ne pouvait échapper à la vengeance du gouvernement anglais qu'en faisant solliciter par ses amis des lettres de rémission. »

Deux de ces actes royaux, qui nous semblent tout spécialement caractéristiques, ne seront pas, croyons-nous, ici hors de leur place. L'un est daté du mois de décembre 1426.

« Henri, par la grâce de Dieu, roi de France et d'Angleterre... L'humble exposé suivant nous a été fait de la part de Thomas Boesseau, demeurant en notre ville de Paris, fils d'André Boesseau, pauvre tonnelier, âgé de soixante-douze ans ou environ, considérablement affaibli des yeux et d'autres membres. Ledit André est né dans un village appelé Troô, dans le comté de Vendôme, et il y a toujours demeuré, y gagnant sa vie du mieux qu'il a pu de son métier de tonnelier, jusqu'à environ la dernière fête de Pâques. Alors, à cause des guerres et des gens d'armes qui approchaient, il fut contraint de s'éloigner dudit village afin d'éviter pis et de chercher à gagner sa vie ailleurs. Il s'en alla dans la ville de Tours et s'y tint depuis, travaillant et gagnant sa vie à sondit métier de tonnellerie. Mais, il y a deux ou trois mois, il vit bien qu'à cause de son grand âge et de l'affaiblissement de ses yeux et de l'une de ses mains, dont il ne se peut plus servir, il ne pouvait plus gagner sa vie à sondit métier ni autrement. Il savait aussi qu'il n'avait en ce pays aucun parent ou ami, qui pût ou voulût le prendre à sa charge. Or, il fut averti que son fils Thomas, qu'il n'avait pas vu depuis onze ans, le recueillerait volontiers. C'est pourquoi il partit de la ville de Tours en compagnie de Perrenet de la Haye, et vint en cette ville de Paris au domicile de son fils, qui lui fit un bienveillant et doux accueil. Mais, en raison de ce fait, ils ont été, lui et son fils, il y a deux mois ou environ, emprisonnés en notre Châtelet. Thomas Boesseau, au nom de qui nous est fait cet exposé, a été condamné à une amende, qu'il a payée, en suite de quoi il a été mis en liberté. Mais André Boesseau, son père, fut retenu dans ladite prison et y demeura l'espace de six à sept semaines en grande pauvreté et misère. Puis il en fut mis hors, mais, parce qu'il avait résidé dans les pays obéissant à nos adversaires et qu'il était venu de là dans ceux de notre obéissance, sans permission de nous ni de notre justice, il fut banni par sentence et contraint de s'en retourner dans le comté de Vendôme. Or, il ne possède là aucun avoir, il n'a ni parents ni amis qui le puissent aider. Il est donc exposé à y terminer bientôt et misérablement ses jours, ce qui serait pitié, attendu son grand âge et l'affaiblissement de sa vue et autres membres, qui ne lui permettent plus de gagner sa vie. Mais son fils, ému de pitié et d'amour filial, lui assurerait volontiers son existence en notre ville de Paris, s'il nous plaisait de lui remettre et pardonner les choses susdites. Il nous supplie donc humblement d'accorder notre grâce audit André son père. C'est pourquoi, etc. »

L'autre pardon porte la date du 4 février 1427. Voici l'exposé qui le motive :

« Nous avons reçu l'humble supplication de Jean du Pré, boulanger, demeurant à Paris dans la rue Saint-Germain-l'Auxerrois, natif de la Villette près Paris, âgé de trente ans ou environ, maintenant prisonnier en notre Châtelet. Il y est dit qu'il y a treize ans ou environ, Guillaume du Pré, laboureur de bras, natif aussi de la Villette, alla demeurer à Étampes et s'y maria. Puis, environ cinq ans après, ledit Guillaume et sa femme revinrent à Paris, pensant y demeurer et y gagner leur vie, Mais, à cause de la cherté des vivres qui régnait alors, ils quittèrent de nouveau cette ville. Toutefois ledit suppliant ne sait bonnement où ils allèrent. Il sait seulement qu'un certain dimanche, il y a trois semaines ou environ, ledit Guillaume du Pré, son frère, est revenu en cette ville de Paris et s'est présenté au domicile dudit suppliant. Il lui a dit qu'il venait de Sainte-Catherine-de-Fierbois et de Saint-Mathurin-de-Larchant, et qu'il avait été au pays des ennemis, et avait travaillé de son labour, mais sans lui indiquer autrement les villes où il avait passé. Toutefois ledit Guillaume, comme il le déclarait, ne s'était en aucune façon mêlé à la guerre. Ledit suppliant avait l'intention d'amener son frère à notre justice. Mais quand ledit Guillaume s'est présenté à son domicile, il était tout nu, en chemise et chaperon, malade du froid et de la misère qu'il avait soufferts sur la route, de sorte que ledit suppliant, son frère, craignit que s'il l'amenait aussitôt à notre justice et qu'il fût retenu prisonnier en l'état où il était, il ne tombât en grande et dangereuse maladie. Mais il avait le ferme propos et intention de l'y amener aussitôt qu'il serait un peu remis. Sur ces entrefaites, ledit suppliant et ledit Guillaume, son frère, furent arrêtés et amenés prisonniers en notre Châtelet par Colin Feucher et Jean de Cologne, sergents à verge, et ils sont encore en cette prison, en grande pauvreté et misère. Et ledit Jean du Pré est exposé à y être durement traité, pour avoir contrevenu aux proclamations et ordonnances en n'amenant pas sur-le-champ son frère à notre justice. Il nous supplie donc humblement d'avoir égard à ce qu'il est homme simple et ignorant, à ce qu'il a toujours été bon, vrai et loyal sujet de notre très cher seigneur et aïeul le roi Charles, naguère trépassé, dont Dieu ait l'âme ! à ce qu'il a toujours tenu son parti et le nôtre et celui de feu notre cher cousin le duc de Bourgogne, aussi naguère trépassé, dont Dieu ait l'âme ! à ce qu'il n'a jamais été convaincu d'aucun autre vilain cas, blâme ou reproche. Il nous supplie aussi de considérer que ledit Guillaume, son frère, est homme de labour, et qu'il ne s'est mêlé en rien du fait de la guerre, et que lui-même Jean du Pré a été en cette affaire mû par la pitié et la voix du sang, et qu'il avait l'intention de mener son frère à notre justice, comme il a été dit, et ne croyait pas nous tant offenser ni tomber en faute, comme il a fait. Il nous demande donc humblement d'étendre sur lui notre grâce et notre miséricorde. C'est pourquoi, etc. » — Ajoutons que par un autre acte de rémission, du 4 mars suivant, le pardon du gouvernement anglais fut également accordé à Guillaume du Pré, qui fut autorisé à s'établir à Paris.

La confiscation des biens : hôtels, maisons, revenus, de ceux que l'usurpation étrangère considérait comme des rebelles, et, d'une façon générale, elle regardait et traitait comme tels les « absents », c'est-à-dire les personnes émigrées hors de la capitale, cette confiscation a dû molester par contre-coup bien des familles restées à Paris. C'était un vrai crève-cœur pour les habitants patriotes et une mince consolation pour les résignés de voir telle et telle maison du voisinage, enlevée à son propriétaire légitime, passer, en guise de récompense, dans des mains anglo-bourguignonnes. Mais quelle souffrance pour tous de les voir attribuer à des Anglais de naissance, et servir peut-être comme de prélude et de prime à une sorte de colonisation britannique de la vieille et noble capitale de Hugues Capet et de saint Louis !

« Treize des lettres de don que contient notre recueil, et ce ne sont pas les moins curieuses, dit M. Auguste Longnon (1), sont accordées à des hommes de guerre anglais : à Robert de Wideville, écuyer et chambellan du duc de Bedford ; à Jean de Haveford, chevalier ; à Robert de Willougby, que Bedford fit successivement comte de Vendôme et de Beaumont-sur-Oise ; à Richard de Beauchamp, comte de Warwick ; à Walter de Hungerford, chevalier, grand maître d'hôtel du roi Henri VI ; à Thomas de Montagu, comte de Salisbury ; à Thomas Blount, chevalier, chambellan du duc de Bedford ; à Robert Brit, écuyer ; à Jean Harbotel, maître des

(1) Recueil cité, introduction, p. VIII-IX.

ordonnances de l'artillerie du roi anglais; à Jean Chetwood, chevalier, « serviteur » du régent; à Jean Popeham, chevalier, son chambellan, et à Guillaume Cotismor, son bouteiller et aussi son chambellan. » M. Longnon fait remarquer qu'aucune de ces lettres n'est antérieure à la domination pseudo-légale du roi d'Angleterre à Paris, c'est-à-dire à la mort de Charles VI : la plus ancienne est en date de juin 1423. — C'est un défilé lamentable que les longues listes d'immeubles enlevés à leurs propriétaires, extraites par Sauval des « Comptes des confiscations de Paris » pendant la domination anglaise (1).

Atteints, au moins indirectement, par ces violentes mainmises, par ces transferts arbitraires d'immeubles et de revenus, les habitants actuels de la capitale étaient directement grevés dans leur avoir par les taxes et emprunts forcés, au moyen desquels le gouvernement du régent Bedford les associait malgré eux à son œuvre de conquête. Parmi ces exactions, celle du mois de mars 1423 tire des entrailles de notre annaliste morose, qui sans doute n'y fut pas lui-même épargné, ce profond soupir : « *Item*, bientôt après fut faite une grosse taille et emprunt, qui fit tant de mal aux pauvres gens, qu'un très grand nombre s'en alla demeurer hors de Paris »

(1) *Histoire et recherches des antiquités de la ville de Paris*, t. III, p. 288 et suiv.

Quelques-uns des rôles de cette contribution très peu volontaire nous ont été conservés. On y peut considérer de plus près l'application cuisante de « l'emprunt et aide mis sus et imposé par le roi notre seigneur... en et sur toutes manières de gens, selon la faculté d'un chacun, le fort portant le faible, pour le recouvrement de plusieurs places et forteresses... occupées par les ennemis, sujets rebelles et désobéissants du roi, notredit seigneur, et pour résister aux grands maux et inhumanités que font chaque jour lesdits ennemis aux bons et loyaux sujets dudit seigneur ».

Dans ce curieux document, tout récemment publié par M. Henri Moranvillé (1), la quote-part de chaque contribuable est évaluée en francs. Il s'agit ici du franc d'or, dont la dernière émission constatée avait eu lieu le 11 septembre 1389, et dont la valeur intrinsèque, au titre légal, correspondait, selon les calculs de M. N. de Wailly (2), à la somme de 13 fr. 38 de notre monnaie. La cote

(1) *Bulletin de la Société de l'histoire de Paris et de l'Ile-de-France*. t. XXX, 1903.

(2) *Mémoires sur les variations de la livre tournois*. dans le tome XXI, 2e partie, des *Mémoires de l'Académie des inscriptions et belles-lettres*. — Quant à la valeur effective, comme pouvoir d'achat, de la même somme à cette époque, elle était, semble-t-il, de beaucoup supérieure. Mais il n'est guère possible de la déterminer avec quelque exactitude. — Dans le cas où le mot *franc* serait ici seulement synonyme de *livre tournois*, la valeur intrinsèque, à la date du 20 janvier 1423, en peut être fixée à 7 fr. 44 de notre monnaie. — Le franc d'argent, origine du nôtre, date seulement de Henri III.

contributive dans notre texte varie de cent à cinq francs. Mais l'immense majorité des taxés l'est à dix francs. Dans cette catégorie nous relèverons, à titre d'échantillons, les noms suivants, avec l'indication de leurs professions ou qualités diverses : « Jean Courtillier, changeur; Jean de Campans l'aîné, drapier; Baudouin de Hestal, orfèvre; Robin Pastoureau, épicier; Robin Morel, épicier et apothicaire; Jean Chiefdeville, mercier; Thomasse la Barbette, mercière; Jeanne de Rueil, mercière et boursière; Agnès la Vauqueline, marchande; Jean Cousin, boulanger; Simonne la Derote, aumussière; Jacquet Menart, pelletier; Jean Daulphin, poissonnier d'eau douce; Jean Pascal, vendeur de poissons de mer aux halles; Jean Gasse, hôtelier; Pierre Jourdain, tavernier; Ymbelot Jamet, tavernier à Saint-Germain-des-Prés (1); Jean Gilbert, vendeur de vins; Jean Choppin, boucher; Jean le Roi, vendeur de bétail; Ambroisin du Palais, bourgeois; Maître Guillaume Greslé, notaire et contrôleur de l'audience du roi notre seigneur; Maître Jean Salaut, notaire du roi ; Jean Béguinot, notaire du Châtelet; Maître Jean Fourquaut, procureur au Parlement; Pierre Neel, procureur au Châtelet; Pierre de Nantes, tailleur de robes; Thierry de

(1) C'est-à-dire habitant le quartier dépendant de cette grande abbaye parisienne et placé sous sa juridiction particulière. — Une maîtresse d'hôtel de plus haut relief, « Martine la Comtesse, dame (patronne) du *Lion d'Or* », fut taxée à quinze francs.

Lubecque, couturier; Henri Souriz, pourpointier; Maître Denis de Laon, chirurgien; Maître Michel le Mire (médecin sans doute); Guillaume Nicolas, cordonnier; Colin Dyonis, tapissier; Baudouin Henri, dit Courbet, armurier; Jean Chevance, maître des Quinze-Vingts; Macé de Valenciennes, maître général des monnaies; Maître Jean Marcel, avocat du Châtelet; Jean Ruffles, chandelier; Laurent Aufroy, potier d'étain; Jacquet Petit, tanneur; Pierre de Thoury, tombier (marbrier); Guillaume Tireverge, marchand de bouteilles; Christophe de Canevaz, monnayeur. »

En dépit de leur inévitable monotonie, ces listes sont intéressantes, parce qu'elles font passer sous nos yeux une sorte d'image en raccourci de la population parisienne d'alors. Celle-ci n'était en ce temps-là que trop souvent soumise à la dure obligation de « fouiller à l'escarcelle », comme dit le bon La Fontaine. Les gémissements de Chuffart (si Chuffart est réellement l'auteur du *Journal*) ne nous le laissent pas ignorer. « *Item*, au mois de novembre (1424), le sire de Toulongeon célébra ses noces en l'hôtel de Bourgogne. C'était le frère du seigneur de la Trémoille, qui y vint moyennant un sauf-conduit. On fit aussi les noces du seigneur de Scales, Anglais. Il y eut à cette occasion des joutes qui durèrent plus de quinze jours sans discontinuer, et puis le duc de Bourgogne s'en retourna dans ses États. Quand il fut parti, dans la première quinzaine de décembre, le duc de Bedford s'installa dans l'hôtel de Bourbon et y célébra une grande fête qui coûta fort cher. La conséquence fut qu'on imposa une très grosse et lourde taille, et ce fut quinze jours avant Noël, et quand elle fut assise, tous les grands seigneurs s'en allèrent à Rouen... *Item*, en ce temps (commencement de 1426) la guerre avait recommencé entre le duc de Bourgogne et le frère (Glocester) du régent de France, et en ce même temps, on leva une grosse taille qui greva fort le menu peuple... *Item*, en ce temps (juin 1427) fut ordonné une grosse taille, et on la leva sans merci... *Item*, le dix-huitième jour d'août suivant, l'an 1427, le régent partit de Paris. Il enrichissait toujours son pays de quelque dépouille de ce royaume, et il ne rapportait rien en France qu'une taille, quand il revenait. » — Chuffart ne voit ici qu'un côté des choses. La vérité vengeresse, c'est que l'Angleterre se ruinait à conquérir, comme la France à être conquise. Mais l'orgueil l'emportait, et les Anglais d'ailleurs, une fois la conquête acquise, espéraient à bon droit des dédommagements de plus d'une sorte.

Une des plus graves erreurs du droit politique au moyen âge attribuait à l'autorité royale un pouvoir arbitraire dans la fixation de la valeur des monnaies. « Le roi, dit M. Paul Viollet (1), frappe sa monnaie. Le roi donne à sa monnaie la valeur

(1) *Histoire des institutions politiques et administratives de la France*, t. III, p. 417.

qu'il veut; et, quand il le veut, il change cette valeur. » De ce principe erroné Philippe le Bel, en dépit des admonitions de Boniface VIII, avait tiré des conséquences vraiment tyranniques, qui lui valurent la qualification de faux monnayeur. Jean le Bon, dans la pénurie du trésor causée par les désastres successifs de Crécy et de Poitiers, recourut au même expédient détestable, qui fut employé par les gouvernements divers agissant au nom de Charles VI, et par celui de Charles VII, dans la période critique du nouveau règne. Le gouvernement de Henri V, puis celui de Bedford accablèrent les Parisiens sous le poids réitéré de mesures semblables. Les lamentations de l'auteur du *Journal* sur ce sujet sont à recueillir.

« *Item*, le jeudi suivant, veille de la Saint-Martin (3 juillet 1421), on cria les monnaies à Paris, à savoir que le *gros* de seize deniers ne vaudrait plus que quatre deniers parisis, le *blanc* de trois deniers un denier parisis, une pièce de monnaie de deux deniers parisis, qui existait alors, ne valait plus qu'une maille. Ce fut là un grand dommage pour les pauvres gens... *Item*, en ce temps il y avait un grand murmure à Paris à cause du cri susdit de la monnaie, car tous les gros bonnets, les gens du Palais, du Châtelet, se faisaient payer en forte monnaie, et aussi les percepteurs du domaine, des impositions et subsides. Ils ne prenaient le *gros* que pour quatre deniers parisis et en toutes choses ils le comptaient aux pauvres gens pour seize. Le peuple s'en courrouça et il y eut sur ce sujet une assemblée à l'hôtel de ville. Quand les gouverneurs le virent, ils eurent peur et firent crier que le terme prochain des maisons se paierait à raison de douze *gros* pour un franc et que l'on remédierait au mal le mieux qu'on pourrait... *Item*, le troisième jour du mois de novembre suivant, il y eut derechef un cri de monnaie, savoir que les *gros* de seize deniers ne seraient reçus que pour deux deniers. Ils firent aussi une autre monnaie qui ne valait que deux deniers tournois. Le peuple en fut si opprimé et grevé, que les pauvres gens ne pouvaient vivre... *Item*, en ce temps, le premier président ordonna, de sa volonté orgueilleuse et arbitraire, que nul orfèvre ni personne d'autre métier ne changerait sous aucun prétexte, même à un ami, or contre monnaie ni monnaie contre or, sauf les changeurs... *Item*, en ce temps, il n'y avait que misère à Paris à cause de ce président qui contraignit toute personne, sauf celles que leur importance mettait à l'abri de cette mesure, de verser, selon sa qualité, l'une quatre marcs, l'autre trois, l'autre deux, l'autre trois ou quatre onces d'argent fin, et cela pour faire cette méchante monnaie dont on a parlé. Celui qui refusait avait bientôt des sergents dans sa demeure et on le menait en prison. Et il n'y avait pas à réclamer, il fallait payer, n'eût-on pas un denier vaillant, puisque ce président l'avait dit. Et il faisait tout cela d'accord avec deux autres tyrans, Jean Dole et

Pierre d'Orgemont, qui mirent le commerce si à bas, que personne ne vendait ou n'achetait sinon du pain et du vin, car un homme qui portait dix francs en monnaie en avait sa charge, et, à cause de cela, on n'en portait point dehors. Et chacun était si grevé que plusieurs renoncèrent en ce temps à leurs propres héritages et s'en allèrent de Paris comme gens désespérés. Les uns allaient à Rouen, les autres à Senlis ; les autres devenaient brigands des bois ou Armagnacs, et faisaient tant de maux ensuite que l'on aurait dit des Sarrasins, et tout cela par le mauvais gouvernement des personnages susnommés, vrais loups ravissants, qui enfreignaient dans leur conduite l'interdiction de l'Ancien Testament et du Nouveau, car ils mangeaient la chair avec le sang, prenant la brebis et la laine.

« *Item*, en ce temps (1424) il courait des *blancs* de huit deniers parisis, des *petits blancs* aux armes de France et d'Angleterre. Il courait aussi des *niquets* et des *noirets* : quatre *noirets* valaient un *niquet* et trois *niquets* valaient un *blanc*. Il y avait très grande foison de *blancs* de huit deniers aux armes de Bretagne, et plusieurs marchands, bourgeois et autres, qui en avaient, furent trompés, car soudainement, le neuvième jour de décembre, il fut publié que lesdits *blancs* ne courraient plus que pour sept deniers parisis. Ainsi tous ceux qui en avaient perdirent la huitième partie de leur argent... *Item*, en ce temps (1425) il courait à Paris une monnaie nommée *plaques* pour douze deniers parisis. Cette monnaie avait été émise au nom du duc de Bourgogne. Quand on vit que chacun en avait une bonne quantité, on fit un cri dans Paris, le samedi 12 novembre, à savoir que ces *plaques* seraient comptées pour huit *doubles*. Or, elles avaient été prises pour neuf *doubles*. Cela produisit un grand murmure, mais il fallut en passer par là, si mal qu'on en eût au cœur... *Item*, le septième jour de janvier 1427, il fut crié que les *doubles* du coin de France ne vaudraient plus qu'un *blanc*, un denier la pièce, mais que ceux qui portaient les armes d'Angleterre ne changeraient point. — *Item*, les écus d'or, que l'on prenait jusque-là pour vingt-trois sous, furent mis à dix-huit. — *Item*, les *petits moutons* d'or, parce qu'ils étaient aux armes de France comme les écus, furent mis à douze sous parisis, et auparavant ils en valaient quinze. La conséquence fut que le lendemain de ce cri on ne pouvait avoir ni pain, ni vin, ni rien de ce qui est nécessaire, avec les *doubles* français, et les changeurs n'en voulaient donner deniers ni oboles. Or, le menu peuple n'avait point d'autre monnaie que celle-là, qui ne lui servait plus à rien. Alors, en voyant une telle perte, les gens se mirent à maudire leur destinée en secret et même ouvertement, et à parler des gouvernants selon leur humeur. Et il advint même que beaucoup jetaient leur monnaie dans la rivière, puisqu'ils n'en pouvaient rien tirer, et il en fut ainsi jeté à l'eau, dans la semaine dudit cri, pour la valeur de plus de cinquante florins, par un mouvement de vrai désespoir... *Item*, dans les premiers jours du mois d'août (1427), il fut crié et publié que les écus d'or ni les moutons d'or n'auraient plus cours à aucun prix et ne vaudraient que leur poids d'or. » — Le plus récent éditeur du *Journal*, M. Tuetey, nous donne sur cette dernière mesure, d'après les documents des Archives nationales, des renseignements plus amples. « Un mandement du 8 août 1427, publié le 9 août à la seule fin « d'abattre le cours des écus et des *doubles* faits aux armes de France », prohiba d'une manière absolue toutes monnaies d'or et d'argent autres que les monnaies en voie de fabrication et ne laissa dans la circulation que les *saluts* et *angelots* d'or, *nobles*, et fractions de *nobles*, *grands blancs* de dix deniers, *petits blancs* de cinq deniers, enfin les *doubles* de Normandie de trois pour un *petit blanc.* » Ce n'était rien de moins que la *dénationalisation* de la monnaie.

Cette instabilité arbitraire des moyens d'échange produisit naturellement de violentes fluctuations économiques, accrues encore par les ravages et les interceptions d'une guerre continuelle, dont les hauts et bas faits, dans le temps qui suivit le traité de Troyes, avant l'affermissement temporaire de l'usurpation anglaise au nord de la Loire, s'accomplissaient fréquemment dans les environs, parfois jusque dans les faubourgs de la capitale. Aussi cette période (1420-1421) vit-elle d'effrayants accès de misère. Notre quinteux Chuffart (si Chuffart il y a) n'a pas négligé de les noter. Il s'y est d'autant mieux complu qu'il avait une attention particulière au prix des denrées. On se le figure en colloque animé sur ce sujet avec la personne chargée du soin de son ménage. Mais écoutons-le gémir, gronder contre ses chefs, les *gouverneurs* anglo-bourguignons, et ne pas oublier pourtant de faire ressortir la responsabilité de ses ennemis, les Armagnacs.

« *Item*, en ce temps (1420) on était en pleines vendanges à la mi-août et les Armagnacs faisaient encore plus de courses qu'auparavant. A cause d'eux tout enchérit tellement à Paris qu'une paire de souliers valait dix sous parisis (1), une paire de chausses assez peu bonnes deux francs ou quarante sous, et toutes choses nécessaires à l'existence dans la même proportion... *Item*,... pour grever encore plus le pauvre peuple, le pain de huit deniers fut mis à dix et celui de seize à vingt. — *Item*, une livre de bonne chandelle valait dix *blancs*, un œuf quatre deniers, la livre de fromage de presse, huit *blancs*. — *Item*, à la Saint-Remy,

(1) Le 6 mai 1420, le sou parisis pouvait équivaloir à environ 0 fr. 20 de notre monnaie, valeur intrinsèque. Quant à la valeur effective, correspondant au pouvoir habituel d'achat, on ne saurait guère la déterminer, même d'une façon approximative. — La valeur intrinsèque du denier parisis, à la même date, peut être estimée à environ un centime et demi. — Nous suivons les tableaux de M. de Wailly avec l'augmentation du quart en sus qui distinguait le système dit *parisis* du système dit *tournois*.

ce jour-là même (1er octobre 1420), on cria le pain de cinq *blancs* à deux sous parisis, celui de dix deniers à douze deniers; un œuf, six deniers; un hareng caqué, douze deniers; un hareng poudré, cinq *blancs*... *Item*, en ce temps les Armagnacs couraient toujours devant Paris et venaient jusqu'aux portes. Ils mettaient le feu dans les environs et saisissaient les marchands à l'entrée de la ville. On ne laissait sortir personne. Il semblait vraiment que quelques-uns de ceux qui gouvernaient s'entendissent avec les ennemis, car aucun marchand ne s'en allait de Paris ou n'y venait si secrètement que les Armagnacs ne le sussent. C'est pourquoi Paris demeura si dépourvu de toutes provisions, spécialement de pain et de bois, qu'un setier de bonne farine valait seize ou dix-sept francs (1), la méchante bûche de Marne quatre francs, et toutes choses à proportion. L'armée du roi qui était toujours devant Melun sans rien faire se livrait à de tels ravages que l'on s'en ressentait bien à vingt lieues tout autour... *Item*, huit jours à peine après l'entrée solennelle de nos souverains (décembre 1420), le blé et la farine enchérirent tant que le setier de froment valait, à la mesure de Paris, aux halles, trente francs de la monnaie qui courait alors, et la bonne farine valait trente-deux

(1) Si, comme il y a lieu de le croire, le mot *franc* est synonyme ici de *livre tournois*, le franc à la date sus-indiquée (6 mai 1420) équivalait à environ 3 fr. de notre monnaie, valeur intrinsèque.

francs et les autres grains à proportion. Il n'y avait point de pain à moins de vingt-quatre deniers parisis la pièce, et il était plein de son, et le plus pesant ne pesait que vingt onces ou environ. En ce temps-là les pauvres gens et les pauvres prêtres passaient mal leur temps. On ne donnait à ceux-ci que deux sous parisis pour leur messe, et les pauvres gens ne mangeaient d'autre pain que des choux et des navets, et des potages de ce genre, sans pain ni sel.

« *Item*, le pain enchérit tant avant la fête de Noël, que celui de quatre *blancs* valait huit *blancs*, et encore n'y avait-il personne qui en pût avoir, s'il n'allait avant le jour chez les boulangers, et ne payait pintes et chopines aux maîtres et aux garçons. Or, il n'y avait vin en ce temps-là qui ne coûtât au moins douze deniers la pinte. Mais on ne l'épargnait pas, si l'on en pouvait avoir, car quand arrivaient environ huit heures, il y avait une si grande presse à la porte des boulangers, que nul ne le pourrait croire s'il ne l'avait vu. Et il y avait de pauvres créatures qui, à cause de la presse, ne pouvaient, même avec leur argent, avoir de pain pour leurs pauvres maris qui étaient aux champs, ou pour leurs enfants qui mouraient de faim en leurs maisons. L'on entendait à travers Paris pitoyables plaintes, pitoyables cris, pitoyables lamentations. Les petits enfants criaient : « Je meurs de faim ! » Et sur des tas de fumier, dans les rues de Paris, vous rencontriez ici dix, ici vingt ou trente enfants, garçons et filles, qui mouraient là de faim et de froid. Il n'y avait cœur si dur qui les entendant crier la nuit : « Hélas ! je meurs de faim ! » n'en eût grande pitié. Mais les pauvres habitants ne leur pouvaient venir en aide, car on n'avait ni pain, ni blé, ni bûches, ni charbon. De plus, le pauvre peuple était si surchargé du service du guet qu'il lui fallait faire de jour et de nuit, qu'il était incapable d'aider autrui ou de s'aider lui-même...

« *Item*, en ce temps, à la Chandeleur (2 février 1421), en guise de réconfort pour les pauvres gens, on ressuscita les enfants de l'Ennemi d'enfer, c'est à savoir les impositions, aides et maltôtes, et on fit gouverneurs des gens oisifs, qui ne savaient comment vivre et qui pinçaient tout de si près, que personne ne voulait plus amener à Paris aucune marchandise, tant à cause de la monnaie qu'en raison des impôts. Et il résulta de là une si grande cherté qu'à Pâques un bon bœuf coûtait deux cents francs ou plus ; un bon veau douze francs ; la flèche de lard huit ou dix francs ; un pourceau seize ou vingt francs ; un petit fromage tout blanc six sous parisis, et toute autre denrée à proportion. Et jour et nuit, à cause de cette cherté, il y avait dans Paris de longues plaintes, lamentations, douleurs, cris pitoyables, tellement que je ne crois pas que le prophète Jérémie en ait fait de plus douloureux, quand la cité de Jérusalem fut entièrement détruite et que les enfants d'Israël furent emmenés captifs à Babylone... Émus d'une telle misère, quelques bons habitants de la ville de Paris se mirent en peine d'y remédier. Ils achetèrent trois ou quatre maisons dont ils firent des hospices pour les pauvres enfants qui mouraient de faim à travers Paris. Ces enfants y avaient bon potage, bon feu, bon lit. En moins de trois mois, il y eut en chacun de ces hospices quarante lits ou davantage, bien fournis, que les bonnes gens de Paris y avaient donnés. L'un de ces hospices était à la Heaumerie, un autre devant le Palais et le troisième à la place Maubert. Et quand on vint au doux temps, comme qui dirait en avril, voici ce qu'on vit en vérité. Les gens qui, en hiver, s'étaient fait leur breuvage avec des provisions de pommes ou de prunelles, quand la boisson était épuisée, vidaient leurs tonneaux et jetaient ces pommes ou prunelles au milieu de la rue, dans l'intention que les porcs de l'abbaye de Saint-Antoine les mangeassent (1). Mais les porcs n'y arrivaient pas à temps, car aussitôt jetés, ces fruits étaient ramassés par de pauvres gens, des femmes, des enfants, qui les mangeaient avec délices, et c'était une grande pitié, puisqu'ils mangeaient ce que les pourceaux ne daignaient manger. Ils mangeaient aussi des trognons de choux crus sans pain et les herbes des champs, sans pain et sans sel... Quand

(1) Par un singulier privilège, les pourceaux de l'abbaye de Saint-Antoine étaient seuls autorisés à vaguer dans les rues.

le tueur des chiens en avait tué, les pauvres gens le suivaient aux champs pour ramasser la chair ou les tripes pour les manger... Hélas! quelle grande pitié c'était d'aller parmi la ville de Paris, soit un jour de fête ou tout autre jour! On n'y voyait que des gens demandant l'aumône et qui maudissaient la vie cent mille fois le jour, car ils avaient trop à souffrir. En ce temps on ne leur donnait que très peu, car chacun avait assez à faire de s'aider soi-même. Vous ne vous pouviez trouver en quelque compagnie sans entendre des gens se lamenter, sans voir couler de grosses larmes. Les uns maudissaient la fortune, les autres les seigneurs, les autres les gouverneurs. On criait souvent à haute voix et bien hardiment : « Hélas! Hélas! Dieu très doux, quand cessera donc cette affreuse peine, cette damnable guerre? » On répétait maintes fois : « Vrai Dieu, *vindica sanguinem sanctorum*. Venge le sang des bonnes créatures qui meurent innocentes par le fait de ces faux traîtres armagnacs! »

Il n'y eut plus à Paris, dans les années qui suivirent, d'aussi horribles disettes. La misère néanmoins et la tristesse semblent y être longtemps demeurées grandes. L'auteur du *Journal* note à cet égard, à la fin de l'année 1423, un détail significatif. « *Item*, en ce temps, dit-il, toutes les personnes qui avaient des maisons y renonçaient parce qu'elles étaient chargées de rentes. Or, aucun des censiers ne voulait rien abandonner de ses rentes, et ils aimaient mieux tout perdre que de se relâcher par humanité en faveur de ceux qui leur devaient des rentes, tant la confiance était petite, et à cause de ce manque de confiance, on aurait bien trouvé à Paris plus de vingt mille maisons vides et marquées d'une croix, saines et entières d'ailleurs, mais où personne n'habitait. »

A mesure que le nouveau régime s'implanta plus fortement et que, en raison même des progrès de l'invasion, le théâtre de la guerre s'éloigna de la capitale, l'usurpation étrangère continua, il est vrai, de faire peser lourdement son joug politique et financier sur la population parisienne, mais, par un effet naturel, la situation économique s'améliora. On n'eut plus tant de peine à se procurer les objets de première nécessité. Cela résulte soit du silence, soit de quelques notes plus satisfaites de notre quinteux bourgeois sur le prix des vivres. Les malheureux de Paris devinrent alors moins malheureux. Remarquons, à ce propos, que vers le milieu de l'année 1428, une bonne aubaine s'offrit aux plus diligents d'entre eux, qui eurent l'occasion de faire un repas exceptionnel. Un dîner pantagruélique fut publiquement servi à l'occasion de la réception par l'Université de quatre docteurs en droit canon, deux anglais et deux français. « *Item*, le jour de Saint-Leufroi, c'est-à-dire le lundi 21 juin, on fit au Palais la plus somptueuse fête qu'homme vivant alors eût jamais vue, car toute personne, de quelque état qu'elle fût, y fut reçue à dîner selon son état. Le régent de France et sa femme et toute la chevalerie furent servis selon leur rang; mais le clergé d'abord, comme évêques, prélats, abbés, prieurs: ensuite on servit les docteurs de toutes sciences et le Parlement; ensuite, le prévôt de Paris et les gens du Châtelet; ensuite, le prévôt des marchands, les échevins, bourgeois et marchands ensemble; et enfin le commun peuple de toute condition. Et à ce diner il y eut bien, l'un dans l'autre, plus de huit mille personnes assises à table. Le pain distribué était à environ trois deniers la pièce (1), et chaque pain était de fort belle dimension, car on avait alors un setier de très bon froment pour douze sous parisis. On en distribua bien sept cents douzaines. *Item*, on y but quarante muids de vin. *Item*, il y eut bien huit cents plats divers, sans compter le bœuf et le mouton, qui furent sans nombre. »

Le pain à cette heure ne manquait donc plus aux habitants de la capitale. Mais l'homme ne vit pas seulement de pain.

(1) A la date du 21 février 1428, la valeur intrinsèque du denier parisis peut être estimée à 4 centimes et demi de notre monnaie, celle du sou parisis à environ 0 fr. 56.

CHAPITRE VIII

MŒURS, COUTUMES ET COSTUMES. ÉPISODES ET ANECDOTES

On a pu, dans les récits qui précèdent, recueillir quelque image du temps où nous essayons de nous transporter. Cette image, nous allons tenter à présent de la faire mieux saillir encore, de l'amplifier et de la préciser par quelques nouveaux traits et quelques détails complémentaires (1).

Toujours puissante sur l'esprit et sur le cœur de la nation où elle avait jeté de si profondes racines, la royauté française subissait en ce moment une

(1) Nous nous plaçons ici à un point de vue pittoresque plutôt que méthodique. Nous nous permettons de renvoyer les personnes qui désireraient un exposé plus général et plus didactique de l'état des choses d'alors au chapitre intitulé : *La France au temps de Jeanne d'Arc*, dans notre livre sur la Pucelle publié par la librairie Mame. Ce chapitre ne figure que dans l'édition de luxe.

terrible crise. Le sceptre de saint Louis avait vacillé pendant près d'un demi-siècle entre des mains d'abord inexpérimentées, puis irresponsables. Le règne de Charles VI fut le long cauchemar d'un inconscient, qu'interrompaient de temps en temps des réveils de lucidité toujours peu durables. Les chroniqueurs nous ont conservé de navrants détails sur cette royale démence. « C'était grande pitié, dit notre bon Jouvenel, de la maladie du roi. Quand il mangeait, c'était d'une façon bien gloutonne et comme un loup. On ne pouvait le décider à se dévêtir, et il était tout plein de poux, de vermine et d'ordure. Il avait mis secrètement un petit morceau de fer en contact avec sa chair, et cette pauvre chair en était toute pourrie. Mais personne n'osait approcher de lui pour y remédier. Il y eut toutefois un médecin qui dit qu'il fallait absolument y porter remède ou que sa vie serait en danger. Sur son avis, on disposa dix ou douze compagnons bien déguisés, le visage noirci, et bien garnis sous leurs vêtements, de crainte que le roi ne les blessât. Cela fait, on fit entrer les compagnons, qui étaient bien terribles à voir, dans la chambre royale. Quand le roi les vit, il demeura tout ébahi. Or, on avait fait faire des vêtements tout neufs : chemise, pourpoint, robe, chausses et bottes. Lesdits compagnons vinrent au roi, le saisirent, le déshabillèrent, le nettoyèrent, et le revêtirent de ces vêtements qu'ils avaient apportés. Ils trouvèrent le morceau de fer dont il a été parlé. Toutes les fois qu'on le voulait nettoyer, il fallait s'y prendre de cette manière. » A ce tableau saisissant, Jouvenel ne néglige pas d'ajouter un détail relatif à son propre père. « Il y avait une chose, rapporte-t-il avec complaisance, dont quelques gens s'émerveillaient. On venait voir le roi quelquefois, et lui regardait fort les gens, mais sans dire un mot. Pourtant lorsque le visiteur était Messire Jean Jouvenel des Ursins, qui avait eu longtemps (comme prévôt des marchands) le gouvernement de Paris, et qui était maintenant avocat fiscal du roi, celui-ci disait : « Jouvenel, faites bien en « sorte que nous ne perdions rien de notre « temps. »

Mauvaise tête et bon cœur, cet adage s'applique merveilleusement au fils insensé de Charles V le Sage, bien que parfois, dans ses intervalles lucides, il laissât échapper des traits d'intelligence et de bon sens dignes de la sagesse de son père. Aussi, en dépit des maux affreux résultant de sa démence, demeura-t-il toujours populaire. Il est curieux que lors de son entrevue avec Henri V, quand le roi anglais vint à Troyes pour y consommer l'œuvre de la déchéance capétienne et française, le pauvre souverain déchu et mis au joug ait eu vis-à-vis de l'usurpateur un éclair de fierté dédaigneuse et une attitude de supériorité royale. L'*indiciaire* Chastellain nous en a conservé une vivante peinture. « Le roi Charles, dit-il, était assis sous un dais brodé de fleurs de lis. Son trône doré embellissait toute la salle, merveilleusement pleine de seigneurs. Le roi anglais, en mettant le pied à la porte de cette salle, tout à l'extrémité de laquelle était le trône du roi, ôta son chapeau, et ensuite il s'avança rapidement jusqu'au dais, sans que le roi Charles se levât en aucune manière. Quand le roi anglais fut tout près de lui, le roi Charles se leva si peu que rien. Alors le roi Henri plia le genou assez bas pour lui rendre honneur, et lui dit d'assez humbles et gracieuses paroles, pour un ennemi et un roi tel qu'il était. Le roi de France parut en tenir peu de compte et ne lui dit que ces quelques mots d'un ton jovial : « Or çà, vous ! « soyez le très bien venu, puisqu'il en est ainsi ! « Saluez les dames. » Et sur cela, il se rassit. Et il semblait avoir plus de sens mille fois qu'on ne l'espérait, car sa maladie le tenait alors. Et il semblait que Dieu, pour ce bref espace de temps, agit en lui, et lui donnât sens et vertu de savoir faire et omettre, car nul conseil de qui que ce fût ne put le décider à se lever, jusqu'à ce que le roi d'Angleterre fût tout près de lui, pas plus qu'il ne l'aurait fait pour un de ses vassaux, prince de son sang. »

Dans ses accès, le malheureux roi était loin de conserver toujours ainsi la conscience de son rang, puisqu'il perdait jusqu'à celle de sa personnalité. Il soutenait quelquefois qu'il s'appelait Georges et non pas Charles, qu'il était un simple chevalier ou écuyer, sans femme ni enfants, et que ses armes étaient un lion percé d'une épée. La reine Isabeau (il y a pour elle là quelque excuse) passait avec lui des moments terribles. Il en fallut venir à les séparer. On s'avisa d'un expédient où se reflète tristement la décadence morale de l'époque, et que notre bon moine de Saint-Denis, sans l'approuver, rapporte avec trop de calme. « Comme on craignait fort, dit-il, qu'en raison de sa maladie il ne se portât à quelque violence contre la personne de la reine, on ne le laissait point cohabiter avec elle. Mais on lui avait donné pour compagne une jeune personne (Odette de Champdivers) belle, gracieuse et charmante, qui était fille d'un marchand de chevaux. Cela s'était fait du consentement de la reine : ce qui semblait fort choquant. Mais quand elle songeait aux maux qui la menaçaient et aux mauvais traitements qu'elle avait déjà endurés avec le roi, la pensée qu'entre deux inconvénients il faut choisir le moindre faisait qu'elle se résignait à ce sacrifice. Cette fille fut amplement récompensée. On lui donna deux beaux manoirs avec toutes leurs dépendances, situés l'un à Créteil et l'autre à Bagnolet. Elle était généralement et publiquement désignée sous le nom de *la petite reine*. Elle resta longtemps avec le roi, et eut de lui une fille nommée Marguerite, que le roi (Charles VII) maria à un certain Harpedanne, en lui donnant la seigneurie de Belleville-en-Poitou : aussi appela-t-on cette fille du roi Charles VI la demoiselle de Belleville. »

Ce fut comme une fatalité pour la France que son roi étant tel que Charles VI, sa reine fut telle qu'était Isabeau de Bavière. La déplorable figure de cette princesse maudite a suffisamment paru dans les tableaux ci-dessus, et nous la laisserions vieillir et mourir dans l'ombre de l'hôtel Saint-Paul, où nous l'avons vue se tenir close depuis la mort de son mari, si quelques nouveaux détails relatifs à sa personne et à ses habitudes n'avaient leur intérêt pour le tableau des mœurs du temps. A la fois prodigue et avare, Isabeau aimait non seulement à dépenser, mais aussi à thésauriser. « Elle enfouissait, dit Vallet de Viriville (1). Sur un seul exercice, entre autres, de sa trésorerie, l'exercice antérieur à 1416, on remarque ce chapitre : *Deniers baillés comptant à la reine*. Le total s'élève à 104.682 livres, 17 sous, 8 deniers tournois. On peut multiplier par quarante cette somme, pour se faire une idée approximative de l'équivalent en francs de notre monnaie actuelle. La reine absorbait ces sommes énormes, en dehors de ses dépenses proprement dites, imputées sur d'autres chapitres de ses budgets. Une partie notable de ces deniers, provenant des subsides et littéralement de la misère publique, était convertie par elle en vaisselle d'argent, en perles, en diamants non montés et en lingots d'or. Elle plaçait sous main

(1) *Histoire de Charles VII*, t. I, pp. 40-41.

ces valeurs à titre de dépôts, non seulement dans les coffres de ses diverses demeures, mais çà et là, chez des marchands ou banquiers et chez les gens d'Église. L'abbaye de Saint-Denis, la cathédrale de Chartres reçurent ainsi des fidéicommis clandestins. Le 20 mai 1416, Jean Picard, premier secrétaire de la reine, se présenta devant le sous-prieur du couvent de la Trinité, à Vendôme. Il était porteur de trois mille francs en écus d'or à la couronne. L'envoyé de la reine montra aussi un acte en bonne forme, scellé et signé du nom et de la main d'Isabeau. L'acte et l'argent furent confiés aux religieux. L'un et l'autre devaient être restitués à volonté, sur l'ordre de la reine. Quant aux dépositaires, afin qu'ils gardassent, touchant cette remise, un silence perpétuel, la reine stipulait dans l'acte que la somme, si elle n'était pas réclamée par la déposante et durant sa vie, appartiendrait au couvent. » Après l'exil d'Isabeau à Blois, le connétable d'Armagnac mit la main au nom du roi sur plusieurs de ces dépôts.

Entre les objets de prodigalité pour laquelle cette triste reine amassait ainsi des ressources futures, il en est un qui mérite d'être relevé, comme une des habitudes du luxe princier d'alors, c'est la ménagerie ou plutôt les ménageries d'Isabeau, peuplées de quantités d'animaux de toute espèce : chiens, chats, singes, perroquets, cygnes, chats-huants, et aussi de plus gros animaux et de plus féroces, comme, par exemple, cette léoparde, présent de son fils Jean, le second dauphin, qu'elle nourrissait à Vincennes. Lui offrir des cadeaux de ce genre était un moyen connu de gagner ses bonnes grâces. Aux occasions, d'ailleurs, elle était elle-même magnifique en ses dons. Lors des fiançailles de son fils Charles avec Marie d'Anjou, elle offrit à la reine Yolande six hanaps d'or à pied, émaillés au dedans de rouge clair, et d'une valeur totale de 1.072 francs d'or. L'un de ces hanaps, destiné à l'usage personnel de la reine de Sicile, était muni d'un couvercle, en signe de souveraineté. Le jeune fiancé reçut de sa mère une aiguière et un gobelet d'or, d'une valeur de 208 livres tournois. Le prince Louis d'Anjou, alors âgé de dix ans, eut un anneau enrichi d'un diamant. Un diamant fut aussi le présent offert à la première dame d'Yolande, Marie de Craon. Mathieu de Beauvau. principal conseiller de cette princesse, reçut un hanap et une aiguière d'argent doré. Isabeau, qui fut d'ailleurs douze fois mère, expia d'assez bonne heure, même au sein de sa mollesse luxueuse, ses coupables habitudes. Vers l'âge de cinquante ans, elle ne pouvait plus faire usage ni dechevaux, ni de chars. Elle était devenue podagre et son énorme obésité la contraignait à ne plus voyager qu'en sa litière, que des relaisde porteurs se transmettaient de distance en distance. A l'intérieur de ses palais on la traînait dans une chaise roulante. Quoiqu'elle dût prolonger longtemps sa vie encore, la crainte de la mort la hantait ou de quelque entreprise violente contre sa personne. Aussi à l'hôtel Saint-Paul et au château de Vincennes, on avait construit exprès pour elle des logements ou *retraits de bois*, fermés de divers mécanismes de serrurerie fréquemment renouvelés. C'est là qu'elle s'abandonnait la nuit au sommeil ou à l'insomnie, entourée de gardiennes qui se relayaient pour la veiller. Elle essayait de fléchir le ciel par les prières et les pénitences d'âmes meilleures que la sienne propre. On la voit, par exemple, charger l'un de ses aumôniers de payer « neuf livres quatre sous à Sœur Jeanne la Brune, religieuse à Saint-Marcel, pour trente-six jours que ladite Sœur avait jeûné pour et à la dévotion de madite dame la reine ».

Le fils de Charles VI et d'Isabeau, que la mort de ses aînés avait fait unique et que déshéritait le traité de Troyes, était né, avait passé sa première enfance dans un milieu de haut luxe et de confortable vraiment princier. Le marquis de Beaucourt a extrait sur ce sujet de curieux détails des comptes officiels de la maison royale. « Le grand berceau de parade qui avait servi aux frères de Charles, nous dit-il (1), fut remis à neuf pour son usage, et l'on refit les quatre « pommeaux de fin cuivre doré », émaillés aux armes de la reine. Il avait, en outre, deux autres berceaux, dont l'un, en bois de sapin d'Irlande, était peint « de fin or

(1) *Histoire de Charles VII*, t. I, pp. 6-10

bruni » et muni d'un écran au chevet. La couche était garnie de duvet et d'une plume appelée *fleurin*. Dès le lendemain de sa naissance, nous voyons acheter deux écrans neufs, destinés sans doute à le protéger plus encore contre l'air que contre le feu, car, en ces temps, on avait beau *feutrer* les fenêtres, on ne se mettait guère à l'abri du froid. Ses premiers jouets furent un hochet d'argent doré, et une chaise d'argent incrustée dans un petit tableau; un peu plus tard, on lui donna pour s'amuser, quand il était « mal disposé », un petit chaudron de laiton; et, le 15 février 1404, on achetait une harpe, du prix de trente-six sous parisis, qui fut « délivrée aux gens de Monseigneur de Ponthieu, pour en jouer devant ledit seigneur »... Il eut pour gouvernante Jeanne du Mesnil, qui appartenait à une famille attachée à la maison d'Orléans... Sa nourrice était une femme de qualité, Jeanne de Chamoisy, probablement sœur d'un des écuyers de la reine. Il eut pour *berceresse* Ouzanne Riou, qui devint plus tard sa *demoiselle* (suivante), et pour femme de chambre Margot de Sommevère. L'enfant fut élevé *au petit pot* : cela est établi par les comptes, qui parlent sans cesse de la « fleur » qui servait à son alimentation, de la « poêle » et de la cuiller d'argent pour faire la bouillie à Monseigneur Charles de France », du « pot d'argent à mettre lait », des serviettes délivrées à ses femmes « pour mettre devant lui quand on lui donne la bouillie »... A partir du second semestre de 1403, il a part aux distributions d'anis et de noix confits, de sucre rosat, d'orangeat, de citron, de coriandre, etc., qui se font chaque mois pour la bouche des enfants royaux. Le comte de Ponthieu a, pour son usage personnel, six tasses d'argent blanc, six écuelles de même à ses armes, une aiguière d'argent verrée et deux pots d'argent blanc. Le 24 avril 1404, on livre, pour servir à le baigner, un « grand bassin de laiton à deux anses »... On trouve mentionnés (dans les comptes de 1405) et la « chaise de chambre » et le bassin de laiton pour la « chaise de nécessité ».

On peut voir au même endroit de son livre le relevé fait par le docte historien de quelques-uns des somptueux vêtements confectionnés pour le jeune prince depuis sa naissance jusqu'à sa sixième année. Ni la somptuosité ni la délicatesse ne firent non plus défaut à son adolescence et à sa jeunesse, soit à la cour d'Yolande, sa future belle-mère, soit à sa propre cour, comme dauphin, régent et roi. Le château de Mehun-sur-Yèvre, l'une de ses résidences de prédilection, situé à quatre lieues de Bourges, était, pour l'époque, un séjour délicieux. « Ce n'était pas, dit M. de Beaucourt (1), une de ces forteresses au sombre aspect, aux étroites meurtrières, faites uniquement pour se mettre à l'abri des attaques, mais, comme nous l'apprend

(1) Ouvrage cité, t. I, p. 215.

Froissart, l'une des plus belles maisons du monde; car le duc de Berry « excellemment y avait fait travailler, enjoliver et construire, et ce château avait bien coûté trois cent mille francs ». Les murs étaient percés de grandes baies ogivales, laissant pénétrer la lumière; de nombreuses tours, sveltes et richement sculptées, étaient reliées entre elles par une galerie à mâchicoulis et à créneaux qui permettait de circuler tout autour de l'enceinte; l'entrée était ornée de sculptures et de statues. L'eau de la Yèvre coulait autour des remparts crénelés qui défendaient la première enceinte; à l'intérieur, le vieux duc avait déployé dans les peintures, les tapisseries, les meubles précieux, tout ce que le luxe du temps offrait de plus magnifique. »

Le voyage du jeune prince en Languedoc, dans les premiers mois de l'année 1420, fournit à Vallet de Viriville l'occasion de nous donner un aperçu de sa garde-robe et de son équipement chevaleresque d'apparat. « Le 1er mars, raconte-t-il (1), Charles, régent du royaume, fit son entrée à Toulouse... Sa suite personnelle comprenait quarante et un chevaux. Le régent avait en sa compagnie son jeune cousin Charles de Bourbon, comte de Clermont; Jean, comte d'Armagnac; les membres de son grand conseil; Guillaume de Boisratier, archevêque de Bourges, vice-chancelier, etc., etc.

(1) Ouvrage cité, t. I, pp. 207-210.

Après lui, marchaient en bataille ses hommes d'armes, portant chacun leur lance, ornée d'un panonceau, et peinte par divers artistes de Lyon, d'Avignon et de Bourges. Puis venaient les hommes de trait ou fantassins. La plupart de tous ces combattants étaient écossais... Des sommes considérables avaient été dépensées pour son harnais de campagne, que l'on véhiculait après lui. L'or, l'argent et le travail de l'orfèvre reluisaient sur sa riche épée de parement, sur son heaume de cérémonie... Son armure complète et de grande tenue consistait en une lourde carapace qui enveloppait et bardait le corps entier; carapace de fer, orfévrée d'or et d'argent; le heaume, ceint d'une couronne d'or et sommé de joaillerie et de plumes. Mais le plus souvent le jeune prince marchait le visage découvert. Il remplaçait alors le heaume par un chaperon, ou par un chapeau soit de velours, soit de feutre orfévré. Par-dessus la cuirasse ou au lieu de la cuirasse, il portait une robe courte rembourrée aux épaules et froncée de corsage, nommée *huque*. Sur ces huques les orfèvres, brodeurs ou couturiers royaux épuisaient les ressources de leur imagination et de leur goût, qui, sous l'empire de la mode, touchait souvent à l'extravagance. L'une des robes de Charles avait de longues manches pendantes et découpées, chargées de dix marcs d'or en ornements. Il possédait une autre huque plus simple. Celle-ci, de velours vermeil, était recouverte de drap de laine noir, « découpé en manière de grandes écailles pourfilées et nervées de fil d'or de Chypre », qui pesaient six marcs et trois onces d'argent doré. Nous signalerons, entre autres, une troisième robe à l'usage du prince « brochée d'or sur velours vermeil, dorée et ouvragée de besans et de feuilles *branlantes* ». La plus solennelle, sans doute, le revêtait au jour de son entrée dans Toulouse... Charles VI, roi de France, avait pour emblème un soleil d'or. Son fils, le prince Charles, portait une huque *italienne* en drap de laine noire, brodée d'or, « ladite broderie en forme ou manière d'auvent traversé par les rayons d'un soleil d'or ».

Le fastueux et lourd équipement chevaleresque qu'il était obligé de revêtir à certains jours était une obligation du rang de Charles VII plutôt qu'une indication de son humeur. Bien que fort disposé à faire, le cas échéant, tout son devoir, ce prince n'avait ni les aptitudes d'un chef d'armée, ni même, comme on dit, le tempérament militaire. C'était, avec moins de force de volonté, un méditatif, un politique comme son aïeul Charles V, non un héros de chanson de geste ou de poème d'aventure, comme le roi Jean, son bisaïeul. Le bien-être et le luxe, tels qu'il les aimait, auraient eu, ce semble, s'il avait pu toujours suivre son goût, un caractère de jouissance personnelle et familiale, de beaucoup préférée à la satisfaction orgueilleuse, à l'éclat pompeux et bruyant des fêtes de parade. Une qualité vraiment royale de sa nature, mais qui, par l'excès, devenait un véritable défaut, c'était sa libéralité magnifique, si peu en rapport, à l'époque où nous sommes, avec sa situation de plus en plus menacée et la pénurie croissante de son trésor. On est effrayé quand on lit, à la date de 1425, une liste de pensions et dons telle que celle-ci, dressée par M. de Beaucourt (1), ou plutôt résumée, abrégée par lui d'après les actes authentiques : « Le comte de Foix touche deux mille livres tournois par mois, soit une pension annuelle de vingt-quatre mille livres, et il n'est familier ou protégé du comte qui, sur sa recommandation, ne soit abondamment pourvu. Le comte de Comminges a cinq cents livres par mois, soit six mille livres par an, plus une pension de deux mille livres. Le sire d'Albret touche douze mille livres pour la garde de ses châteaux de Guyenne. Si du chapitre des *pensions*, — où figurent naturellement tous les conseillers de la couronne, — nous passions à celui des *dons*, la liste serait longue et tristement éloquente. Le chancelier Martin Gouge touche, à plusieurs reprises, des sommes s'élevant à quatre mille six cents livres; le sire de Giac, des sommes formant un total de six mille cinq cents livres; le comte d'Astarac a deux mille livres; la reine de Sicile, trois mille; l'évêque de Laon, mille d'abord, puis deux mille; le comte dauphin d'Auvergne, dix-huit cents; le vicomte de

(1) Ouvrage cité, t. II, pp. 119-120.

Carmaing, deux mille; le comte de Clermont, deux mille: Philippe de Lévis, comte de Villars, mille... A côté des dons en argent, il y a les dons en nature, car le trésor est impuissant à satisfaire toutes les convoitises. »

En dehors des impôts, aides et subsides, qui fournissaient à de telles prodigalités un argent prélevé sur l'avoir et sur le labeur des populations fidèles, et aussi de certains *dons* monnayés, plus ou moins volontaires, des villes que le prince honorait d'une visite exceptionnelle, Charles VII, à son tour, recevait parfois de ses sujets de véritables cadeaux. C'est ainsi qu'un de ses serviteurs, Robinet d'Estampes, lui fit présent, pour son installation à Bourges, d'une « riche chambre de haute lice qui valait bien six cents écus ». De même les bons bourgeois de Tours, quand la reine Marie d'Anjou passa dans leur ville, au mois de février 1428, prirent la peine de s'enquérir des choses qui lui étaient « plus nécessaires ». Ils hésitèrent entre « deux bassins d'argent à laver mains » ou une certaine quantité de linge fin, et, en sages *mesnagiers*, comme on disait alors, ils se décidèrent pour le linge. Qui dit prodigue, dit besogneux. Nous avons vu déjà comment Charles VII empruntait de toutes mains. Ce n'était pas seulement pour les besoins de l'État, mais pour l'entretien de sa maison et celui même de sa table, et il était parfois long à solder ces sortes de dettes. Le 24 juin 1422, il reconnut devoir au chapitre de Bourges, en poisson d'étangs fourni pour sa nourriture, la somme de 2.423 livres, 16 sous parisis. Ce compte ne fut réglé que près de vingt ans plus tard.

Les bons chanoines berrichons se firent, nous n'en doutons pas, un vrai plaisir de nourrir leur roi légitime, prince sincèrement et profondément religieux. Les dispositions d'esprit et d'âme de Charles étaient conformes aux obligations qu'imposaient à cet égard la tradition royale et le vœu des peuples aux souverains de la chrétienté, surtout aux descendants de saint Louis. Dès sa première enfance, on lui avait organisé sa « chapelle » propre avec autel portatif et desservants spéciaux. Il avait alors Jean de Mantes pour aumônier et pour clerc Jean de Montmoret. Plus tard, naturellement, l'organisation en fut bien plus pleine. Outre ses prêtres en titre et ses chapelains auxiliaires, le dauphin, puis le roi eut son groupe d'artistes en musique religieuse, les uns chanteurs, les autres joueurs d'instruments. Charles VII entendait tous les jours deux ou trois messes, dont une chantée. Il récitait régulièrement les heures canoniales en y joignant des prières pour les morts, ne passait guère de jour sans se confesser et ne manquait pas de communier aux fêtes. Après l'audience donnée par lui au chevalier qui lui apportait la nouvelle de la victoire de Beaugé, « ledit seigneur, dit Jouvenel, s'en vint du château de Poitiers jusqu'à l'église Notre-Dame en grande joie et diligence, et uniquement à pied, pour remercier Dieu et lui rendre grâce d'un tel et si heureux avantage. Et même il y eut une belle et notable messe chantée, et un sermon fait par un docteur en théologie, nommé Maître Pierre de Versailles. Cela fait, Monseigneur le dauphin régent s'en retourna au château pour prendre sa réfection, remerciant Dieu, et étant fort joyeux de la signalée victoire qu'il lui avait donnée. »

Le chef de l'usurpation anglaise, le roi Henri V, ne manifestait pas, nous en avons déjà vu la preuve, des sentiments moins religieux que le chef légitime de la dynastie nationale. Nous avons vu aussi que c'était un politique ferme et profond et un général de haut mérite : homme d'ailleurs plein d'ambition, non exempt de cruauté, confit en son froid orgueil. Son frère Bedford, nous l'avons dit, ne lui était pas inférieur soit dans les conseils, soit sur le champ de bataille. Tel qu'il nous apparait à Verneuil, dans la vive esquisse tracée par Vallet de Viriville (1), c'est tout à la fois un tacticien consommé et comme un héros d'Homère : « Le duc de Bedford, rangea son *ost* en un seul corps de bataille, marchant à pied. Les chevaux, les vivres, un peu d'artillerie et le reste du charroi furent placés à l'arrière, sous la garde des pages et varlets. Ce vaste carré était bordé de tous côtés par des archers. Chacun de ces soldats, sur le front de bandière, plaça devant lui en terre un pieu aigu et fixé obliquement. Ainsi fut formée

(1) Ouvrage cité, t. I, pp. 414, 415, 417.

une palissade qui présentait toutes les pointes à l'ennemi. Le régent, durant cette campagne, marchait à la tête des troupes. Vêtu d'une robe de velours bleu, il portait à la poitrine une grande croix blanche ou croix de France, sur laquelle se dessinait, un peu plus petite, la croix rouge d'Angleterre. Quatre bannières, sans compter sa bannière propre, le précédaient, confiées à un pareil nombre de chevaliers. Deux de ces enseignes offraient les armes de France, pleines sur la première, et sur l'autre écartelées d'Angleterre, pour signifier aux yeux de tous la réunion des deux couronnes... Pendant trois quarts d'heure, la lutte se balança des deux parts, avec une telle puissance que l'issue resta indécise. Le duc de Bedford, tête énergique, couronnant un robuste corps, dominait les siens de la pensée comme du geste. Armé d'une hache d'armes qu'il agitait à deux mains, il était le centre qui attirait à lui le principal effort de l'attaque. Le comte de Douglas, notamment, dirigea ses continuels efforts vers le point où il apercevait le duc... Le redoutable Bedford, frappant de mort tous ceux qui l'approchaient, demeura comme invulnérable et inaccessible. » — Ces flegmatiques et vaillants Lancastre avaient pourtant leur *mauvais sujet*, leur écervelé dans la personne de Glocester, dont ci-dessus on a vu les escapades.

Les deux chefs de la maison de Bourgogne, issue de la maison de France et si funeste à la

France, qui ont figuré dans nos récits, le duc Jean et le duc Philippe, ne sont pas de beaux caractères. Le second pourtant ne fut pas un scélérat comme le premier. De mœurs aussi licencieuses que fastueuses et politique retors sous son affectation de pompeuse et fausse chevalerie, il montra du moins dans ses États propres de réelles qualités de gouvernant et ne fut pas non plus dépourvu de talents militaires. Il avait fait preuve à la bataille de Mons-en-Vimeu (30 août 1421) d'une brillante valeur. « Le jeune duc de Bourgogne, dit Vallet de Viriville (1), conquit galamment en ce jour ses éperons dorés. Durant tout le temps de la rencontre, Philippe fit son devoir de prince avec autant d'intelligence que de bravoure. Engagé personnellement dès le premier choc, il fut tout d'abord enferré de deux lances. L'une perça d'outre en outre l'arçon de sa selle. L'autre faussa en flanc son harnois. Un puissant homme d'armes français le prit à bras-le-corps, menaçant ainsi de le désarçonner et de s'emparer de sa personne. Mais le duc montait un fort coursier qu'il brocha de l'éperon, et grâce à l'impulsion du cheval, il passa outre, échappant de la sorte à cette rude étreinte. Philippe le Bon fit de sa main prisonniers deux chevaliers français : Gilles de Gamaches et Poton de Saintrailles. — Vaillant pendant le combat, Philippe agit en sire de la

(1) Ouvrage cité, t. I, pp. 291-292.

fleur de lis après la victoire. Pour payer sa bienvenue comme nouveau chevalier (il s'était fait conférer, le matin même, l'ordre de chevalerie par Jean de Luxembourg), il mit en liberté, peu de temps après, ses deux prisonniers. Le prince pouvait exiger d'eux une rançon. Bien loin de là, il leur fit présent d'un cheval et d'une armure complète ou *harnois*. Le duc ordonna, de plus, qu'il fût compté à chacun de ces gentilshommes cinq cents moutonceaux (petits moutons) d'or. Le soir même de la bataille et sans débrider, il se rendit à Notre-Dame d'Abbeville, où il entendit tout armé un office d'action de grâces. »

On a pu apprécier déjà le caractère peu imposant du chef de la maison capétienne de Bretagne, Jean VI, et les continuelles volte-face de cette girouette ducale. On n'ignore pas non plus l'esprit dominateur et les trop promptes justices du comte de Richemont, son frère. Le chef de la maison de Bourbon, issue de saint Louis, mais bien éloignée alors du trône, était, comme le chef de la maison d'Orléans, qui au contraire y touchait de près, prisonnier depuis Azincourt. Son fils aîné, le comte de Clermont, avait mis son épée au service de Charles VII, mais son caractère violent et irréfléchi en faisait un serviteur bien peu commode. Dans les derniers jours du mois de mars 1427, il se signala par un acte de fructueuse extravagance, un de ces bizarres enlèvements dont nous avons déjà eu à citer plusieurs exemples. La victime de ce coup de main n'était autre que le chancelier de France, Martin Gouge, évêque de Clermont, dont l'emprisonnement plus qu'arbitraire se prolongea pendant plusieurs mois. Pour obtenir sa mise en liberté, les instances de Charles VII et les démarches solennelles du Parlement furent insuffisantes; il ne fallut pas moins que l'active intervention du pape Martin V. L'excommunication apostolique frappa le brigand princier. Encore dut-on ajouter à cette sanction un argument plus concret, à savoir une lourde rançon acquittée par Martin Gouge. Pour dédommager son ministre, le roi l'autorisa à faire fabriquer à son profit, dans un des ateliers royaux, une certaine quantité de monnaies d'or et d'argent.

Les personnages qui ont défilé sous nos regards dans les scènes et tableaux de cette époque néfaste nous ont fait voir parmi les grands seigneurs et les courtisans, qui, autour et au-dessous des princes, occupaient le théâtre de la haute vie sociale, d'assez tristes échantillons de l'espèce humaine. La vie de cour offrait alors le contraste d'une imposante magnificence et d'une étiquette à certains égards pointilleuse, avec un sans-gêne et une brutalité encore barbares. Le sire de Giac, par exemple, se laissait aller à de grossières sorties. Blessé d'un avis émis à une séance des États par l'évêque de Poitiers, Hugues de Comberel, il s'en fallut de peu qu'il n'éclatât contre lui. Mais une fois retiré dans la chambre du roi, devant l'entourage ordinaire de Charles, il ne se contint plus et s'écria « en reniant Dieu » que, si on l'en croyait, on jetterait Comberel à la rivière et avec lui tous ceux qui avaient été de son avis. Un autre favori de Charles, Pierre Frotier, devenu baron de Preuilly, introduisait des fous dans l'église paroissiale de sa seigneurie. Il menait en dérision l'abbé de Preuilly par les rues. Il contraignait les meuniers de l'abbaye à jouter contre les siens propres, montés sur des ânes et parodiant de la sorte le jeu chevaleresque de la quintaine. Il ne craignait pas de braver le roi lui-même et disait tout haut qu'il était, lui Frotier, « pape, empereur et roi en sa seigneurie ».

On retrouvait cette rudesse de mœurs, mêlée aux somptuosités et aux raffinements du luxe, dans les fêtes et divertissements royaux. Sous Charles VI, les ballets et mascarades avaient été en grande vogue et, avant sa maladie, le roi se plaisait à y prendre lui-même un rôle. Un jour, cela faillit lui coûter cher. On avait imaginé une mascarade de sauvages. Or, l'idée qu'on se faisait alors des sauvages était celle d'hommes velus. Charles et plusieurs de ses courtisans firent donc coudre sur eux une toile enduite de poix de résine, où était collée une toison d'étoupes. Par un trait de jovialité qui était une vraie sauvagerie, un des danseurs, pour faire peur aux dames, imagina de mettre le feu à ces étoupes. De là un flamboiement terrible, où le roi aurait péri, si la duchesse de Berry, sa tante, n'avait eu l'heureuse idée de l'envelopper dans son manteau de fourrure et d'y étouffer la flamme. Mais plusieurs des malheureux hommes velus ne furent que trop tard débarrassés de leur ardente enveloppe et moururent de cette plaisanterie après quelques jours de cruelles souffrances. A cette barbarie native se joignait alors dans les cours une superstition, pour ainsi dire, officielle : l'astrologie et la manie des horoscopes. Voulant gratifier son connétable Jean Stuart, le dauphin Charles, au mois d'avril 1421, lui fit cadeau d'un astrologue. Ce docte personnage, « Maître Germain de Thibouville, docteur en médecine et souverain astrologien », jouissait, paraît-il, d'une belle réputation prophétique.

Les tournois et joutes, divertissements armés, sanglants parfois, des barons de l'époque féodale, avaient eu en France, depuis l'avènement au trône de la branche des Valois, qu'accompagna un réveil factice de l'esprit et des mœurs chevaleresques, un vif regain de faveur. La cour de Bourgogne, sous Philippe le Bon, devait s'y adonner avec une passion théâtrale. Ces combats, dits *courtois*, étaient tantôt une partie des fêtes de haut parage, tantôt une sorte d'épisode servant comme de délassement et d'ornement aux hostilités d'une guerre en cours. On en a vu, pour cette dernière application, un exemple dans les mines souterraines du siège de Meaux. Qui le désirerait, en pourrait trouver un autre, assez curieux, raconté par notre grave *indiciaire* bourguignon au quatre-vingt-deuxième chapitre de son premier livre : « D'une joute qui fut près le Pont-de-Remy de six contre six, pour l'honneur des dames. » Notre quinteux *bourgeois*, quoique nullement guerrier, n'a pas laissé, tout en grognant, de noter en amateur, dans son journal, de tels combats en champ clos. « *Item*, le onzième jour d'octobre suivant (1414), un jeudi, fut fait un champ de bataille à Saint-Ouen, d'un Breton et d'un Portugais. L'un était au duc de Berry et l'autre au duc de Bourgogne. Ils furent mis au champ clos pour un combat à outrance, mais ils ne firent rien dont il y ait lieu de parler, car on leur cria : « Ho! » quand ils allaient se mettre sérieusement aux prises. Et cet arrêt fut crié par l'ordre du duc de Berry, qui avait grand'peur pour son Breton, car le Portugais se montrait d'allure si aisée sous son harnais, que chacun lui donnait d'avance la victoire. Mais, par le fait, on ne put savoir qui l'aurait eue... *Item*, au commencement du mois de février suivant (1415), le roi et les grands seigneurs joutèrent dans la grande rue Saint-Antoine, entre Saint-Antoine et Sainte-Catherine du Val-des-Écoliers, et on y avait établi des barrières. Le duc de Brabant vint à Paris durant ces joutes pour traiter de la paix ; il jouta et gagna le prix... En ce temps aussi étaient à Paris des chevaliers d'Espagne et de Portugal. Or, trois Portugais, ayant renom de chevalerie, se rencontrèrent en champ clos, par je ne sais quelle folle entreprise, contre trois chevaliers de France, c'est à savoir François de Grignols, La Roque et Maurigon. La rencontre, à outrance, fut fixée au 21 février, veille de la Saint-Pierre, au lieu de Saint-Ouen. Le soleil était couché avant qu'ils entrassent en lice, mais, selon la bonne vérité de Dieu, il faudrait moins de temps pour aller à cheval de la porte Saint-Martin à celle de Saint-Antoine, qu'il n'y en eut avant que les Portugais fussent déconfits par les trois Français, et le meilleur fut La Roque. »

Ces jeux, ces exercices guerriers avaient été autrefois un excellent apprentissage de la vie militaire. Ils l'étaient moins maintenant que la guerre commençait à se faire d'une façon plus régulière et plus savante. S'ils développaient la bravoure, la force, l'agilité personnelles, ils étaient plutôt nuisibles à l'esprit d'ordre, d'obéissance, de discipline, nécessaire pour une bonne tactique. Or la tactique tenait maintenant une place importante dans la conduite et la rencontre des armées. Les princes conquérants venus d'Angleterre : Édouard III, le Prince Noir, Henri V, le duc de Bedford, étaient des tacticiens distingués. Ce n'est pas sans vraisemblance que le regretté Siméon Luce, dans l'intéressant chapitre sur la bataille de Poitiers que contient le volume consacré par lui à la jeunesse de Du Guesclin (1), a présenté les institutions militaires d'Édouard III, dont héritèrent ses successeurs,

(1) *Histoire de Du Guesclin et de son époque. La Jeunesse de Bertrand*, chap. VI.

comme ayant opéré une sorte de révolution dans l'art de la guerre. C'est moins peut-être à leurs hommes d'armes, à leur cavalerie vêtue de fer, si solide et disciplinée qu'elle fût, que les Anglais durent leur écrasante supériorité durant la guerre de Cent ans, qu'à leur infanterie nationale, devenue presque l'élément prépondérant, l'agent décisif de leurs armées. Cette infanterie de ligne, qu'il ne faut pas confondre avec les auxiliaires équipés à la légère dont nous avons parlé plus haut, maniait avec la plus redoutable habileté et mettait en jeu avec un ordre admirable une arme de choix, le grand arc anglais à tir rapide, sans rival alors en Europe, et en face duquel l'arbalète française ou génoise était d'un effet trois fois moindre. L'artillerie à feu, encore à ses débuts, n'était en rase campagne qu'un engin de destruction secondaire par rapport à ces terribles archers (1). Elle était surtout d'utile usage dans les sièges, que la stratégie d'alors, moins avancée que la tactique, était amenée à multiplier, en raison du grand nombre des places fortifiées, dont la conquête successive était considérée comme le principal et plus sûr moyen d'assurer soit l'occupation, soit la délivrance du pays disputé par un envahisseur à son souverain légitime.

(1) On commençait pourtant à employer aussi le fusil primitif, le « canon à main ». Il y avait déjà 11.000 hommes armés de cet engin dans les troupes que le duc d'Orléans réunit en 1411.

Si la science et l'art techniques avaient déjà leur place dans les guerres du temps où nous nous sommes transporté avec ceux qui veulent bien nous suivre, la vigueur et l'escrime personnelles, à la façon des héros de l'*Iliade* et des preux de l'épopée chevaleresque, y conservaient encore, nous l'avons pu voir, leur antique prestige et une notable efficacité. Il suit de là que les chefs devaient être à la fois d'habiles conducteurs de troupes et de redoutables hommes de main. Ce dernier caractère ne contribuait pas médiocrement à développer en eux une terrible rudesse de mœurs, souvent une férocité sauvage. L'un des meilleurs et plus fidèles soutiens de la cause nationale, l'intrépide La Hire, avait une étrange façon, mais commune alors, de considérer la vie militaire et la morale à y appliquer. C'était un brigand épique. Il ne laissait pas de sentir au fond quelque scrupule et d'être religieux à sa manière. Au combat devant Montargis (septembre 1427), salade en tête, lance au poing, il se dirigeait vers l'endroit qu'il avait jugé le plus propice pour l'attaque. En route, il croisa un chapelain et lui demanda l'absolution. « Mais il faut d'abord vous confesser, lui dit le prêtre. — Je n'en ai pas le temps, reprit La Hire, je dois attaquer l'ennemi à l'instant même. Au reste, j'ai commis en fait de péché tout ce que les gens de guerre font d'ordinaire. » — « Sur cela, continue le chroniqueur qui nous a rapporté cette anecdote, le chapelain lui donna l'absolution tellequelle. Et alors La Hire fit ainsi sa prière à Dieu, disant en son gascon, les mains jointes : « Dieu, je te prie que tu fasses aujourd'hui pour La Hire tout autant que tu voudrais que La Hire fît pour toi, s'il était Dieu et que tu fusses La Hire. » Et il croyait, ajoute le chroniqueur, très bien prier et dire. »

Les simples hommes d'armes pensaient et agissaient comme les chefs. Ils retenaient d'autant moins leurs penchants brutaux, que les Anglais se jugeaient en pays conquis et que, dans les armées françaises de cette époque, le principal contingent se composait de mercenaires étrangers. Toute cause spéciale mise à part, il faut dire, d'ailleurs, que la guerre était généralement conçue en ce temps et pratiquée d'une façon barbare. Cette vaillance même, que l'on admirait chevaleresquement chez un adversaire pendant le combat, on n'hésitait pas à la châtier parfois comme un crime, après la victoire. L'idée de vengeance dominait les caractères les moins cruels. Après la prise de Gallardon par le dauphin Charles, deux des chefs de la défense, Le Rousselet, bailli de la ville et l'avocat Gilles Cousin, furent pendus ou décapités et la ville livrée au pillage. De nombreux habitants, inoffensifs, furent massacrés dans l'église, où ils s'étaient réfugiés. Il est vrai qu'il y avait eu prise d'assaut, et qu'en ce cas le dauphin lui-même a pu être impuissant à maitriser la fureur de ses soldats. Quant au roi d'Angleterre Henri V, ses vengeances, ses représailles étaient froidement, systématiquement atroces. Après la prise d'une forteresse nommée Longueil, il fit noyer dans l'Yonne soixante hommes d'armes français, qui, selon lui, s'étaient trop bien défendus.

Les habitudes de cruauté devinrent chez certains guerriers d'alors à tel point une seconde nature, que l'on peut vraiment dire d'eux qu'ils n'avaient plus rien d'humain. Tel ce bâtard de Vaurus, justement exécuté après la prise de Meaux, et dont la renommée faisait une espèce d'ogre. On voudrait se persuader qu'il y a quelque chose de légendaire dans l'épouvantable anecdote que conte à son sujet notre *Bourgeois de Paris ;* tableau sinistre dont, en le rapportant, nous effaçons ou adoucissons quelques traits par trop hideux.

« Ce Vaurus, nous dit-il, montra bien par un damnable forfait qu'il était le plus cruel que l'on eût jamais vu, plus que Néron même ou tout autre pareil. Un jour il saisit un jeune homme en train de faire son labour, le lia à la queue de son cheval et le mena ainsi jusqu'à Meaux. Là il le fit torturer, de sorte que la douleur contraignit ce jeune homme à lui accorder ce qu'il voulait, et c'était une si grosse rançon, que trois paysans réunis ne l'eussent pas pu payer. Ce jeune homme fit savoir à sa femme, qu'il avait épousée cette même année, et qui était sur le point d'avoir un enfant, la grande somme qu'il avait consenti à payer pour éviter la mort et le brisement de ses membres. Sa femme qui l'aimait de tout son cœur, vint à Meaux, et essaya de fléchir l'âme du tyran ; mais rien n'y fit, et celui-ci déclara que s'il n'avait pas la rançon au jour indiqué, il pendrait l'homme à son fameux orme. La jeune femme partit donc en pleurant et en recommandant à Dieu son mari, qui pleurait aussi à chaudes larmes. Elle rassembla le plus vite qu'elle put l'argent demandé, mais elle ne le put apporter au jour dit, mais seulement huit jours après. Or, aussitôt le jour dit passé, le tyran avait fait pendre le jeune homme à son arbre, comme les autres, sans pitié ni merci. Quand la jeune femme arriva, fondant en larmes, elle était si épuisée de fatigue et de maladie, qu'elle se pâma. Revenue à elle, elle demanda son mari. On lui répondit qu'elle ne le verrait qu'après la rançon payée. Elle attendit encore et vit plusieurs laboureurs que l'on amenait devant le tyran et ses acolytes, et, s'ils ne pouvaient payer leur rançon, ils étaient pendus ou noyés sans miséricorde. Elle eut très grand'peur de ce qui avait pu arriver à son mari et son pauvre cœur ne lui disait rien de bon. Néanmoins si fort était son amour, qu'elle livra l'argent recueilli par elle. Alors, quand ils eurent la somme, ils lui dirent de s'en aller, que son mari était mort comme les autres vilains. A cette cruelle parole, elle eut au cœur une telle douleur, qu'elle leur parla comme une femme désespérée et hors de son sens. Ses paroles déplurent à ce faux et cruel tyran, le bâtard de Vaurus. Il la fit battre à coups de bâton et mener ainsi battant à son orme qu'il lui fit embrasser et où il la fit lier. Puis, inhumanité sans pareille ! il lui fit enlever ses vêtements jusqu'au nombril. Or, au-dessus d'elle il y avait bien quatre-vingts ou cent hommes pendus, les uns en bas, les autres en haut. Parfois ceux d'en bas, quand le vent les faisait brandiller, touchaient à sa tête, et cela lui donnait une telle frayeur, qu'elle ne pouvait se tenir sur ses pieds. De plus, les cordes dont ses bras étaient liés lui coupaient la chair, de sorte que la pauvre malheureuse poussait de hauts cris et de pitoyables plaintes. Dans cette affreuse douleur où elle était, la nuit vint ; alors s'empara d'elle une désolation sans mesure, et, dans son épouvantable martyre, elle s'écriait par intervalles : « Seigneur « Dieu, quand serai-je délivrée de cet affreux tour- « ment? » Et ses cris étaient si forts qu'on la pouvait ouïr de la ville, mais il n'est personne qui eût osé l'aller délivrer, car on l'aurait payé de sa vie. Parmi ces souffrances, en proie de plus à un vent glacé, elle fut prise du mal d'enfant. Ses cris redoublèrent, de sorte que les loups qui rôdaient par là, en quête de cadavres, s'en vinrent droit à l'infortunée et l'assaillant de leurs dents cruelles, dévorèrent la mère et le nouveau-né. Ainsi finit cette pauvre créature et assez d'autres, et c'était au mois de mars, en carême, l'an mil quatre cent vingt (1). »

(1) C'est-à-dire 1421 du style actuel. L'année alors commençait à Pâques.

Les méfaits, les forfaits commis étaient plus ou moins atroces, selon le degré de méchanceté individuelle, mais il n'est pas douteux d'ailleurs que ces détestables mœurs militaires ne fussent alors générales. C'est ce qui résulte de cette page indignée de notre religieux de Saint-Denis : « Ces courses dévastatrices, s'écrie-t-il, qui duraient déjà depuis longtemps, étaient marquées par des rencontres fréquentes, où bon nombre d'écuyers et de chevaliers étaient faits prisonniers, par des assassinats ou des massacres, par des sacs et pillages de villes, en un mot, par toutes sortes de crimes abominables, que, en raison de leur atrocité, la postérité ne jugerait pas dignes de créance, si je les rapportais ici en détail. Presque chaque jour, les paysans venaient en foule demander justice à l'autorité royale et l'assiéger de leurs plaintes. « Ils ont, disaient-ils, incendié tels et tels faubourgs, avec les villages avoisinants ; ils ont dévasté, ces exécrables sacrilèges, beaucoup d'abbayes et de monastères non fermés, et ont forcé les religieux et religieuses à se réfugier dans des lieux plus sûrs, non sans avoir indignement fait violence à beaucoup de ces saintes femmes. Ils convertissent en lieux de débauche les cellules des moines et les salles des cloîtres, même dans les villes closes, et ils ne permettent pas d'y garder les observances régulières. Aussi beaucoup de jeunes gens, n'écoutant que l'ardeur de leur âge et foulant aux pieds toute pudeur, passent du cloître dans les camps, quittent le froc pour la cuirasse et ne se font aucun scrupule d'apostasier. Presque partout les laboureurs craignent de les rencontrer; ils abandonnent leurs sillons et leur charrue, laissent les vignes et les champs incultes, et s'enfuient de tous côtés, allant chercher un asile dans des endroits cachés et dans les bois, et se condamnant à vivre de brigandage, ou bien ils évitent la présence de ces ennemis comme l'éclat de la foudre et se retirent dans des lieux sûrs, pour y vivre en repos. » D'autres expliquaient au roi, en exprimant leur compassion, la cause de cette frayeur. « Tous ceux, disaient-ils, que ces pillards atteignent en les traquant comme des bêtes fauves, ils les dépouillent de leurs vêtements, les chargent de fers, les enferment dans des souterrains et dans d'affreux cachots, et les accablent de toutes sortes de tortures, pour leur extorquer une rançon. Ils traitent de la même manière les marchands qui vont d'une ville à l'autre, soit pour gagner leur vie, soit pour chercher un refuge, et si ces malheureux allèguent leur extrême pauvreté, ils les laissent mourir de faim ou les pendent aux arbres. Ils n'épargnent pas les enfants à la fleur de l'adolescence, et leur font subir les mêmes supplices, lorsque leurs parents ne les rachètent pas à prix d'argent. Si l'on en croit même la rumeur publique, ils renouvellent les cruautés des tyrans infidèles; ainsi, ils ôtent la vue à quelques-uns de leurs prisonniers en les forçant de regarder pendant longtemps une flamme ardente ou un bassin rougi au feu, ou ils les mettent à jamais hors d'état de marcher en leur brûlant la plante des pieds. A quelque titre qu'ils guerroient, que ce soit comme Bourguignons ou comme Armagnacs, ils se battent non pour défendre le royaume et l'honneur du roi et pour confondre l'ennemi, mais uniquement pour piller. Partout où ils passent, ils enlèvent les chevaux, le gros et le menu bétail, et toutes les choses nécessaires à la subsistance et à la vie des habitants, non pour subvenir aux besoins de la guerre, mais pour mettre en vente toutes ces dépouilles dans les villes et cités du royaume, publiquement, librement et sans vergogne, et pour en tirer profit. » — Le bon moine a pu juger par lui-même de ces habitudes des gens de guerre, et il n'a pas omis de détailler dans un chapitre spécial, au quarantième livre de sa chronique, « an du Seigneur 1419 », les « nombreux dommages » causés « à l'abbaye et à la ville » par « la garnison chargée de défendre Saint-Denis » contre les Anglais.

Les jeunes moines défroqués et devenus soldats, que nous signale notre religieux, sont assurément un trait curieux des mœurs du temps. Un autre trait, que nous ont offert les récits des guerres d'alors, c'est le spectacle de moines, fidèles à leur vocation et à leur habit, et néanmoins prenant une part active aux combats, notamment à la défense d'une ville assiégée, alors même que cette ville n'est pas celle de leur couvent. Cette bravoure anticanonique naquit à l'origine du sang trop chaud des Barbares, dont le mélange était venu ranimer la société agonisante de la Gaule romaine : leur conversion au christianisme ne put triompher que lentement et par une action morale prolongée durant des siècles de leurs instincts héréditaires, transmis par eux à l'ensemble de la population, surtout à la classe guerrière et féodale, issue du mélange. Prêtres et moines batailleurs se retrouvent du commencement à la fin du moyen âge et au delà. L'Église ne cessa pourtant jamais de lutter contre cette irrégularité, plutôt approuvée par l'opinion, mais réprouvée par l'esprit évangélique.

Cet esprit, à l'époque où nous sommes, avait subi de cruelles atteintes, en raison particulièrement de l'anarchie ecclésiastique, qui fut la déplorable conséquence du grand schisme d'Occident. De là de fâcheux abus, dont le moindre ne fut pas la vocation ou la conduite, politique plutôt qu'apostolique, d'un certain nombre d'évêques et de prêtres à leur suite, plus préoccupés du parti à prendre dans les discordes civiles ou dans les délibérations des conseils princiers, des charges ou des missions à remplir pour le compte de leurs souverains respectifs, que de leurs offices pastoraux, de l'instruction et de l'édification des peuples. Que le génie chrétien, la vraie foi catholique, le zèle et la charité de l'Évangile fussent alors néanmoins vivants encore dans le clergé séculier et régulier de notre malheureuse France, c'est ce qu'attestent bien des exemples consolants. Nous avons entendu le courageux Pierre Flour rappeler publiquement à Philippe le Bon ses devoirs de chrétien et de prince français. Écoutons maintenant la leçon exemplaire que reçut un jour en face, en pleines oreilles, de la bouche d'un autre prédicateur, la scandaleuse Isabeau.

« Comme je me suis fait une loi, dit notre religieux en son livre vingt-sixième (année 1405), de retracer dans cette histoire les actions dignes de blâme aussi bien que celles qui méritent l'éloge, je crois devoir dire que l'extrême incurie avec laquelle la reine et le duc d'Orléans gouvernaient les affaires pendant la maladie du roi excitait de vifs mécontentements dans le royaume. Le peuple ne craignait point de les accabler publiquement de malédictions, et de dire qu'ils n'avaient d'autre pensée que de multiplier contre toute justice les taxes et les exactions, pour s'engraisser de la substance des pauvres et assouvir leur exécrable et aveugle cupidité. Ils ne songeaient en effet qu'à s'enrichir au préjudice du royaume, s'inquiétant peu du chétif état du roi et de son fils aîné, Monseigneur le duc de Guyenne. Ils avaient tellement restreint les dépenses du roi, que ses intendants ne pouvaient dépasser d'un écu d'or la somme qui leur avait été fixée par écrit. On leur reprochait encore, entre autres actes de tyrannie, d'insulter à la misère publique en faisant grande chère aux dépens d'autrui. Ils enlevaient les vivres sans les payer, et quand on en demandait le prix, les pourvoyeurs de la maison royale regardaient cette réclamation comme un crime. Indifférents à la défense du royaume, ils mettaient toute leur vanité dans les richesses, toute leur jouissance dans les délices du corps. Enfin, ils oubliaient tellement les règles et les devoirs de la royauté, qu'ils étaient devenus un objet de scandale pour la France et la fable des nations étrangères.

« On parlait beaucoup et en termes assez vifs de ces déportements; mais personne n'osait entreprendre publiquement d'y remédier par des avis salutaires. Enfin un moine augustin, nommé Jacques Legrand, prit la résolution de faire entendre la vérité en prêchant devant la reine le jour de l'Ascension. Ce hardi dessein était d'autant plus louable, à mon avis, que, connaissant l'histoire du passé, ce religieux n'ignorait pas que les femmes et surtout les nobles dames s'irritent facilement des paroles qui leur déplaisent, et que leur courroux a été fatal à beaucoup de gens. Il n'hésita pas cependant à développer avec beaucoup d'éloquence une mordante fiction, consistant en un duel supposé entre les vertus et les vices des gens de cour, et, à ce propos, il montra la conduite à suivre et celle qu'il fallait éviter. Il serait contraire à la brièveté dont je me suis fait une loi de rapporter ici tout au long le sermon qu'il prononça. Mais je noterai quelques applications particulières qu'il ne craignit pas de faire.

« Je voudrais, dit-il, noble reine, ne rien dire qui ne vous fût agréable, mais votre salut m'est plus cher que vos bonnes grâces : je dirai donc la vérité, quels que doivent être vos sentiments à mon égard. La déesse Vénus règne seule à votre cour ; l'ivresse et la débauche lui servent de cortège et font de la nuit le jour au milieu des danses les plus dissolues. Ces maudites et infernales suivantes, qui assiègent sans cesse votre cour, corrompent les mœurs et énervent les cœurs. Elles efféminent les chevaliers et les écuyers et les empêchent de partir pour les expéditions guerrières, en leur faisant craindre d'être défigurés par les blessures. » Passant ensuite au luxe des vêtements que la reine avait principalement contribué à introduire, il le censura énergiquement et ajouta : « Partout, noble reine, on parle de ces désordres et de beaucoup d'autres qui déshonorent votre cour. Si vous ne voulez pas m'en croire, parcourez la ville sous le déguisement d'une pauvre femme, et vous entendrez ce que chacun dit. »

« Ce langage fut loin de plaire à la reine. Quelques demoiselles de sa suite témoignèrent au prédicateur leur étonnement de ce qu'il avait osé dire publiquement tant de mal. « Et moi, leur répondit-il, je suis bien plus étonné que vous osiez commettre d'aussi méchantes actions et même de pires, que je révélerai hautement à la reine, quand il lui plaira de m'entendre. » Un des familiers de la reine, passant en ce moment auprès de lui, se mit à dire avec humeur : « Si l'on m'en croyait, on jetterait à l'eau ce misérable. » Le religieux, bravant ses menaces, lui répondit hardiment : « Oui, sans doute, il ne faudrait qu'un tyran comme toi pour exécuter un tel crime. » Il eut encore beaucoup d'autres propos outrageants à essuyer pour avoir eu le courage de dire la vérité. Quelques courtisans, afin d'attirer sur lui la colère du roi, allèrent raconter à celui-ci que le moine augustin avait parlé de la maison de la reine dans les termes les plus offensants. Le roi en témoigna au contraire beaucoup de satisfaction. Il désira même l'entendre, et voulut qu'il prêchât devant lui le saint jour de la Pentecôte.

« Ce jour-là donc le religieux prêcha en présence du roi, des ducs de la maison de France et du roi de Navarre. Il prit pour texte : *L'Esprit saint vous enseignera toute vérité*, et commença par célébrer avec ardeur la venue du Saint-Esprit. De là, passant à la morale, il déclara que le devoir d'un prédicateur était de dire la vérité devant tout le monde, quelque importune qu'elle pût être à ceux qui l'entendaient. Il représenta éloquemment comment dans la cour des grands et des chefs de l'État les préceptes divins étaient foulés aux pieds, la doctrine de l'Évangile méprisée, la foi, la charité et toutes les autres vertus théologales et cardinales presque anéanties. S'élevant ensuite avec force contre les vices de ceux qui étaient à la tête des affaires, il leur reprocha hautement leur tiédeur pour le bien de l'État et leur mauvaise administration.

« Après avoir entendu toutes ces choses, le roi, soit de son propre mouvement, soit à l'instigation de ses courtisans, se leva et vint se placer en face du religieux. Tout autre eût été intimidé par la vue d'un si grand prince. Mais lui n'en montra que plus de résolution. Il continua son discours, et adressant la parole au roi lui-même, il lui dit qu'il devait prêter une sérieuse attention à ce qu'il venait d'entendre, sinon, la faute en retomberait sur ses conseillers, et l'on pourrait dire qu'ils n'osaient point lui faire connaître la vérité. Puis, lui rappelant l'exemple de son père : « Il est vrai, dit-il, qu'il imposa des tailles au peuple pendant son règne ; mais du moins ces contributions servirent à la grandeur de la France. Il construisit des forteresses, repoussa vigoureusement les ennemis du royaume, s'empara de leurs places, et amassa des trésors qui l'avaient rendu au moment de sa mort le plus puissant des rois de l'Occident. Nous ne voyons rien de pareil aujourd'hui, et pourtant des impôts bien plus lourds pèsent sur le peuple. » Il ajouta qu'on n'avait retiré aucun avantage des taxes générales qui avaient été levées deux fois cette année, qu'on n'avait fait aucune expédition glorieuse pour le royaume, qu'on ne payait pas même la solde aux gens de guerre, que l'argent de ces tailles avait été détourné au profit de quelques particuliers qui ne rougissaient pas d'en faire le plus honteux usage.

« La suprême noblesse de ce temps-ci, continua-t-il, c'est de fréquenter les bains, de vivre dans la débauche, de porter de riches habits bien lacés, à belles franges et à longues manches. Cela vous regarde aussi, Monseigneur, et je vous dirai que c'est vous vêtir de la substance, des larmes et des gémissements du malheureux peuple, dont les plaintes, nous le proclamons avec douleur, montent sans cesse vers le souverain Roi pour accuser tant d'injustices. » Il signala une personne, sans la désigner autrement que par le titre de duc (1), qui avait, dit-il, montré dans sa jeunesse les plus heureuses dispositions, mais qui depuis s'était attiré les malédictions du peuple par ses dérèglements, par son insatiable cupidité, et par l'oppression insupportable que lui et ses pareils faisaient peser sur tout le royaume. Il termina son discours en disant que, si tant de méfaits duraient encore longtemps, il craignait que Dieu, qui dispose à son gré de la couronne des rois, ne transportât bientôt le sceptre à des étrangers, ou ne permît que le royaume fût divisé en lui-même, par l'effet de la mauvaise conduite des princes. Il présenta éloquemment d'autres considérations en faveur de la réforme des mœurs, et parla en prédicateur courageux et en apôtre de la vérité. Il s'attira par là le ressentiment et la haine des méchants; mais les

(1) C'était le duc d'Orléans, la future victime de Jean sans Peur.

honnêtes gens et les sages le félicitèrent et le louèrent de toutes les choses qu'il avait eu le courage de dire. Le roi lui-même applaudit à sa fidélité, et contre l'attente des gens de la cour, qui ne cherchaient qu'à le perdre, il le prit sous sa protection et résolut de mettre un terme aux excès qu'il avait signalés. Mais il ne put accomplir cette résolution: il éprouva une rechute, le 9 juin, et resta malade jusqu'à la fin de juillet. »

Les voix ecclésiastiques étaient loin malheureusement de retentir toujours d'une façon aussi salutaire. L'avantage qu'avait la France de posséder le plus grand corps intellectuel de la chrétienté, l'Université de Paris, devint, dans les douloureuses circonstances où se trouvait le royaume, un inconvénient funeste. Dans l'anarchie du grand schisme, ce corps, que déjà commençait à gâter la décadence de l'enseignement scolastique, avait vu croître tout ensemble ses défauts et ses prétentions. Saisis d'un vertige d'orgueil, les docteurs parisiens s'imaginèrent qu'ils étaient dans l'Église la maîtresse autorité doctrinale, dont l'épiscopat et la Papauté même devaient suivre et exécuter les décisions. Ils prétendirent également régenter l'État. L'Université de Paris, que la chancellerie qualifiait de fille aînée du roi, concluait de là qu'elle avait mission de guider son père. « La fille du roi, écrivait Gerson, bon patriote, mais entiché des idées universitaires, a été établie dans ce royaume pour en être l'œil clairvoyant; elle doit prévoir tout ce qui est à faire;

elle est comme la garde habitant les sommets pour écarter toute calamité : elle est cette statue de Pallas placée dans la principale tour de Troie ; Troie n'aurait pas péri si l'image de Pallas n'en avait pas été arrachée. L'Université représente-t-elle donc tout le royaume ? Elle représente bien plus, elle représente l'univers entier, en tant que de tout l'univers viennent, ou peuvent venir les sujets désireux d'acquérir la doctrine et la sagesse ; elle est la pépinière vigoureuse de tout le corps politique, de laquelle naissent des hommes de toute perfection (1). »

Cette déesse si clairvoyante, qui voulait tout conduire, se conduisit elle-même en aveugle. Gagnée par les adroites flatteries et les alléchantes rémunérations de Jean sans Peur, elle donna, tête baissée, dans les égarements de la faction bourguignonne. Le sombre assassin de Louis d'Orléans était devenu son dieu. Il faut lire la lettre qu'elle écrivit officiellement à la duchesse de Bourgogne après le meurtre de Montereau :

« Très haute et très excellente Dame, nous avons reçu vos très affligées et douloureuses lettres, écrites le septième jour d'octobre, et quelques autres contenant le très horrible et détestable meurtre, perpétré et commis en la personne de feu très haut et très puissant prince, le duc de Bourgogne, votre

(1) Nous empruntons ce passage au R. P. Ayroles : *L'Université de Paris au temps de Jeanne d'Arc*, p. 75.

très cher et très aimé seigneur et époux, et notre singulier défenseur et protecteur, à qui Dieu, par sa sainte grâce, fasse douce merci à l'âme ! Nous en sommes si dolents et marris que plus ne pouvons l'être. Plus grande tristesse ne nous pouvait venir en ce monde que de perdre par si fausse et mauvaise trahison le prince de ce siècle qui, après le roi notre souverain seigneur, tout le temps de sa vie, nous a plus chéris et aimés ; qui s'est toujours efforcé de nous garder, de nous secourir et maintenir en nos libertés et franchises, en qui principalement nous avions ferme espérance pour la paix, la défense et la conservation de ce royaume. C'est pourquoi nous devons ressentir grande douleur et déplaisir ; et non pas nous seulement, mais quiconque aime le bien et l'honneur du roi et de sa seigneurie.

« Mais, très noble et puissante Dame, ce n'est pas le temps des plaintes, des douleurs ni des larmes ; il faut faire effort, travailler et peiner pour la réparation de ce très énorme et cruel meurtre ; tout prud'homme doit s'y employer de tout son cœur et de toute sa puissance, et résister à la mauvaise et damnable entreprise des cruels et damnables meurtriers.

« Pour ce qui est de nous, très excellente Dame, nous sommes en ferme propos et volonté de poursuivre la réparation dudit meurtre, de nous y employer et d'y travailler de toutes les manières que faire le pourrons, selon notre état et profession, soit par nos prédications, soit par lettres envoyées à Notre Saint-Père le Pape, au saint collège des cardinaux, aux rois, aux ducs, aux princes, aux Universités ou communautés; pour être plus brefs, par toutes les manières que l'on pourra concevoir et croire être profitables au bien et à l'honneur du roi, de son royaume, de vous et de la cause. Telle a été notre résolution, formée d'un commun accord et consentement, sans qu'aucun de nous y contredise. Nous en ferons tant, au plaisir de Notre-Seigneur, que le roi, vous, votre fils, vos parents et amis et tous les sages en seront bien contents.

« Très haute et puissante Dame, nous nous recommandons à vous aussi humblement que faire le pouvons, et nous vous supplions très humblement que vous nous ayez toujours pour recommandés, et qu'auprès de vous et de votre très cher et très aimé fils nous trouvions telle grâce et amour que nous l'avons trouvée auprès de notre très cher et très aimé seigneur, votredit seigneur et époux. Mandez-nous, commandez-nous tous vos bons plaisirs; nous les accomplirons de tout notre pouvoir, à la volonté du roi, de vous et de tous ceux qui vous veulent du bien.

« Que le Saint-Esprit vous donne bonne vie et longue, et l'accomplissement de tous vos désirs.

« Écrit à Paris, en notre congrégation générale solennellement célébrée à Saint-Mathurin, le seizième jour d'octobre.

« Vos humbles et bienveillants, les recteur, docteurs et maitres de l'Université de Paris (1). »

L'Université ne tint que trop bien les promesses ainsi faites à la veuve de Jean sans Peur. Dans son zèle pour venger ce prince elle provoqua le traité de Troyes, y souscrivit et se fit Anglaise. Henri V lui montra pourtant, dès son entrée à Paris, comme nons l'avons vu, qu'il n'était pas disposé à l'excepter de la soumission stricte et des sacrifices pécuniaires qu'il entendait exiger de tous. Bien loin de régenter, il lui fallut obéir, ce qui lui dut être d'autant plus dur qu'elle s'était depuis longtemps accoutumée à voir plier devant elle les autorités politiques et civiles et même les illustrations militaires. Malheur à qui touchait à ses privilèges! En 1404, l'un des principaux gentilshommes et capitaines de l'époque, Charles de Savoisy, l'avait éprouvé à ses dépens. Notre religieux a raconté cette curieuse histoire tout au long. Nous nous en tiendrons pour aujourd'hui à la version abrégée, pittoresque d'ailleurs, de notre ami Jouvenel. « Le treizième jour de juillet audit an, rapporte cet historien de Charles VI, ceux de l'Université firent une belle et notable procession pour la santé du roi. Ils partirent de Sainte-Geneviève et vinrent à Sainte-Catherine-du-Val-des-Écoliers en bien bel ordre, comme on a coutume de faire. Quand ils fu-

(1) Nous empruntons cette lettre au R. P. Ayroles : *La vraie Jeanne d'Arc. La Paysanne et l'Inspirée*, pp. 31-32.

rent arrivés, on commença la messe et le sermon. Or, plusieurs jeunes écoliers s'allèrent ébattre autour de Sainte-Catherine, du côté de l'hôtel de Messire Charles de Savoisy. Mais il se trouvait là des pages qui ramenaient leurs chevaux de boire, et qui firent exprès de les mener à travers lesdits écoliers en les excitant à des ruades, tellement que plusieurs de ces écoliers furent jetés par terre. Leurs compagnons ramassèrent des pierres et les lancèrent sur les pages, qu'ils poursuivirent jusqu'à l'hôtel où ceux-ci se réfugièrent. Quand les gens de Messire de Savoisy ouïrent ce vacarme, ils sortirent avec des arcs et des flèches, et commencèrent à tirer de telle sorte, que les flèches tombèrent jusque dans l'église, pendant le sermon. Tous ceux qui étaient à la procession furent fort effrayés. Messire Charles de Savoisy était alors en son hôtel, mais il ne fit semblant de rien. Les docteurs, écoliers et autres gens de la procession s'en retournèrent; mais il y eut bien vingt-quatre écoliers blessés. Le recteur se rendit en bonne compagnie chez Messire Guillaume de Tignonville, prévôt de Paris, et le somma de faire arrêter les auteurs de ce méfait, qui était un cas grand et énorme. Il alla aussi trouver le duc d'Orléans, parce qu'on disait que Savoisy faisait partie de sa maison. Il s'adressa enfin à la cour de parlement, laquelle répondit qu'elle lui ferait justice et raison. Il y eut des gens arrêtés; on les mit à la Conciergerie. Les parties ouïes, parmi lesquelles Savoisy en personne, l'arrêt fut rendu. Savoisy fut condamné à fonder cent livres de rente amortie, et à payer deux mille francs, et de plus son hôtel serait abattu. S'il ne fut pas condamné à faire amende honorable, c'est que lui-même était clerc non marié (et jouissait par conséquent des privilèges ecclésiastiques). Mais trois de ses gens le furent, et de la façon suivante : ils devaient aller en chemise, une torche au poing, à Sainte-Geneviève, au carrefour de Saint-Séverin et devant Sainte-Catherine, être battus de verges par les carrefours, et bannis pour trois ans. Cet arrêt fut rendu le vingt-troisième jour d'août. »

Le prévôt de Paris Tignonville eut lui-même maille à partir, en l'année 1407, avec cette terrible corporation universitaire. Le bon moine de Saint-Denis, partisan zélé des droits des clercs, a fait de cette querelle un récit intéressant, mais un peu prolixe. Résumons-le. « Deux mauvais garnements de l'Université, nommés Maître Olivier François et Maître Jean de Saint-Léger, l'un Breton, l'autre Normand, furent enfermés dans les prisons du Châtelet. » Le prévôt les y maintint. « Ce chevalier, pensant que ses connaissances dans le droit civil le dispensaient de se soumettre aux sacrés canons, refusa, malgré les prières et les exhortations réitérées de l'Université, de renvoyer les deux coupables devant l'Ordinaire ; il osa même les mettre à la question pour leur arracher l'aveu de leurs larcins et de leurs crimes, et les condamna à être pendus. Il n'y avait point d'exemple que l'ordre du clergé eût jamais subi un pareil affront. Les deux coupables furent conduits au supplice publiquement et en plein jour, et, comme c'est l'ordinaire, la foule accourut de tous côtés pour être témoin de leur ignominie, et chacun se disait : « Il paraît que les écoliers et les réguliers seront désormais punis comme les séculiers. » — L'évêque de Paris prit en main la cause du droit canonique. Il fit afficher l'excommunication du prévôt aux portes de toutes les églises. D'autre part, l'Université porta plainte au roi et traita Tignonville comme le dernier des hommes. « Elle insista sur la gravité de cet attentat, pour qu'on lui fît subir une expiation publique et qu'on lui infligeât une flétrissure éternelle, et requit instamment qu'il fût contraint de dépendre les corps des suppliciés, et de les rendre à la justice ecclésiastique, après les avoir baisés sur la bouche, qu'il demandât à genoux pardon de son forfait, qu'il fût déclaré à jamais indigne de tout office royal, et qu'il fondât deux chapelles pour les âmes desdits défunts. » — Les conseillers de Charles VI le dissuadèrent de se soumettre à cette exigence. Il fit donc répondre par son chancelier que l'Université devait se contenter, en guise de réparation, que les corps des écoliers pendus fussent retirés du gibet par qui bon semblerait aux maîtres et qu'ils reçussent ensuite les honneurs de la sépulture. C'est de quoi l'Université ne se contenta aucunement. Elle se mit en grève et suspendit ses leçons et prédications « pendant le temps de Noël, du Carême et des fêtes de Pâques, au grand déplaisir de toutes les personnes pieuses ». Le Conseil royal ne céda point. Alors l'Université, fille désolée, déclara solennellement au monarque, son père, que, « comme une brebis errante », elle allait s'éloigner de la capitale et chercher une autre demeure, mais que, « pour éviter le reproche d'ingratitude, elle ne voulait point partir sans avoir pris congé de lui » et l'avoir remercié de tous ses bienfaits. — Cette scène pathétique fit capituler, en partie du moins, le roi et son conseil. Il fut décidé « que le prévôt avait agi avec trop de légèreté et de précipitation; que les corps des écoliers seraient dépendus publiquement par l'exécuteur public, accompagné des ministres de la justice, et qu'ils seraient conduits au parvis Notre-Dame pour être rendus à l'évêque de Paris et au recteur. — Cet arrêt, continue notre religieux achevant son récit, fut exécuté vers le milieu du mois de mai de l'année suivante, en présence d'une foule innombrable de personnes des deux sexes. Tous les religieux des ordres mendiants, ainsi que les curés des églises paroissiales de la ville, accompagnèrent les corps processionnellement et avec un grand luminaire à l'église de Saint-Mathurin, où ils devaient êtres inhumés, et leur firent des funérailles solennelles. Afin d'ajouter à la pompe de cette cérémonie, le roi paya pour le prévôt cent écus d'or. Il le destitua ensuite de son office; mais, cédant aux vives instances des membres de son conseil, il le nomma premier président de la Chambre des comptes, à condition toutefois qu'à un jour marqué, il demanderait humblement pardon au recteur, aux maitres et aux docteurs des offenses qu'il pouvait avoir commises envers eux. » — A bien considérer les choses, les privilèges des clercs au moyen âge, dans la barbarie militaire et judiciaire d'alors, avaient, à côté de réels inconvénients, de grands et sérieux avantages. Mais l'Université vraiment en abusait.

Dans la décadence des institutions et des mœurs du moyen âge, si sensible à l'époque dont nous essayons de nous faire les contemporains, du moins la foi chrétienne et le sentiment catholique sont encore, parmi tant d'abus, de vices, de crimes même, les hauts principes dirigeants et comme la souveraine pensée commune des diverses classes de la population française : croyances trop souvent démenties, préceptes constamment violés, mais non reniés; règles acceptées, mais auxquelles les actes font, hélas! une exception continuelle. Les observances religieuses sont pratiquées non seulement avec fidélité, mais avec zèle, surtout celles qui donnent occasion à un déploiement d'activité corporelle et de jouissance esthétique, comme les prières publiques, les processions, les pèlerinages. Prêtres et fidèles y apportent même quelquefois une grande intensité de ferveur intime. « *Item*, rapporte notre *Bourgeois*, le vendredi suivant, dixième jour du mois de juin (1412), fut faite une procession générale, une des plus imposantes que l'on eût encore vues. Toutes les églises, collèges et paroisses y furent tous, nu-pieds, et tant de peuple qu'on ne l'aurait su compter, car le jour précédent il avait été ordonné que de chaque maison il s'y trouvât une personne. Et pour cette dévote procession plusieurs paroisses des villages d'entour Paris y vinrent en grande dévotion et de bien loin, même de plus de quatre lieues, comme de par delà Villeneuve-Saint-Georges, de Montgeron et d'autres endroits voisins. Et ils y vinrent avec toutes les reliques dont ils pouvaient disposer, tous nu-pieds, vieillards très âgés, femmes grosses et petits enfants, tenant chacun cierge ou chandelle en sa main. »

Cette foi universelle, qui produisait souvent une familiarité plutôt excessive avec les choses de la religion, ne tolérait pas en revanche d'atteinte sérieuse à l'orthodoxie. L'accusation d'hérésie ou d'impiété, si l'accusé y donnait quelque prise, le mettait dans un triste cas. « L'an mille quatre cent et six, note Jouvenel dans sa chronique, un nommé Mahiet de Ruilly, sergent à cheval au Châtelet, se permit de dire, à plusieurs et diverses reprises, des paroles très déshonnêtes touchant la foi. En conséquence, le vingt-cinquième jour de mai, il fut prêché au parvis Notre-Dame. Et néanmoins il persista en plusieurs erreurs. C'est pourquoi, le seizième jour de décembre, il fut brûlé au marché aux pourceaux. »

La pratique de la sorcellerie menait aussi au bûcher. Néanmoins, elle n'était que trop commune, et l'on n'est pas peu surpris de la voir appliquer, aux risques et périls des auteurs de l'expérience, à un essai de guérison de Charles VI. « En ce temps (1403), raconte le même chroniqueur, un prêtre, nommé Yves Gilemme, demoiselle Marie de Blans, Perrin Hémery, serrurier, et Guillaume Floret, clerc, faisaient certaines invocations de diables, et le prêtre disait qu'il en avait trois à son commandement, lesquels se vantaient qu'ils guériraient le roi. Il fut décidé qu'on essaierait et qu'on souffrirait qu'ils fissent leurs invocations. Ils demandèrent qu'on leur donnât douze hommes enchaînés de fer. Il fut ainsi fait. Alors ils disposèrent un enclos et dirent auxdits douze hommes de n'avoir aucune peur. Ceux-ci firent tout ce qu'on voulut, mais il n'en résulta rien. Les conjurateurs furent alors interrogés sur la cause de cet échec. Ils répondirent que lesdits douze hommes avaient fait le signe de la croix, et que cela seul avait amené l'insuccès. Mais cette chose n'était que tromperie, comme le clerc l'avoua au prévôt de Paris, qui les fit tous prendre. Et finalement, le vingt-quatrième jour du mois de mars, ils furent publiquement prêchés et punis ensuite selon le cas, c'est à savoir brûlés et consumés. » Plus innocentes que ces pratiques, mais encore influentes même sur les esprits éclairés, régnaient certaines superstitions d'origine païenne, comme l'interprétation morale et prophétique des phénomènes naturels. « Le seizième jour de juin (1406), dit Jouvenel, entre six et sept heures du matin, il y eut une éclipse de soleil bien merveilleuse, qui dura près d'une demi-heure. On ne vit pendant ce temps quelque chose que ce fût, pas plus que si c'eût été la nuit, et une nuit sans lune. C'était grand'pitié de voir le peuple se réfugier dans les églises, et on se croyait à la fin du monde. Toutefois, la chose passa; et ensuite on assembla les astronomiens, qui dirent que la chose était étrange et signe d'un grand mal à venir. »

Quoique la piété populaire au moyen âge ait été plutôt joyeuse, elle s'assombrit, ce semble, à certains égards au milieu des désastres et des ruines qui s'accumulèrent dans les premières années du quinzième siècle. L'idée de la mort hanta, pour ainsi dire, les esprits. L'époque où nous sommes vit la grande vogue de ces représentations figurées, où l'inévitable spectre était dépeint conduisant la danse symbolique de toutes les conditions humaines, depuis le Pape jusqu'au mendiant. L'un de ces tableaux fantastiques, connus sous le nom de *danses macabres* (1), devint célèbre à Paris. C'était une peinture à fresque exécutée au grand charnier dit des Innocents. « *Item*, l'an mil quatre cent vingt-quatre, note Chuffart sur son registre,

(1) Nous suivons l'orthographe usuelle. Mais le nom véritable est *danse Macabré*. Macabré est pour Machabée. Les textes latins emploient l'expression *chorea Machabæorum*.

fut faite la danse macabre aux Innocents, et fut commencée environ le mois d'août et achevée au carême suivant (1425). » — A côté de ses habitants défunts le fameux cimetière comptait une pensionnaire vivante, une *recluse*, Jeanne la Verrière, qui y faisait publiquement pénitence dans une loge ou maisonnette. Nous savons par les comptes royaux qu'elle recevait une aumône régulière de huit livres parisis chaque année.

Une coutume beaucoup moins lugubre de la dévotion de nos ancêtres, c'était leur groupement en confréries de toutes sortes, où trouvaient tout ensemble à se satisfaire leur piété, leur charité et, à certains jours, leur jovialité d'humeur. Paris notamment regorgeait de ces associations, et il ne cessait pourtant pas de s'en créer de nouvelles, dont les fondateurs aimaient à se distinguer par quelque trait d'invention frappante. « *Item*, rapporte notre *Bourgeois*, le peuple s'avisa de faire en la paroisse Saint-Eustache la confrérie de Saint-Andry, et ils la fondèrent le jeudi neuvième jour de juin 1418, et chacun de ceux qui s'en mettait portait une couronne de roses vermeilles. Et tant de gens de Paris s'en mirent que les maîtres de la confrérie disaient et affirmaient qu'ils avaient fait faire plus de soixante douzaines de couronnes, et avant qu'il fût midi, on n'en pouvait plus avoir. L'église de Saint-Eustache était toute pleine de monde, et il y avait bien peu d'hommes, soit prêtres ou autres, qui n'eussent sur la tête une couronne de roses vermeilles, et l'église était toute pleine d'une si bonne odeur, qu'on aurait cru qu'on l'avait lavée avec de l'eau de rose. »

Le cadre très souple et très complexe des confréries s'ouvrait à toutes les classes et à tous les rangs, mais ces associations et les réunions auxquelles elles donnaient lieu étaient surtout un des éléments importants de la vie bourgeoise. A l'époque où nous sommes, on peut les compter au nombre des consolations soulageant les peines dont la bourgeoisie, à tous ses degrés, avait à supporter le poids très lourd. Les hautes fonctions des conseils royaux et des suprêmes magistratures exposaient alors à des périls où la vie même était en cause. Dieu sait combien les propriétaires et les rentiers avaient fréquemment à trembler pour leurs propriétés et pour leurs rentes ou, pis encore, à pleurer sur elles. Les marchands et les maîtres des métiers souffraient des entraves apportées par la guerre et le désordre général au commerce et à l'industrie. Aux impôts, subsides, exactions de toute espèce venaient se joindre des obligations personnelles, dont la bourgeoisie goûtait sans doute le côté honorable, mais redoutait aussi la charge onéreuse, ou même périlleuse. Telle était la part qu'elle était obligée de prendre, sous forme de guet et de garde, à la surveillance et à la défense des cités.

Les souffrances de la bourgeoisie étaient toutefois peu de chose en comparaison de l'affreuse condition faite aux travailleurs ruraux, aux paysans, par l'interminable continuité de la guerre étrangère et de la guerre civile, menées comme nous l'avons vu. Cela en était venu au point que les laboureurs quittaient la charrue pour le glaive et se faisaient soudards et brigands eux-mêmes. « Partout, dit le religieux de Saint-Denis, excepté dans les lieux clos de murs, toutes les productions de la terre étaient saccagées et dévastées, et on était si peu assuré de vivre du travail de ses mains que bon nombre de paysans, poussés au désespoir. ou, pour mieux dire, entraînés par la soif du pillage, abandonnèrent la charrue pour courir aux armes, et cherchèrent à s'enrichir par la rapine comme les autres bandits; on les désigna sous le nom de *brigands*. Ces bandes indisciplinées, qui s'étaient formées dans la vallée de Montmorency et sur plusieurs autres points du royaume, commencèrent par effrayer pendant la nuit leurs voisins et les gens de leur connaissance, les forçant à sortir de chez eux par les fenêtres ou autrement et quelquefois tout nus, afin de saccager leurs maisons en toute liberté. Pendant le jour, ils parcouraient les bois comme des bêtes sauvages, et tombant par surprise sur les voyageurs, ils leur volaient leur argent et leurs vêtements, leur faisaient subir toutes sortes de tourments, et exigeaient d'eux une rançon, ou les mettaient à mort sans pitié, surtout lorsqu'ils craignaient d'être dénoncés par eux. Les uns se contentèrent longtemps de pourvoir à leurs besoins par ces détestables moyens ; mais bientôt les autres achetèrent de beaux chevaux, prirent les allures de nobles écuyers, et se réunirent aux Bourguignons et aux troupes qui gardaient les places fortes et les villes closes. De là, ils firent de fréquentes sorties, et renforcés par d'autres bandits, ils commirent les atrocités les plus épouvantables. »

Les classes inférieures de la population urbaine avaient peut-être un sort moins misérable, bien que nous ayons reproduit ci-dessus d'horribles tableaux des disettes parisiennes. En tout cas, il fallait bien, bourgeois, paysans, ouvriers, mener la vie quotidienne et se consoler par ses joies passagères de ses souffrances alors si fréquemment, si cruellement renouvelées. Dans les sombres circonstances où l'on était comme enchaîné, les fêtes et jeux populaires, les feux de joie, occasionnés parfois par des événements peu réjouissants en eux-mêmes, faisaient, pour un jour, oublier la douleur de la veille, détournaient l'esprit de celle du lendemain. Les concurrents du mât de cocagne dressé, le 1er septembre 1425, sur la paroisse de Saint-Leu et Saint-Gilles se soucièrent peu ce jour-là, sans doute, des Anglais, des Bourguignons et des Armagnacs. « *Item*, le jour de Saint-Leu et Saint-Gilles, samedi premier jour de septembre, quelques personnes de la paroisse proposèrent un nouveau jeu, qui fut tel. Ils prirent une perche bien longue d'environ six toises, et la fichèrent en terre, et au sommet ils mirent un panier, avec une oie grasse et six *blancs* dedans, et ils graissèrent très bien la perche, et ensuite il fut crié que qui pourrait aller chercher l'oie susdite en grimpant sans aide, il aurait la perche, le panier, l'oie et les six *blancs*. Mais aucun, tant sut-il bien grimper, ne put arriver jusqu'en haut. Enfin, au soir, un jeune garçon, qui avait grimpé le plus haut, reçut l'oie, mais non pas le panier, ni les six *blancs*, ni la perche. Et cela fut fait devant Quincampoix, en la rue aux Oies (la rue aux Ours d'aujourd'hui). »

La gaieté naturelle au Parisien se donnait volontiers carrière, même en des occasions moins récréatives que celle-là. Chuffart nous en fournit la preuve en nous décrivant une épidémie qui n'est pas sans quelque ressemblance avec notre désagréable *influenza* : « *Item*, en ce temps-là (1414) les petits enfants chantaient le soir, en allant chercher du vin ou de la moutarde, tous communément :

Votre gorge a la toux, commère,
Votre gorge a la toux, la toux.

Or, il advint par la volonté de Dieu qu'il tomba sur le monde un mauvais air corrompu, qui mit à Paris plus de cent mille personnes en un tel état, qu'elles perdirent le boire, le manger et le sommeil. Elles avaient une très forte fièvre et tremblaient toujours, où qu'elles fussent. Et avec cela, qui pis est, on perdait toute force en son corps. Cette maladie dura bien trois semaines. Elle avait commencé à l'entrée du mois de mars, et on la nommait le *tac* ou le *horion*. Ceux qui ne l'avaient point ou qui en étaient guéris disaient par manière de jeu : « En as-tu ? Par ma foi, tu as chanté :

Votre gorge a la toux, commère.

Car, outre le mal susdit, on avait la toux si fort et le rhume et l'enrouement, que l'on ne chantait pour ainsi dire plus de grand'messes à Paris. Et sur la fin de la maladie on rendait par le nez, par la bouche et par ailleurs beaucoup de sang coagulé, ce dont on était fort ébahi. Et cependant personne n'en mourait, mais on n'était guéri qu'à grand'peine, car quand l'appétit était revenu aux malades, il se passait encore plus de six semaines avant qu'on ne fût complètement guéri. Et aucun médecin ne savait dire quel mal c'était. »

Le costume n'est pas une partie à négliger dans la physionomie d'une époque. On a déjà pu prendre quelque idée de celui du temps où, pour ainsi dire, nous voyageons, dans ce qui a été rapporté ci-dessus de la garde-robe de Charles VII et de celle d'Isabeau de Bavière. De peur de trop nous étendre, nous emprunterons seulement à l'ouvrage de Jules Quicherat, *Histoire du costume en France*, quelques traits caractéristiques.

Vers 1340, au milieu du règne de Philippe de Valois, on avait vu l'habillement long du treizième siècle (*cotte* et *surcot*) remplacé par un habillement court (*jaquette* et *pourpoint*), qui d'abord fit scandale, puis fut ensuite universellement adopté, sauf par les clercs et les hommes de loi ou de plume, qui demeurèrent *gens de robe longue* en face des *gens de robe courte*. La *jaquette* était l'habit de dessus, le *pourpoint* l'habit de dessous. Ce dernier était une sorte de justaucorps rembourré. Ces vêtements courts persistaient encore sous Charles VI, mais l'habit long avait pris sa revanche sous la forme de la *houppelande*, dont on se plaisait à recouvrir son justaucorps. C'était une sorte de redingote, serrée à la taille par une ceinture, mais dont la jupe était flottante et traînante et dont les manches pendaient jusqu'à balayer le sol. Bientôt, il est vrai, cet ample vêtement se divisa en plusieurs espèces, dont l'une, qui servait surtout pour aller au bal, ne descendit plus au delà de la naissance des cuisses. La houppelande dut se prêter à des ornements d'un goût et d'un faste insensés. En 1414, le duc d'Orléans acquit, au prix de 276 livres, 960 perles destinées à orner une houppelande sur les manches de laquelle étaient brodés les vers d'une chanson, accompagnés de leur musique. Les portées étaient de broderie d'or, et chaque note formée de quatre perles cousues en carré. On laçait volontiers au sommet de la houppelande une courte pèlerine ou *collet* en étoffe de couleur. Sur le collet on étalait un *carcan* d'orfèvrerie. De plus, des chaînes battaient sur la poitrine; des chaîmettes, avec des breloques au bout, pendaient de la ceinture. Enfin, ce qu'on appelait alors une *écharpe*, c'est-à-dire une bandelette de brocart ou de velours, ornée de perles, était posée en bandoulière de l'épaule gauche sur le flanc droit.

La *jaquette* eut sous Charles VI plusieurs équivalents, dont le moins goûté ne fut pas la *huque*. On appelait ainsi d'ordinaire une courte casaque sans manches et sans boutons, qui restait ouverte du haut en bas sur le devant. Les hommes d'armes s'en servirent comme de vêtement de dessus. La coiffure, dans la vie civile, se présentait sous une triple forme : chaperon, chapeau et barrette. Jean sans Peur avait une prédilection marquée pour ce dernier couvre-chef. Presque tous les portraits qu'on a de lui nous le montrent affublé d'une barrette noire pointue. Les chaussures étaient des souliers très montants, ou des bottes courtes, ou de longues et larges bottes à l'écuyère. A toutes ces espèces on ajoutait ces longues et ridicules pointes nommées *poulaines*, contre lesquelles prédicateurs et gens sensés protestaient en vain depuis si longtemps, et que le sage Charles V avait officiellement qualifiées, dans le préambule d'une de ses ordonnances, de « difformité imaginée en dérision de Dieu et de sa sainte Église ».

Certaines parties du costume féminin ne bravaient pas moins le bon goût et le sens commun. Pour une notable partie de leur habillement les dames sans doute se conformaient encore aux usages traditionnels : la cotte, le surcot, la *cotardie* en faisaient toujours le fond. Mais les manches du surcot étaient démesurément ouvertes à partir du coude. Il n'y avait rien à dire à leur manteau, très ample et fort semblable à celui des béguines. Mais la plupart adoptèrent la houppelande en la modifiant à leur usage. Leur houppelande, parfois démesurément longue, n'était pas fendue sur le devant, et la ceinture, placée très haut, leur rendait un office analogue à celui du corset actuel. Plus d'une, selon les mauvaises langues, y ajoutait le secours de certaines poches rembourrées et piquées, qui étaient cousues après la chemise. Mais c'est surtout par la coiffure que l'extravagance se manifesta dans la parure du beau sexe. Vers le milieu du règne de Charles V une mode parut, qui devint dominante sous Charles VI, et continua son triomphe sous Charles VII. Autour de la coiffe des dames on disposa des bourrelets que l'on arrangeait sur le devant de manière à figurer des cœurs, des trèfles, des cornes montantes ou rabattues, et mille autres objets plus ridicules les uns que les autres. On les appela des *atours*. Sous Charles VI, le chapeau était la coiffure de négligé. « En toilette, dit Quicherat (1), il fallait avoir des atours en largeur, tantôt de la forme d'un auvent, tantôt de celle d'une paire de cornes abattues. Des *truffeaux* ou gros sachets

(1) Ouvrage cité, p. 259.

sur les tempes, des bandeaux encore plus proéminents que l'on faisait passer sous les oreilles, servaient de support à l'édifice, qui recevait en outre le couronnement d'un couvre-chef ou d'un chaperon. C'est à ces modes que se rapporte la remarque consignée dans la chronique de Jouvenel des Ursins, en l'an 1417. « Les dames déployaient un luxe excessif et portaient des cornes merveilleusement hautes et larges. Elles avaient de chaque côté deux si grandes oreilles que, quand elles voulaient passer par la porte d'une chambre, il fallait qu'elles se tournassent de côté et qu'elles se baissassent. Ce fut au point que la reine jugea nécessaire de faire agrandir les portes des appartements au château de Vincennes. » — Une recrudescence de la mode des atours produisit le *hennin*, né en Flandre, mais qui se répandit promptement en France. En 1428, un réformateur zélé, de l'ordre des Carmes, Frère Thomas Couette, attaqua par une série de prédications en plein air et en places publiques, dans le pays même d'où elle tirait son origine, cette coiffure, la plus haute qu'on eût jusqu'alors imaginée (1). Il ameutait contre elle les petits enfants, qui poursuivaient les dames affublées de cet ornement en criant après elles : « Au

(1) « On n'est pas fixé sur sa forme exacte, dit Quicherat. Probablement nous en avons la représentation dans ces ridicules coiffures qui se composent d'un bourrelet en pain fendu, dressé sur le front et soutenu par une calotte élevée. » — Ouvrage cité, p. 284.

hennin! au hennin! » Le bon Carme remporta une victoire signalée, mais peu durable. « A l'exemple du limaçon, dit le chroniqueur Monstrelet, lequel, quand on passe près de lui, retire ses cornes par dedans, et quand il n'entend plus rien, les reboute dehors, ainsi firent les dames. Peu de temps après que ledit prêcheur s'en fut allé du pays, elles oublièrent sa doctrine et reprirent petit à petit leur vieil état, tel ou plus grand même qu'elles n'avaient coutume de le porter autrefois. »

Le trait caractéristique du grand costume militaire, celui de l'homme d'armes, du combattant à cheval, dans les premières années du quinzième siècle, ce fut la substitution, déjà commencée au quatorzième, de l'armure en fer battu à l'ancien équipement de mailles. On vit vers 1400 apparaître la cuirasse. « Elle fut, dit Quicherat (1), composée de deux plastrons, un pour le dos et un pour la poitrine, qui descendaient jusqu'à la taille. Au bord inférieur était attaché un court jupon de mailles, recouvert de lames, que l'on trouve désignées sous le nom de *faldes* ou *fauldes*. Peu après, le camail (enveloppe de mailles protégeant le cou) ayant commencé à être remplacé par une mentonnière et par un gorgerin de fer battu, adaptés au bassinet (casque conique à visière), la carapace de métal fut complète sur le corps de l'homme d'armes. L'habillement par-dessus la cuirasse fut une

(1) Ouvrage cité, p. 261

courte cotte déceinte à larges mancherons ou une huque déchiquetée. Les seigneurs et les capitaines décorèrent leurs bassinets de panaches ou de houppes de passementerie posées à la pointe, de cercles d'orfèvrerie, de couronnes faites en petites plumes couchées ou en étoffe de tripe. » Les solerets ou souliers de fer étaient, comme les chaussures civiles, bizarrement allongés par des poulaines. Les gens de pied ne portaient point la cuirasse, mais un pourpoint à longue jupe, rembourré et piqué, que l'on appelait un *jacque*, ou encore un hocqueton de buffle par-dessus le vêtement de mailles appelé haubergeon. Les miniatures nous les montrent, en général, coiffés du bassinet, mais avec camail. Il ne faut pas oublier que, dans la physionomie réelle du temps, ces grandes lignes, rapidement retracées ici, de l'équipement militaire et du costume civil, encadraient quantité de détails, admettaient entre elles et à côté d'elles nombre de modalités et de variétés vivantes.

CHAPITRE IX

LE THÉATRE. — LES CONFRÈRES DE LA PASSION. REPRÉSENTATIONS DIVERSES

Étant données la rareté, la cherté, au moins relatives, des livres, tous manuscrits au moyen âge, la littérature laïque de cette époque avait été surtout orale, c'est-à-dire qu'elle s'était manifestée par la récitation publique. Son caractère avait été principalement narratif en diverses sortes. Mais cette poésie épique et narrative était, au commencement du quinzième siècle, en pleine décadence. De pauvres chanteurs ambulants, généralement des aveugles, successeurs de ces rapsodes d'autrefois, nommés jongleurs, colportaient encore les anciens récits, rajeunis et altérés, par les villes et les campagnes. Quelquefois même, il arrivait qu'un événement récent fournissait le sujet d'une composition inédite. Le 9 septembre 1421, le receveur général du duc de Bourgogne Philippe le

Bon, inscrivait la note suivante sur son registre : « J'ai payé dix-huit sous parisis à un chanteur en place qui chanta devant Monseigneur, en s'accompagnant de sa vielle, une chanson nouvelle sur la belle bataille gagnée par mondit seigneur contre ses ennemis à Mons-en-Vimeu (1). » Mais, d'une façon générale, cette littérature, sous sa forme ancienne, était de moins en moins goûtée. Les grands seigneurs et les belles dames s'adonnaient maintenant volontiers à la lecture ou à l'audition de romans en prose, calligraphiés sur de luxueux manuscrits enrichis de belles peintures. Les riches bourgeois les imitaient. La petite bourgeoisie et les classes populaires trouvèrent un dédommagement à l'affaiblissement croissant de la jouissance intellectuelle, que les récits versifiés et déclamés leur avaient procurée naguère, dans le plaisir du théâtre, qui prit un développement de jour en jour plus considérable, et auquel les hautes classes de la société, elles aussi, participèrent.

Les origines du théâtre, au moyen âge, sont aujourd'hui suffisamment connues (2). Elles remontent jusqu'au neuvième siècle et, du moins pour ce qui concerne le drame sérieux, furent non seulement religieuses, mais liturgiques. Le onzième et le dou-

(1) Vallet de Viriville, t. I, p. 96, note 1.

(2) Nous nous permettons de renvoyer sur ce point à notre bref exposé intitulé : *Le Drame religieux au moyen âge*, dans la collection *Science et Religion*, et à notre volume plus étendu : *Origines catholiques du théâtre moderne*.

zième siècle virent un progrès notable s'accomplir, au point de vue dramatique, dans les représentations scolaires, à l'ombre des abbayes et des cathédrales, qui n'étaient pas seulement alors des centres de prière et de culte, mais aussi d'instruction publique. Dès le douzième siècle, en France, apparut le drame religieux en langue vulgaire, pour la manifestation et le développement duquel clercs et laïques s'associèrent. Le treizième et le quatorzième siècle assistèrent à une extension progressive de ce théâtre à la fois clérical et populaire, auquel s'ajouta, sous diverses formes, un théâtre comique. Cette extension et cette popularité étaient en pleine voie de se développer encore dans les premières années du quinzième siècle, et si les désastres et les discordes dont souffrit alors notre pays ralentirent la marche commencée, elles ne l'interrompirent point cependant. Des représentations suffisamment fréquentes entretinrent le goût très vif des populations pour ces spectacles, notamment pour les pièces qu'on appelait *mystères* et qui avaient, à leurs yeux, le triple mérite d'être à la fois édifiantes, instructives et récréatives.

Les mystères, au temps dont il s'agit, se produisaient surtout au public sous une double forme : représentations spécialement organisées par une association soit préexistante, soit temporairement constituée à cette effet, et représentations faisant partie, à certaines dates, du programme ordinaire de quelqu'une des nombreuses confréries de toute sorte dont nous avons parlé déjà. Le spectacle se déployait soit en plein air, soit dans un lieu clos. Mais, dans l'un et l'autre cas, était appliqué le système de la mise en scène *simultanée*, lequel consistait dans la juxtaposition, sous les pieds des acteurs et sous les yeux des spectateurs, de tous les lieux, figurés d'une façon sommaire, où devait se dérouler l'action, qui ne connaissait aucune borne, soit dans le temps, soit dans l'espace. Le répertoire consistait en premier lieu dans l'histoire de la chute et de la rédemption de l'humanité d'après les saintes Écritures, les traditions et les légendes qu'on y rattachait. Ce vaste cycle comprenait les représentations empruntées à l'Ancien Testament et celles qui dérivaient du Nouveau, c'est-à-dire la *Nativité*, la *Passion*, la *Résurection* du Sauveur, la *Vengeance* de Dieu sur Jérusalem, l'*Antéchrist* et le *Jugement de Dieu* à la fin du monde. Une autre série avait pour sujets les vies des saints. Une autre enfin, plus spéciale, consistait dans la représentation des *miracles*, obtenus en tout temps par l'intercession de la sainte Vierge en faveur de l'humanité souffrante. Les tableaux pathétiques, mais exposés d'une façon commune et plate, dans une versification facile et surabondante, qu'offrait un tel répertoire, étaient singulièrement mélangés de scènes triviales, calquées sur la vie ordinaire et vulgaire, et aussi de grossièretés naïvement bouffonnes. L'auditoire y recherchait et y goûtait tout à la fois le spectacle des fondements de sa religion et de ses espérances surnaturelles, et celui de la reproduction, comme dans un miroir, de son existence de tous les jours.

Les confréries qui, en France, avaient eu déjà une part considérable dans la naissance du théâtre en langue vulgaire, n'en n'eurent pas moins dans ses développements du douzième siècle au quinzième et dans la place prépondérante qu'il occupa en ce dernier siècle dans la littérature nationale. Parmi elles, les unes ne cherchaient dans les représentations dramatiques qu'un moyen occasionnel d'édification et de divertissement pour leurs membres, une solennité, une réjouissance de plus, par exemple, pour leur jour d'assemblée annuelle ou pour la fête de leur saint patron. D'autres, au contraire, soit dès leur origine, soit par une transformation graduée de leur objet primitif, en firent un des points principaux et même le but capital de leur activité collective. Le 30 mai 1421, Charles VI accorda des lettres d'autorisation à une confrérie fondée dans l'église Saint-Eustache par plusieurs bourgeois de Paris en l'honneur du Saint-Sacrement, de la sainte Vierge et de saint Quentin (1). Or, il résulte du texte de ces lettres que l'origine de cette pieuse association fut la représentation figurée, où se complaisaient lesdits bourgeois, des « apôtres, prophètes et autres personnages de saints qui se font ordinairement, le jour dudit Saint-Sacrement, en la proces-

(1) Aug. Longnon, recueil précité, p. 14.

sion et paroisse dudit Saint-Eustache ». Il ne s'agit probablement ici que d'une figuration muette. Mais c'est à de véritables représentations dramatiques que se consacrait, dès la fin du quatorzième siècle, au moins une fois par an, une association formée par des bourgeois et habitants de Paris. « Savoir faisons à tous présents et à venir, dit le roi Charles VI, au début des lettres de pardon relatives à un accident survenu pendant l'une de ces représentations, que l'exposé suivant nous a été fait de la part de Guillaume Langlois. Le mardi après les Pâques dernières (1380), aux jeux qui furent faits et disposés en l'honneur et souvenir de la Passion de Notre-Seigneur Jésus-Christ, en notre bonne ville de Paris, par aucun des bourgeois et autres bonnes gens d'icelle, ledit exposant fut requis, prié et invité par ceux qui auxdits jeux faisaient les personnages des diables, de se trouver avec eux pour tirer le canon, quand le moment viendrait, afin que leurs personnages fussent mieux joués, selon que l'on a coutume de faire auxdits jeux, tous les ans, à Paris... »

Si l'on adopte la judicieuse interprétation de l'érudit très distingué auquel on doit la mise en lumière du texte précédent(1), il s'agirait ici déjà de la confrérie, depuis devenue si célèbre, « de la Passion et Résurrection de Notre-Seigneur, fondée en l'église

(1) Antoine Thomas. *Le Théâtre à Paris à la fin du quatorzième siècle*, dans la *Romania*, année 1892, pp. 608-610.

de la Trinité à Paris ». L'origine exacte de cette association n'est pas connue encore. On ne saurait donc dire absolument si la culture du drame religieux était comprise dans son objet primitif. Mais il n'est pas douteux qu'elle en était venue ensuite à concentrer tout spécialement sur ce point l'activité de ses membres. C'est ce qui résulte des lettres patentes dont la gratifia, le 4 décembre 1402, le roi Charles VI, et qui constituent un fait capital dans l'histoire du théâtre en France.

« Charles, etc., à tous présents et à venir. Nous avons reçu l'humble supplication de nos bien-aimés confrères, les maitres et gouverneurs de la Confrérie de la Passion et Résurrection de Notre-Seigneur, fondée en l'église de la Trinité à Paris, relativement à divers mystères, tant de saints comme de saintes, et principalement au mystère de la *Passion*, dont ils ont dernièrement commencé les préparatifs pour le représenter devant nous, comme ils avaient fait autrefois, mais ils ne les ont pu bonnement continuer parce qu'il ne nous a pas été possible d'y être alors présent. Or, pour ledit fait et mystère ladite confrérie a eu de grands frais et beaucoup dépensé du sien, et aussi les confrères en leur particulier, chacun proportionnellement. Ils nous exposent donc que, s'ils jouaient publiquement et en commun, ce serait le profit de ladite confrérie ; mais ils ne le pourraient faire bonnement sans notre congé et permission. Ils nous supplient donc d'y vouloir gracieusement pourvoir. Nous donc, qui voulons et désirons le bien, profit et utilité de ladite confrérie, et l'accroissement de ses droits et revenus au moyen de nos grâces et privilèges, à cet effet qu'un chacun par dévotion se puisse et doive adjoindre et mettre en leur compagnie; nous avons auxdits maîtres, gouverneurs et confrères de ladite Confrérie de la Passion de Notre-Seigneur donné et octroyé, donnons et octroyons de notre grâce spéciale, pleine puissance et autorité royale, cette fois pour toutes et pour toujours perpétuellement, par la teneur de ces présentes lettres, autorisation, congé et permission de faire et jouer quelque mystère que ce soit, soit de de ladite *Passion* et *Résurrection*, soit autre quelconque tant de saints comme de saintes, qu'ils voudront choisir et représenter, toutes et autant de fois qu'il leur plaira, soit devant nous, soit devant notre commun peuple ou ailleurs, en forme de répétitions ou autrement; permission aussi de se convoquer, réunir et assembler en n'importe quel lieu et place convenable pour ce faire qu'ils pourront trouver, tant dans notre ville de Paris, comme dans la prévôté, vicomté et banlieue d'icelle, en présence de trois, deux ou même un seul de nos officiers choisis par eux, sans être pour cela réputés commettre aucune offense envers nous et notre justice. Nous voulons encore que lesdits maîtres, gouverneurs et confrères, et chacun d'eux, pendant les jours auxquels se fera le mystère qu'ils représenteront, soit devant nous, soit ailleurs, en répétition comme autrement, puissent aller, venir, passer et repasser paisiblement. vêtus, habillés et disposés comme le cas le demande pour chacun d'eux, selon l'organisation dudit mystère, sans trouble ni empêchement. Et pour plus grande confirmation et sûreté, de notre plus abondante grâce, nous avons mis lesdits confrères, gouverneurs et maîtres sous notre protection et sauvegarde, durant la répétition desdits jeux et tant qu'ils joueront seulement, de façon que tous et chacun n'éprouvent aucun préjudice à cette occasion, nonobstant toute disposition contraire. Si donnons en mandement au prévôt de Paris et à tous nos autres justiciers et officiers, présents et à venir, ou à leurs lieutenants, et à chacun d'eux, selon qu'il appartiendra, qu'ils fassent, souffrent et laissent lesdits maîtres, gouverneurs et confrères, et chacun d'eux, jouir et user pleinement et paisiblement de notre présente grâce, congé, licence, don et octroi, sans les molester, leur faire ni souffrir empêchement, maintenant ni au temps à venir, nonobstant toute disposition contraire. Et pour ce que soit chose ferme et stable à toujours, nous avons fait mettre notre sceau à ces lettres : sauf en autres choses notre droit et celui d'autrui en toutes. Ce fut fait et donné à Paris, en notre hôtel près de Saint-Paul, au mois de décembre, l'an de grâce 1402, et de notre règne le vingt-troisième. » Et au dos des lettres on trouve écrit : « Le lundi deuxième jour de mars, l'an 1402 (1403 nouveau style), Jean Aubery, Jean Dupin et Pierre d'Oisemont, maîtres de la confrérie, présentèrent ces lettres au lieutenant du prévôt, lequel octroya que lesdits maitres et confrères se pussent désormais assembler librement pour le fait de la confrérie et le fait des jeux, et commit pour y assister avec eux en la présente année, Jean le Pillent, sergent de la douzaine, et Jean de Savenal, sergent à verge, c'est-à-dire l'un deux, ou le premier autre sergent de la douzaine ou à verge du Châtelet (1). »

Le clerc de chancellerie qui a rédigé ces lettres semble s'être inspiré d'assez près des sentiments personnels du roi Charles VI. On sent, pour ainsi dire, dans leur teneur l'effusion de la bonne volonté du pauvre monarque à l'égard d'une confrérie, qui contribuait aux distractions que réclamait son triste état de santé, et à laquelle peut-être il avait fait l'honneur de son affiliation royale. Cette même teneur nous montre que les confrères donnaient de temps à autre des représentations soit privées, soit publiques et en plein air. Mais ils mirent bientôt à profit d'une façon plus solide et plus continuelle l'autorisation officielle dont ils étaient désormais pourvus. Le siège de la confrérie était à l'église de la Trinité, rue Saint-Denis. Or, à cette

(1) Ce texte est emprunté à Petit de Julleville, *Les Mystères*, t. I, pp. 417-8. — Il va sans dire que nous en avons rajeuni la langue.

église attenait un hôpital, du même nom, primitivement destiné à donner asile aux pauvres voyageurs arrivés trop tard pour pénétrer dans l'enceinte de la ville, située au delà. Les religieux prémontrés de l'abbaye d'Hermières-en-Brie étaient devenus propriétaires de cet hôpital, qui peu à peu ne servit plus à grand'chose. Ils consentirent donc volontiers à louer aux confrères de la Passion la grande salle du rez-de-chaussée, que ceux-ci transformèrent en salle de spectacle, et où ils fondèrent ainsi le premire théâtre permanent, duquel est issue, par une filiation quelque peu contournée, mais ininterrompue, notre Comédie-Française actuelle. Les représentations régulièrement payantes qui furent données en ce théâtre clos, n'eurent lieu d'abord sans doute qu'à certains jours choisis. Puis, dans la suite du temps, la salle de la Trinité s'ouvrit tous les dimanches aux Parisiens avides de cette édifiante récréation.

Les Confrères de la Passion n'étaient pas d'ailleurs, au temps où nous sommes, la seule association qui cultivât le genre dramatique avec une certaine assiduité. C'est à une société analogue (du moins nous sommes porté à le croire), fondée et perpétuée sous les auspices de la puissante abbaye de Sainte-Geneviève, qui avait à Paris son territoire et sa juridiction spéciale, qu'appartenait le répertoire, composé de onze mystères, contenu dans un manuscrit de ce même temps. En voici la liste dans l'ordre de leur transcription :

1° La *Nativité* de Notre-Seigneur. 2° Les Trois Rois. 3° La *Résurrection* de Notre-Seigneur. 4° Saint Fiacre. 5° La *Passion* de Notre-Seigneur. 6° Le Martyre de saint Étienne. 7° La Conversion de saint Paul. 8° La Conversion de saint Denis. 9° Saint Pierre et saint Paul. 10° Le Martyre de saint Denis. 11° Les Miracles de sainte Geneviève.

Nous aurions pu encore, à cette époque, fréquenter, moyennant quelque bienveillant introducteur, une autre association parisienne, d'un caractère académique et littéraire, qui siégeait dans le quartier des halles. Elle consacrait, depuis les premières années du quatorzième siècle tout au moins, une notable partie de ses talents et de ses ressources à la composition et à la représentation de pièces dramatiques, appartenant au genre spécial, déjà mentionné ci-dessus, des *Miracles de Notre-Dame par personnages*. Dans les premières années du quinzième siècle, elle fit transcrire son répertoire en deux beaux manuscrits ornés de peintures, qui sont venus jusqu'à nous. Ces compositions, pour la forme, ont un caractère d'art, un art à la fois barbare et raffiné. Pour le fond, dans celles surtout où l'intervention miraculeuse de la sainte Vierge est plutôt surajoutée qu'essentielle au sujet et à l'action dramatique, ces pièces offrent un aspect très semblable à celui des *mélodrames* de notre temps. Toutefois, les auteurs et les spectateurs du quatorzième et du quinzième siècle s'inquiètent encore moins que ceux de nos jours de la vraisemblance ou de l'invraisemblance de la donnée, empruntée à des récits antérieurs, souvent ultra-légendaires. Il suffit aux dramaturges d'en tirer pour leur scène des aventures qui étonnent, des situations qui émeuvent, des tableaux qui intéressent ou qui amusent. L'*anachronisme*, habituel alors, fait à tout instant de ces scènes et de ces images, à quelque temps que, d'après le sujet, elles appartiennent, des peintures naïves des idées, des institutions, des mœurs de la période du moyen âge où elles furent exposées sur le théâtre.

Ainsi, dans le « *miracle* de l'enfant ressuscité », nous voyons paraître devant nous un bailli seigneurial que le vide croissant de son prétoire et de sa bourse désespèrent. Il se plaint de n'avoir plus de causes à juger et partant plus d'amendes à recueillir. « Mes amendes, dit-il à l'un de ses sergents (1), sont dépensées à la taverne et sonnent dans vos bourses. »

Quand de quelqu'un êtes saisis
Qui a commis quelque méfait,
Je sais trop bien comment on fait ;
Avant que j'en aie connaissance,
Il vous emplit de vin la panse,
Et vous est la bourse fourrée.
Ainsi l'amende est recelée,
Et point n'en ai.

(1) Nous empruntons, ici et plus loin, avec quelques légères modifications, les analyses et les ingénieux rajeunissements donnés par M. Léon Clédat, dans son volume intitulé : *Le Théâtre au moyen âge.*

LE SERGENT

Seigneur, par mon âme, je fais
Bon serment que jamais encore,
Depuis que suis votre sergent,
Ce que vous dites ne m'advint
Ni de l'avoir fait me souvient.

LE BAILLI

Je vous en crois bien, ami cher;
Assurément vous n'êtes point
Pareil aux autres. N'en dis plus.
Écoute-moi, par cette ville
Va-t-en tout doucement cherchant
Un petit homme de corps grand
Qu'on appelle Lupin Coquet :
Il a deux bons yeux, mais borgne est.
Quand trouvé l'auras, fais en sorte
Qu'ici même tu me l'amènes
Ou mort ou vif.

Le sergent, qui est un naïf, s'en va à la recherche de Lupin Coquet. C'est alors qu'il entend des cris et pénètre dans la maison où s'est commis un infanticide. Il s'enquiert de ce qui s'est passé, puis il va quérir le bailli, qui met la mère en état d'arrestation et saisit ses biens.

La façon dont le légendaire Robert le Diable, dans le *miracle* qui porte son nom, met au pillage les campagnes normandes nous offre une scène comme il s'en passait, pour ainsi dire, tous les jours durant l'horrible guerre de Cent ans. Avec ses compagnons, aux noms significatifs, Brise-

Godet, Rigolet, Boute-en-Courroie, Lambin, Robert parcourt la contrée. On arrive à la demeure d'un riche paysan. Robert frappe à la porte :

Qui dort céans ?

LE PAYSAN

Nul, qui soit debout ni séant,
Ici ne dort, par ma foi, sire,
Que voulez-vous ? n'y a que moi
Dans la maison.

BRISE-GODET, *s'adressant à Robert*

C'est le seigneur de céans, maître,
Que vous ai dit.

ROBERT

Prenez-le moi, sans contredit.
Liez-lui les pieds et les poings,
Et faites vite de tout point.
Rien n'est de mieux.

LE PAYSAN

Au nom du haut Seigneur qu'est Dieu,
Beaux seigneurs, merci je vous crie !
Je ne crois pas qu'à nul de vous
J'aie encore fait aucun mal,
Ni que jamais vus je vous aie,
A mon avis.

ROBERT

Eh! ne dis point telles sottises,
Allons, montre-nous le trésor
Que tu as fait d'argent et d'or,
Ou tu mourras de la façon
Que je te couperai la tête
A cette place.

LE PAYSAN

Ne doutez point que je ne fasse
Ce que voudrez, sans contredire.
Pour Dieu ! venez le voir, beau sire :
Volontiers le vous montrerai.
Ce coffre je vous ouvrirai :
Regardez, sire.

ROBERT

Qu'y a-t-il là? Il faut le dire.
Sont-ce florins ?

LE PAYSAN

Ce sont *anges* et *moutons* fins,
Et voici des *parisis* d'or;
Ici d'autre monnaie encor,
Qu'est bonne et belle.

LAMBIN

N'as-tu point d'argent en vaisselle
Nulle autre part?

LE PAYSAN

Non point, sire, que Dieu me garde !
Si ce n'est ces six gobelets
Lesquels ne sont guère brillants,
Vous voyez bien.

ROBERT

Çà ! Rigolet, avance, tiens !
Ces gobelets et ces sacs-ci
Me garderas. Et toi aussi,
Lambin, prends ceci dans ta main.

(*S'adressant au paysan.*)

Sais-tu ce qui en est, vilain ?
Dis merci à la compagnie
De ce que te laissons en vie.
Allons-nous-en !

LE PAYSAN

Seigneurs, je prie Dieu bonnement
Qu'il vous tienne tous en santé,
Et qu'à la fin par sa bonté
Merci vous fasse !

Nous rencontrons un pendant à cette peinture dans le « *miracle* d'Othon, roi d'Espagne ». L'empereur Lothaire, après avoir réduit à merci la ville de Burgos, met à rançon les bourgeois qui ont contribué à la défense de la cité. Heureux encore ceux-ci d'obtenir grâce pour « leurs pauvres corps » ! — « Seigneur, dit l'un d'eux, faites-moi accompagner par un messager qui vienne voir mon ménage. J'ai deux cents marcs de belle et bonne vaisselle et deux mille florins d'or, sans compter les meubles de ma maison. Je vous livrerai tout cela ; mais laissez-moi, sans plus, en vie. » — On croirait entendre Henri V dialoguant avec les principaux bourgeois de Melun ou de Meaux.

Un tableau fort intéressant, au point de vue des mœurs parisiennes du moyen âge, c'est la scène par laquelle s'ouvre le « *miracle* de Notre-Dame d'un marchand nommé Pierre le Changeur ». Plusieurs mendiants causent entre eux, en attendant la pratique.

DIDIER, *premier pauvre* (*d'abord seul*)

Dieu me donne bonne rencontre
Aujourd'hui ! Car si pauvre suis
Que je n'ai ni pain ni argent.
Donnez à Didier, bonnes gens,
Pour que vos péchés Dieu pardonne !

Mais les gens passent sans s'arrêter, et Didier poursuit :

Las ! je ne trouve qui me donne,
Et ne sais où me diriger.
Vais sur la place me distraire
Et m'asseoir là-bas au soleil.

Arrivé sur la place :

Il est encore de bonne heure ;
Ici un peu m'arrêterai,
Et les compagnons attendrai,
Avec qui le temps passerai
Jusqu'à grand'messe.

MENAIT, *deuxième pauvre*

Bonjour, Didier; mais, dis-moi, qu'est-ce
Qui t'a si matin amené?
Quelqu'un t'a-t-il déjà donné?

DIDIER

Non point, Menait, mon ami cher.
Je n'eus hier soir de quoi souper,
C'est ce qui m'a fait me lever
    Si matinet.

MENAIT

Tu en as le ventre plus net
Et plus dégagé l'estomac.
N'as-tu point de pain dans ton sac
    Pour aller boire?

DIDIER

Non point, ami, par saint-Magloire,
Ni denier ni maille en ma bourse.
Sieds-toi ici vaille que vaille,
Près de moi; un peu causerons
Et puis quêter nous en irons
    De par la ville.

MENAIT

Soit donc! Ho! Voici venir Gille
L'étique, qui vient ci nous voir.
Gille, viendrez-vous vous asseoir
    Avecque nous?

GILLE

Oui bien, Menait, mon ami doux,
Et pour cela même je viens.
Que bon jour vous puissiez avoir
    Tous deux ensemble!

DIDIER

Seigneur, dites-moi si vous semble
Bon mon conseil : sans plus tarder,
Prions pour tous nos bienfaiteurs,
Pour les femmes et pour les hommes,
Car sûrement tenus y sommes.

MENAIT

Didier, avec toi suis d'accord
Que des bienfaits que d'eux avons
Louer Dieu pour eux nous devons
Et le prier.

GILLE

Dis-nous donc, Menait, qui sont ceux
Qui plus volontiers bien te font
Et plus souvent.

MENAIT

Je le dirai, si tu promets
D'en faire autant.

GILLE

Je le promets, et après toi
Les nommerai.

MENAIT

C'est bien. Pensez à les compter,
Vous deux, quand je vous les dirai.
Premièrement, vous nommerai
Une dame déjà vieillotte,
Qui est veuve et s'appelle Hugotte.
A sa maison, point n'est de jour

Où je n'aie, sitôt que j'y frappe,
Chair ou poisson, potage ou pain.
Que Dieu veuille ses biens accroître!
Après, souvent aussi me donne
Une sienne bonne voisine
Qu'en paradis Dieu veuille admettre!
Que l'on surnomme la Bossue.
Riche femme est et très cossue;
D'elle. chaque jour de carême,
J'ai une écuelle que j'estime
Et compte à plus de six deniers.
Aussi me donne volontiers
Un prud'homme qu'on nomme Hernaut
De Biscarel, Dieu le protège!
Me donne encore un bon bourgeois
Qu'on appelle Pierre le Maître.
Dès qu'à sa porte me voit mettre,
Ne manque point, quel jour ce soit,
Que de ses biens il ne m'envoie
Pain ou argent.

GILLE

Quand tu as tant de bonnes gens
Pour clients, tu dois être riche.
Ne pense pas que je te triche,
Je n'ai point tant de connaissances;
Mais j'ai seulement à la Pointe
Saint-Eustache un *tournois* par jour.
En partant de là, je m'en vais
Par les halles, au grand Godet,
Puis à Simon Triquefadet,
Qui demeure au pont Notre-Dame.
De là m'en reviens à la dame
Du Châtel, la femme Raulin;
Là ai-je du pain et du vin,
Et de la viande et du potage.
C'est l'hôtel où plus d'avantage
Ai entre tous.

DIDIER

Seigneurs, et comment trouvez-vous
L'hôtel de Pierre le Changeur?
Y avez-vous jamais reçu
L'aumône, dites?

MENAIT

Que voilà bien question vaine!
Il est aussi vrai qu'Évangile
Qu'il n'y a si riche en la ville;
Mais, va vite laver ta bouche,
Car du plus puant et avare,
Que nulle part connaître on puisse,
Tu viens de nous parler. Il hait
A ce point tous les pauvres gens
Que jamais piécette d'argent
Je ne lui vis donner pour Dieu.
Gillet, as-tu quelquefois vu
Qu'il eût donné denier ni maille?
Et toi, Didier?

GILLE

Je vis avant-hier à sa porte
Ne sais combien de malheureux
Qui attendaient pour une aumône,
Mais il vint armé d'un bâton,
Et il s'en est bien peu fallu
Qu'il ne les ait tous mis à mal.

DIDIER

Je puis vous dire qu'à sa porte
Jamais n'ai demandé l'aumône.
Mais que me voudrez-vous donner
Si aujourd'hui par mes discours
Puis de lui quelque chose avoir?

MENAIT

Eh bien! Didier, va l'essayer.
S'il te met aumône en la main,
Quelle que soit, je te promets,
Aussitôt que je la verrai,
Que de vin je te donnerai
    Pleine une quarte.

DIDIER

C'est convenu! Par sainte Marthe!
J'y vais, et ne m'arrêterai
Pas avant d'avoir vu sa porte.

GILLE

Va donc! Et si de sa monnaie
Ou d'autre chose il te fait don,
Ce sera, certes, grand miracle.

Didier gagne son pari; car Pierre le Changeur, dans un mouvement de colère, lui jette à la tête un pain, que le mendiant rapporte triomphalement à ses camarades, en réclamant le vin promis. Menait s'exécute, et les trois mendiants se rendent à la taverne en chantant. Après cette pittoresque exposition, l'auteur met en action l'histoire de la conversion du riche avare.

A côté des mystères et des *miracles*, le moyen âge avait vu de bonne heure se produire un genre dramatique, intermédiaire entre le théâtre religieux et le théâtre comique, et dont l'objet plus spécial était de faire ressortir une vérité ou un enseignement moral. De là les pièces de ce genre reçurent le nom de *moralités*. La leçon dans quelques-unes devait ressortir d'un *exemple* historique ou légendaire, mis sous les yeux des spectateurs. A cette espèce appartient un drame intéressant, composé et rimé en 1395, d'après une lettre latine de Pétrarque, qui s'était inspiré lui-même d'une histoire plus ou moins fictive, racontée par Boccace dans son *Décaméron*. Cette *moralité exemplaire* était, sans aucun doute, le cas échéant, représentée au temps dont nous essayons de reproduire la physionomie, puisque cette pièce n'était pas oubliée au seizième siècle, où elle eut les honneurs de l'impression. Elle est intitulée dans le manuscrit venu jusqu'à nous et très voisin de l'original : « L'Histoire de Griselidis, la marquise de Saluces, et de sa très merveilleuse constance. Cette histoire est appelé le Miroir des dames mariées. » Ce n'est pas sans quelque satisfaction que nous reproduisons ici l'analyse courte et claire qu'en a donnée récemment un érudit suédois, M. Johan Mortensen, dans une série de leçons professées par lui à l'École supérieure des lettres et des sciences de Gothembourg, et où il a exposé devant un auditoire composé, non seulement d'étudiants, mais de gens du monde, l'histoire de notre ancien théâtre (1). Comme on le voit, on s'intéresse en Scandinavie à nos antiquités

(1) *Le Théâtre français au moyen âge*, par Johan Mortensen, traduit du suédois par Emmanuel Philipot, p. 141 et suiv.

littéraires. Puisse-t-on ne les pas négliger en France !

« Le marquis Gautier de Saluces est un grand chasseur. Ses barons et vassaux, qui lui sont très attachés, l'ont souvent supplié de prendre femme pour que son marquisat ne tombât pas après sa mort entre les mains d'un étranger. Mais il aime la liberté de sa vie de garçon et il ne croit pas aux femmes. Il a donc refusé pendant longtemps d'écouter les conseils de ceux qui voulaient le marier. Mais enfin il se décide à céder et à chercher femme, mais à la condition que tous ses sujets traiteront avec le plus grand respect celle qu'il choisira, quelle qu'elle puisse être. Personne n'a rien à objecter à une demande aussi raisonnable. Gautier invite à ses noces toute la noblesse du pays, tous ses parents et voisins, et on se met à faire les robes de la future marquise, sans que personne sache encore qui elle est.

« Cependant il y a sur les terres du marquis un vieux berger très pauvre nommé Janicole, dont la fille Griselidis est un modèle de toutes les vertus féminines. Le marquis l'a remarquée au cours de ses chasses dans le bois. Il a vu avec quel dévouement intelligent elle dirigeait son petit ménage, avec quelle tendresse elle soignait son vieux père.

« Arrive enfin le jour fixé pour le mariage. Le marquis se rend dans le bois avec sa suite, comme s'il s'agissait d'une partie de chasse ordinaire, et arrive devant la chaumière de Janicole. Griselidis puise de l'eau à la fontaine pour laver les pieds de son père. Le marquis fait appeler le vieillard et lui demande la main de sa fille. Le vieillard s'incline profondément et remercie de cette offre brillante. Mais le marquis exige que Griselidis lui promette d'obéir en tout aveuglément et de faire toutes ses volontés, quelles qu'elles puissent être. Griselidis le lui jure solennellement. Alors on la pare de riches vêtements, et les noces sont célébrées.

« Cette première partie du drame se termine par une scène entre deux bergers, laquelle est comme une caricature de l'événement sérieux qui vient de se passer. L'un d'eux se croit déjà chevalier comme Griselidis est marquise; et l'autre se moque de lui.

« Griselidis montre beaucoup de modestie et de simplicité dans cette élévation subite. Ses vertus domestiques et son attitude digne excitent l'admiration générale. Elle a bientôt une fille qu'elle aime avec toute la tendresse dont son cœur est capable. Mais le marquis, voulant mettre son obéissance à l'épreuve, lui enlève l'enfant sans lui dire ce qu'il en a fait. Elle croit qu'il a mis sa fille à mort; mais en réalité il la fait élever secrètement chez une parente qui habite Bologne. Griselidis devient mère une seconde fois et un fils lui naît. Celui-ci aussi lui est enlevé par le père; mais elle supporte encore cette perte sans que ses lèvres murmurent une plainte.

« Malgré cela le marquis n'est pas encore complètement persuadé qu'il a une femme obéissante, et il la soumet de nouveau à une épreuve, la plus dure de toutes.

« Il demande au Pape l'autorisation de se séparer de sa femme : ce qu'il obtient sans difficulté (1). Puis il ordonne à Griselidis de retourner dans la chaumière de son père en emportant seulement ce qu'elle a apporté en se mariant, c'est-à-dire rien. Elle obéit. Elle se contente de demander qu'on lui laisse une chemise pour couvrir son corps; puis elle part pour la demeure paternelle.

« Pourtant la série des humiliations et des épreuves n'est pas encore terminée. Le marquis fait venir ses deux enfants de Bologne et appelle Griselidis au château. Il lui présente sa fille comme une noble princesse qu'il veut épouser et lui ordonne de faire les préparatifs de la noce. Elle obéit encore. « Que te semble-t-il de ma nouvelle épouse ? » lui demande le marquis. Elle répond : « Sire, vous ne pouviez pas en trouver une plus honnête ni plus belle que celle-là, et j'espère que vous serez très heureux. Mais je vous prie seulement de ne pas être aussi dur avec elle que vous l'avez été envers moi. Elle a été élevée délicatement, elle est jeune et tendre, et elle ne pourra jamais souffrir tout ce que j'ai souffert. »

« Enfin le marquis est vaincu par cette résigna-

(1) En dehors des *spécialistes*, les écrivains du moyen âge prennent sans la moindre hésitation les plus étranges libertés, non seulement avec l'histoire et la géographie, mais avec la théologie et le droit canon.

tion sublime. La longue épreuve est terminée, et Griselidis est rétablie dans son ancienne dignité de marquise et d'épouse, ses enfants qu'elle retrouve lui sautent au cou, et son vieux père est appelé à la cour du marquis. »

Mais la leçon que la *moralité* par personnages a pour objet d'inculquer à ses auditeurs, leur est le plus souvent administrée sous une forme didactique et allégorique. La pièce alors a le caractère d'un sermon ou d'une dissertation dialoguée, partagée entre des interlocuteurs parmi lesquels figurent le plus souvent des êtres de raison, des qualités ou des abstractions personnifiées. Tel est le cas du docte divertissement auquel les étudiants se livrèrent dans l'un des principaux centres de l'Université de Paris, et qui est intitulé, dans le manuscrit qui nous l'a transmis : « Une moralité faite au collège de Navarre, le jour de saint Antoine, l'an 1426, à cinq personnages, c'est à savoir, Dieu, le Docteur, Péché, le Diable et l'Homme. » C'est une sorte de petit traité de théologie morale exposé en vers français et en figure dramatique. On en aura quelque idée par ces stances explicatives et prédicatives du Docteur, qui servent de préambule à la représentation :

Entendez ce qu'il faut entendre,
Fils d'Adam, nous sommes si sages
Que ne voulons à rien entendre
Sauf à garder nos vieux usages.

C'est-à-dire péchés, délices.
Nous craignons la mort peu souvent;
Nous entendons blâmer les vices,
Autant en emporte le vent.

On prêche, on crie, on admoneste,
Il n'est mal qu'on ne cite en place,
D'en parler on se rompt la tête,
Mais pourtant cherchez qui mieux fasse..

Hélas! si bien on connaissait
Le mal, la peine, le dommage
Que fait Péché, nul ne voudrait
En aucun temps lui faire hommage...

Comme l'a bien dit saint Grégoire,
Choses par exemple montrées
Demeurent mieux dans la mémoire
Que paroles vite passées.

Nous voulons donc par personnages,
Par exemples et par figure
Montrer Péché, par quoi les sages
En auront moins désir et cure...

Avant le temps de Jésus-Christ
Furent plusieurs clercs d'excellence
Qui ont, comme on voit en écrit,
Fort peiné pour trouver science.

Or, parmi eux fut un nommé
Varron, qui fut d'esprit si fin,
Qu'il en est le plus renommé,
Selon Tulle et saint Augustin...

Varron savait bien, à vrai dire,
Que les faux dieux n'avaient puissance;
Pour ce voulut Péché décrire,
Pour décharger sa conscience...

Il fit composer une image
En la forme d'une déesse,
Tout à fait étrange et sauvage,
Qui toujours tremblait de détresse.

Puis aussi l'image d'un dieu,
D'un homme et avec eux d'un diable,
Et il fit placer au milieu
La déesse si détestable.

Elle fut Péché appelée
Et adressait par un écrit,
Comme toute désespérée,
A chacun de ces trois un dit.

Vous verrez ces dits exposer,
Ils sont très graves et pesants,
Pour moi, je m'en veux reposer
Et n'en plus parler à présent.

Béni soit qui écoutera
Et retiendra bien cette histoire,
Je crois qu'elle profitera
A ceux qui l'auront en mémoire.

Une autre *moralité* du même genre et qui paraît être à peu près du même temps, nous a été conservée dans le même manuscrit, et a été transcrite aussi à la suite d'un recueil de divers ouvrages de Jean Gerson. Elle a de même un caractère scolaire très prononcé, mais elle a été probablement représentée par des écoliers plus jeunes que les acteurs de la précédente. On la peut intituler : « Le Cœur et les cinq Sens à l'école de la Raison. » Le Docteur ouvre la scène par ce bref avertissement :

De toute humaine créature
Ici pouvez voir la doctrine,
Comme en livre et comme en peinture
Pour obtenir la joie sans fin.

Puis Dieu dit à Raison :

Ces six écoliers je te donne :
Cœur, Tact, Langue, Flair, Œil, Ouïe,
Afin que ma doctrine bonne
Par toi, Raison, d'eux soit ouïe.

Raison se charge d'eux avec l'aide de sa fille Conscience, qui lui sert, pour ainsi dire, de *monitrice*. Elle leur fait à chacun sa leçon spéciale, puis leur adresse une exhortation collective. Après quoi, comme un régent fatigué, elle s'en va « prendre un peu son ébat ». A peine est-elle partie, que ses écoliers prennent aussi les leurs, mais d'une façon fort vilaine, en se révoltant contre sa doctrine et en remplissant la classe d'ordures. Conscience les tance de la belle manière et, au retour de Raison, lui fait son rapport, qui est suivi d'une rude correction infligée aux écoliers. La pièce, qui dans son ensemble est fort courte, se termine par un long sermon de Conscience, laquelle met consciencieusement en relief tous les défaut du Cœur et des cinq Sens et conclut ainsi :

Temps est de finir ma complainte;
Je vous prie, mère, par amour,
Que mettiez en un si bel ordre
Ces écoliers, qu'au Roi céleste
J'en puisse rendre si bon compte
Qu'aux cieux il nous fasse monter.

La plupart des représentations dont nous venons de nous donner brièvement le spectacle sont parisiennes. Mais, dans les diverses régions de langue française, dans celles surtout que leur situation mettait à l'abri des souffrances de la guerre étrangère et de la guerre civile, on goûtait également et vivement, à la même époque, le plaisir du théâtre. En 1408, l'évêque de Langres accorda au doyen et aux chanoines de Saint-Maclou de Bar-sur-Aube la permission de se joindre à quelques bourgeois de la ville pour « exposer et réciter avec diversité de costumes et de personnages », sur une place publique convenablement choisie à cet effet, la vie et les miracles de leur saint patron. La représentation ne devait pas occuper moins de deux journées. Il en fallut trois pour la représentation à Metz, en 1409, sur la place des Changeurs, du mystère de l'*Apocalypse*. En 1413, les confrères du Saint-Sacrement d'Amiens représentèrent aux fêtes de la Pentecôte le mystère de la *Passion et Résurrection*, et obtinrent ultérieurement du corps de ville une subvention de quarante sous parisis en dédommagement des frais. C'est vers l'année 1414 que M. J.-M. Richard, éditeur de la curieuse

Passion en près de vingt-cinq mille vers que nous a conservée un manuscrit d'Arras, en place la composition, attribuée à un clerc picard nommé Eustache Mercadé, et peut-être fut-elle dès lors représentée, sinon dans cette ville, du moins dans cette région. En 1425, trois jours durant, fut fait à Metz « *le jeu de saint Victor*. Et le personnage de saint Victor fut joué par un gentil compagnon, nommé Maître Chertin, lequel était alors maître et régentait l'école de Saint-Vit ». En 1427, le 11 août, la Confrérie du Saint-Sacrement obtint de la municipalité d'Amiens une allocation bien plus considérable qu'en 1413. Elle ne reçut pas moins de vingt livres parisis « pour avoir remontré au peuple le mystère de la *Passion* de Notre-Seigneur Jésus-Christ, afin de donner exemple de la très cruelle mort et souffrance qu'il voulut endurer pour le salut du genre humain ». Le 6 janvier de cette même année, avait été représenté à Senlis le *Martyre de saint Barthélemy*. Les mentions venues jusqu'à nous (1) ne sont qu'un échantillon de nombre d'autres représentations semblables.

Le théâtre était donc alors le genre de littérature le plus populaire. Mais il agréait aussi à la haute société et contribuait aux plaisirs des rois. Les Confrères de la Passion avaient, nous l'avons vu, mérité la faveur de Charles VI par les mystères

(1) La plupart sont empruntées à Petit de Julleville, *Les Mystères*, t. II, p. 8 et suiv.

qu'ils avaient joués devant lui. Cette même confrérie, hélas! ou quelque autre analogue, ne se fit pas faute de représenter devant le conquérant venu d'outre-mer une pièce de nature à flatter son orgueil national. Elle choisit pour sujet le patron de l'Angleterre. « *Item*, consigne Chuffart dans son *Journal*, pour l'amour du roi d'Angleterre et de la reine, et des seigneurs dudit pays, les gens de Paris firent aux fêtes de la Pentecôte, qui tombait le dernier jour de mai, le mystère du *Martyre de saint Georges* à l'hôtel de Nesle. » Cette représentation eut lieu deux jours durant, les mardi 2 et mercredi 3 juin 1422, devant une brillante affluence de noblesse anglaise et française.

Des spectacles analogues, mais généralement muets et en forme de tableaux vivants, servaient à rehausser l'éclat des entrées solennelles des rois ou princes dans leurs capitales ou leurs bonnes villes. Grognon, mais badaud, notre *Bourgeois de Paris* ne s'est pas refusé sa part de tels plaisirs des yeux, et il en a noté plusieurs exemples. C'est ainsi que, narrant l'entrée solennelle de Henri V à Paris après le traité de Troyes, il n'oublie pas que « il fut fait en la rue de la Calandre, devant le Palais, un très touchant mystère de la *Passion de Notre-Seigneur* au vif, selon qu'elle est figurée autour du chœur de Notre-Dame de Paris; et duraient les échafauds environ cent pas de long, venant de la rue de la Calandre jusqu'aux murs du Palais, et il n'y avait homme voyant ledit mystère qui n'en eût le cœur attendri ». De même, quand le régent Bedford revint à Paris après sa victoire de Verneuil, il fut reçu en grande pompe et, entre autres cérémonies, honoré d'une représentation de ce genre. « *Item*, devant le Châtelet il y avait un très beau mystère du *Vieux Testament et du Nouveau*, que les enfants de Paris firent, et il fut fait sans paroles ni gestes, comme si ce fussent des images dressées contre un mur. »

Ces pieuses représentations, muettes ou dialoguées, n'avaient pas moins de vogue en Angleterre qu'en France. Lorsque la reine Catherine alla recevoir outre Manche les hommages des sujets de son époux, elle y fut accueillie par des jeux et figurations semblables. « Quand elle débarqua en Angleterre, rapporte notre religieux de Saint-Denis, elle fut reçue avec honneur et magnificence par les gens de la noblesse et autres, en présence d'une nombreuse population, au son d'une musique harmonieuse produit par le concert de nombreux instruments de toutes sortes. Ensuite elle fut conduite à Londres au milieu d'une série non interrompue de divertissements et de représentations de mystères, et avec les cérémonies usitées de tout temps en pareilles circonstances, et y fut honorée et obéie comme reine. »

En Angleterre, le théâtre religieux avait pris un développement tout particulier, comme illustration du jour de la Fête-Dieu et de la procession du Saint-Sacrement. A cette occasion, en 1415, l'année même de la bataille d'Azincourt, les divers corps de métier de la ville d'York représentèrent une longue série de scènes détachées, mais successives, allant de la création du monde au jugement dernier. La liste en est intéressante. En voici quelques extraits (1) :

« Les tanneurs représentaient Dieu le Père Tout-Puissant créant et formant les cieux, les anges et les archanges; Lucifer et les anges qui tombèrent avec lui dans l'enfer. — Les cardeurs : Dieu le Père créant Adam du limon de la terre et faisant Ève de la côte d'Adam et leur inspirant le souffle de vie. — Les foulons : Dieu défendant à Adam et Ève de manger du fruit de l'arbre de la science. — Les tonneliers : Adam et Ève avec un arbre entre eux; le serpent les décevant avec des pommes; Dieu leur parlant et maudissant le serpent, et un ange avec une épée les chassant du paradis... — Les constructeurs de vaisseaux : Dieu ordonnant à Noé de faire une arche de bois léger. — Les poissonniers les pêcheurs et les mariniers : Noé dans l'arche avec sa femme et ses trois fils et divers animaux... — Les tuiliers : Marie, Joseph, une sage-femme, l'Enfant couché dans une crèche entre un bœuf et un âne, et l'ange parlant aux bergers... — Les batteurs d'or et les monnayeurs : Marie avec l'Enfant et l'étoile au-dessus, et les trois Rois offrant

(1) Nous les empruntons à notre volume : *Origines catholiques du théâtre moderne*, p. 348 et suiv.

leurs présents... — Les barbiers : Jésus, saint Jean le baptisant, et deux anges qui les assistent... — Les fabricants de bourses et les bonnetiers : Lazare dans le sépulcre; Marie-Madeleine, Marthe, et deux juifs dans l'admiration... — Les boulangers et les porteurs d'eau : Le souper de Notre-Seigneur et l'agneau pascal; douze apôtres; Jésus, ceint d'une toile de lin, leur lavant les pieds; l'institution du sacrement du corps du Christ dans la nouvelle loi et la communion des apôtres. – Les cordonniers : Pilate, Caïphe, Anne, quarante soldats armés, Malchus, Pierre, Jacques, Jean, Jésus et Judas qui le baise et le trahit... — Les bouchers et les coquetiers : La Croix, deux larrons crucifiés et Jésus suspendu entre eux; Marie, mère de Jésus, Jean, Marie, mère de Jacques, et Salomé; un soldat avec une lance et un valet avec une éponge; Pilate, Anne, Caïphe, un centurion, Joseph d'Arimathie et Nicodème détachant Jésus et le déposant dans le sépulcre. — Les selliers et les vitriers : Jésus brisant les portes de l'enfer; douze élus et douze damnés... — Les charrons, les sculpteurs et les scieurs de long : Jésus sortant du sépulcre; quatre soldats armés; les trois Marie exprimant leur douleur; Pilate, Caïphe et Anne; un jeune homme vêtu de blanc, assis sur le sépulcre et parlant aux femmes... — Les tailleurs : Marie, saint Jean l'évangéliste, deux anges et les onze apôtres; Jésus s'élevant en leur présence; quatre anges portant un nuage... — Les tisserands de laine :

Marie s'élevant avec une multitude d'anges, huit apôtres avec Thomas prêchant dans le désert. — Les hôteliers : Marie et Jésus qui la couronne avec un grand nombre d'anges. — Les merciers : Jésus, Marie, douze apôtres, quatre anges avec des trompettes et quatre avec une lance et deux fouets, quatre élus et quatre damnés, six diables. »

Des genres comiques, nous l'avons dit, étaient venus s'ajouter, dans le théâtre du moyen âge, aux genres religieux ou sérieux. Ces derniers même, pour le divertissement du peuple, avaient de bonne heure donné place, dans leur propre sein, à des scènes comiques et même bouffonnes. La bouffonnerie s'était épanouie encore plus librement et licencieusement dans les réjouissances d'origine païenne, qui s'étaient, dès les plus hauts temps, transmises et comme naturalisées parmi les populations chrétiennes et jusque dans le monde ecclésiastique. Le nom générique de *fête des fous* fut justement appliqué à ces saturnales des clercs, prêtres, diacres, enfants de chœur, et elles étaient loin encore, à l'époque où nous nous plaçons, malgré les efforts redoublés de l'Église, d'avoir été extirpées ou du moins réduites à des joies plus honnêtes. La fête des fous avait donné naissance à la *sotie*, satire mise en dialogue, où fleurirent, comme dans la *moralité*, les personnifications allégoriques. Les écoliers de l'Université, qui, outre la part prise par eux à la fête des fous, avaient aussi, à diverses époques de l'année, leurs fêtes joyeuses et licencieuses, s'adonnèrent, quand ils le purent, à ce genre peut-être encore plus volontiers qu'à l'autre. Il en fut de même des deux corporations formées sous le nom de *basoches*, autour du Parlement et du Châtelet, par les clercs de notaires, de procureurs, d'avocats et de greffiers. Anecdote bouffonne exposée par personnages, la *farce*, qui sans recevoir d'abord ce nom, avait eu sa place dans le répertoire des anciens jongleurs, fut, dès la fin du quatorzième siècle, cultivée avec une faveur, qui s'accrut encore au quinzième, par tous ces joyeux compagnons : écoliers, basochiens, membres divers de diverses réunions et associations folles, et aussi, accessoirement, par des sociétés ou confréries plus sérieuses et par des groupes d'ordre varié. Dans notre pays surtout, les plus cruels désastres ont peine à interrompre la source jaillissante du rire. On y riait donc en ce temps même, quoique ce fût alors pour la France une époque de sang et de larmes.

CHAPITRE X

LA FRANCE EN DÉTRESSE. — LE PÉRIL ET LE REMÈDE

C'est maintenant La Trémoille qui règne sous le nom de Charles VII. Personne ne s'y trompe, ni parmi les gens de cour, ni parmi les chefs de guerre. « Il n'y avait, dit un contemporain, aucun qui l'osât contredire. » Charles subit son joug, tout en gémissant dans le secret de son âme, car du moins aimait-il autrefois Louvet, et il n'aime pas La Trémoille. Mais celui-ci l'a débarrassé de l'insolence de Richemont, il a su s'imposer plus flexiblement à sa faiblesse, et d'ailleurs, comme Louvet, il accroît sur les épaules royales le fardeau d'une gratitude servile en alimentant par ses prêts, fructueux pour lui d'ailleurs, le vide toujours béant du trésor. Du mois de janvier au mois d'août 1428 il n'a pas avancé moins de 27.000 livres, pour lesquelles il s'est fait donner de bonnes garanties. Ses intérêts d'ambition et de cupidité le touchent infiniment plus que ceux du roi et de la patrie. L'abaissement et le péril de la couronne et de la nation ne font que le servir et le rendre en apparence un ministre nécessaire. Quel chef pour diriger la résistance au suprême effort que va tenter l'usurpation anglaise afin de jeter d'une façon définitive la France sous les pieds des Lancastre!

Dès 1424, après sa victoire de Verneuil, Bedford avait inauguré une politique de vigoureuse offensive. En 1425 et 1426 il avait enlevé le Maine à la maison d'Anjou, c'est-à-dire à la France française, et sérieusement entamé l'Anjou lui-même. Depuis son retour d'Angleterre, où Glocester avait été maté par sa rude main, il méditait de pousser la conquête avec plus de vigueur encore. Un plan de campagne fut arrêté dans des réunions du grand Conseil tenues à Paris aux mois de mai et de juin 1428 et auxquelles assista le duc de Bourgogne. L'exécution en fut confiée au comte de Salisbury, un des meilleurs généraux de l'Angleterre, qui était débarqué à Calais, le 24 juin, avec des troupes toutes neuves et de l'argent tout frais. Il ne s'agissait plus d'une entreprise, pour ainsi dire, latérale, mais d'une marche hardie vers le cœur même de la région demeurée nationale, et, si le succès répondait à l'effort, si l'on pouvait enlever Orléans et occuper la ligne de la Loire, de pousser ensuite méthodiquement, mais avec une inflexible opiniâtreté, le roi de Bourges hors de ses derniers retranchements, de le déposséder de ses derniers États.

Le début des opérations fut prompt, énergique et heureux. « Salisbury, dit Vallet de Viriville (1), se porta d'abord à Nogent-le-Roi, et s'en empara; puis à Chartres. Dans cette ville, anglo-bourguignonne, se trouvait prisonnier de guerre Maître Jean des Bouillons, astrologien, natif de Meung-sur-Loire : Salisbury le consulta. Maître Jean, dit-on, osa reprocher au comte anglais d'envahir l'héritage du roi Charles et surtout les domaines du duc d'Orléans prisonnier. L'astrologue prédit au comte qu'il mourrait devant Orléans, lui et les siens (2). Salisbury n'en continua pas moins sa marche, qui fut signalée par une suite de succès. Le Puiset, Rochefort et Châteauneuf-en-Thimerais, Marcheville, Patay, Béthencourt, Rouvray-Saint-Denis, Intreville, Thoury, Janville, etc., tombèrent coup sur coup au pouvoir de l'ennemi. Le 5 septembre 1428, Salisbury était maître de Meung-sur-Loire. Ce même jour, il écrivit de Janville à la commune de Londres, pour se glorifier de ses victoires et pour se recommander à la puissante cité. Il joignit à sa lettre une liste de quarante villes, châteaux ou forteresses qui, sur sa route, avaient reconnu sa puissance. Un mois plus tard, Baugency, Marchenoir, Notre-Dame-de-Cléry, Gergeau, Sully, La Ferté-Hubert, Château-Neuf, Saint-

(1) Ouvrage cité, t. II, pp. 31-33.

(2) Il va sans dire que, pas plus que Vallet lui-même, nous ne garantissons l'authenticité de cette prédiction, qui a été probablement imaginée après coup.

Benoît-sur-Loire, Montpipeau, La Ferté-de-Gaules, Pluviers-en-Gâtinais avaient ouvert leurs portes. La Beauce, le Gâtinais, soumis au vainqueur, découvraient Orléans. L'avant-garde du comte de Salisbury s'empara, le 7 octobre, d'Olivet, faubourg d'Orléans. Enfin, le 12 octobre 1428, le mémorable siège d'Orléans fut posé par les Anglais. »

Le patriotisme, à la fois local et national, des Orléanais fut incomparable. Le zèle ardent des habitants soutint la résistance acharnée, souvent offensive, de la garnison, commandée par un vieux capitaine, plein de bravoure et d'expérience, Raoul de Gaucourt, récemment délivré de la captivité anglaise. Au premier rang de ses lieutenants combattait le jeune bâtard d'Orléans, frère naturel du duc prisonnier. Sans hésiter, les assiégés détruisirent d'eux-mêmes, en refoulant leurs larmes, tous les abords de la cité qui auraient pu servir à fortifier les positions de l'ennemi. Dès le début, ils avaient démoli l'église et le couvent des Augustins et toutes les maison du faubourg nommé le Portereau. Mais il en fallut venir à d'autres sacrifices.

« Les gens de guerre et citoyens de la ville, rapporte l'auteur de la chronique intitulée : *Journal du siège d'Orléans*, brûlèrent et abattirent à la fin du mois de novembre plusieurs églises situées dans les faubourgs autour de leur cité, comme l'église de Saint-Aignan, patron d'Orléans, et aussi le cloître de cette église, qui était très beau à voir, l'église de Saint-Michel, l'église de Saint-Avit, la chapelle du Martroy, l'église de Saint-Victor, située dans les faubourgs de la porte de Bourgogne, l'église de Saint-Michel sur les fossés, les Jacobins, les Cordeliers, les Carmes, Saint-Mathurin, l'Aumône Saint-Pouair et Saint-Laurent. Et, en outre, ils brûlèrent et démolirent tous les faubourgs autour de leur cité, très belle et riche chose à voir avant qu'ils fussent abattus, car il y avait là de bien grands et riches édifices, tellement que l'on tenait ces faubourgs pour les plus beaux du royaume. Et néanmoins ils furent abattus et brûlés par les Français de la garnison, et cela du consentement et avec l'aide des citoyens d'Orléans, afin que les Anglais ne pussent s'y loger, parce que cela aurait été chose très préjudiciable à la cité... Le mercredi vingt-neuvième jour du mois de décembre, furent brûlées et abattues plusieurs autres églises et maisons, qui étaient encore demeurées debout auprès d'Orléans, comme Saint-Loup, Saint-Marc, Saint-Gervais, Saint-Euverte, la chapelle Saint-Aignan, Saint-Vincent-des-Vignes, Saint-Lazare, Saint-Pouair, et aussi la Madeleine, afin que les Anglais ne pussent pas s'y loger, retirer et fortifier contre la cité. »

L'artillerie à feu joua un rôle très notable dans l'attaque et dans la défense. Le siège fut inauguré par un bombardement terrible, qui se renouvela dans la suite. « Le dimanche (17 octobre), note le chroniqueur susdit, les Anglais jetèrent dans la cité cent vingt-quatre pierres de bombardes et de gros canons, et il y avait de ces pierres qui pesaient cent seize livres. Et entre autres pièces, ils avaient disposé près de la turcie (chaussée) de Saint-Jean-le-Blanc, entre le pressoir de la Favière et le Portereau, un gros canon, qu'ils nommaient Passe-Volant. Cette pièce, qui lançait des pierres pesant quatre-vingts livres, fit beaucoup de dommages aux maisons et édifices d'Orléans, mais il ne tua ni ne blessa personne, si ce n'est une femme nommée Belles, qui demeurait près de la poterne Chesneau... Au mois de décembre suivant, les Anglais tirèrent contre les murs et au dedans d'Orléans plus fort qu'ils ne l'avaient encore fait, car ils lancèrent jusqu'à des pierres pesant cent soixante-quatre livres, qui firent plusieurs maux et dommages dans la cité, en plusieurs de ses maisons et beaux édifices, mais sans tuer ni blesser personne, ce que l'on considéra comme une grande merveille. Entre autres pierres, il en tomba une, rue Aux-Petits-Souliers, dans la maison et sur la table d'un homme qui dinait en compagnie de quatre autres personnes, dont aucune ne fut blessée. On dit que ce fut un miracle fait par Notre-Seigneur à la requête de saint Aignan, patron d'Orléans. » Le chroniqueur se plaît à noter de tels incidents : « Le lundi suivant, dix-septième jour du mois de janvier (1429), il advint un très merveilleux cas. Les Anglais tiraient un canon de leur boulevard de la Croix-Boissée. Or, la pierre tomba devant le boulevard de la porte Bannier, au milieu de plus de cent personnes, sans aucune tuer ni blesser. Elle frappa seulement au pied un compagnon français, et le coup lui enleva son soulier, mais sans lui faire aucun mal, ce qui est chose merveilleuse à croire. »

Les Orléanais ne se laissèrent pas bombarder sans riposte. Ils avaient aussi leur artillerie et de bons tireurs, dont un même avait acquis déjà et vit croître alors une véritable célébrité. « Le jeudi vingt-troisième jour de décembre (1428), commença le tir de la bombarde, jetant des pierres pesant cent vingt livres, que ceux d'Orléans avaient fait faire toute neuve par un nommé Guillaume Duisy, très habile ouvrier, et on la disposa sur la croche (éperon, ouvrage avancé) des moulins de la poterne Chesneau, pour tirer contre les Tournelles. Auprès d'elle étaient disposés deux canons, l'un appelé Montargis et l'autre Rifflart, qui durant le siège tirèrent contre les Anglais et leur firent de grands dommages... Durant les fêtes et féries de Noël (1), on tira de part et d'autre très fort et horriblement de bombardes et de canons. Mais de tous les tireurs, celui qui faisait le plus de mal était un coulevrinier natif de Lorraine, maintenant de la garnison d'Orléans, nommé Maître Jean, et l'on

(1) Pour le jour même de Noël il y eut une trêve, pendant laquelle les Anglais se régalèrent et, du même coup, les assiégés d'un concert « de hauts ménétriers, trompettes et clairons... et les instruments jouèrent assez longtemps, faisant grande mélodie ».

disait que c'était le meilleur maître qui fût alors en ce métier. Et il le montra bien, car il avait une grosse coulevrine dont il tirait souvent, se tenant au pilier du pont près du boulevard de la Belle-Croix, tellement qu'il tua et blessa beaucoup d'Anglais. Et pour se moquer d'eux, il se laissait quelquefois choir à terre, feignant d'être mort ou blessé, et il se faisait emporter dans la ville. Mais tout aussitôt il retournait au combat, et il y faisait tant que les Anglais s'apercevaient bien qu'il était vivant à leur grand dommage et déplaisir. »

L'un des premiers effets de l'artillerie orléanaise avait été cruel pour l'armée assiégeante. Le comte de Salisbury avait inauguré ses opérations en se rendant, non sans peine, maître de la forteresse des Tournelles, ouvrage avancé couvrant Orléans sur la rive gauche de la Loire. Le soir de l'occupation (24 octobre 1428), le général anglais, placé à une fenêtre de ce château, observait la ville. L'artillerie orléanaise avait, à ce moment, cessé son tir. Mais un écolier, dit-on, trouvant sur son passage une pièce chargée, y porta le feu encore tout prêt. Le boulet fendit l'espace et vint briser l'angle de la muraille près du comte de Salisbury, qui, voyant briller la lumière du canon, s'était détourné. Mais la pierre détachée frappa le comte au visage d'un terrible et inguérissable coup. On l'emporta secrètement à Meung, où il expira le 3 novembre. Il fut remplacé par le comte de Suffolk, avec les lords Scales et Talbot comme lieutenants. Le duc de Bedford renforça l'armée de siège et vint s'établir lui-même à Mantes, puis à Chartres, pour suivre de plus près la marche des opérations. Elles furent menées avec l'opiniâtreté méthodique qui faisait la force de la tactique anglaise. La ville fut entourée peu à peu, en dépit des brillantes sorties de la garnison, d'une ceinture serrée de forteresses assiégeantes. Au commencement de l'année 1429, elle était ainsi étreinte sur les deux tiers de son étendue. Si peu zélé que fût La Trémoille, il avait dû tenter quelques efforts pour soutenir la résistance héroïque du boulevard de la monarchie nationale. Quelques renforts, des vivres, de l'argent avaient été, à plusieurs reprises, introduits dans la ville. Le roi prenait personnellement un vif intérêt au sort des assiégés. Il avait envoyé, pour soigner les blessés, son propre chirurgien. Au mois de février, une expédition importante fut résolue sous le commandement du comte de Clermont.

Au même moment Bedford avait décidé l'envoi de troupes fraîches et d'un convoi de vivres de carême à l'armée assiégeante. La concentration en eut lieu à Paris, non sans douleur pour les bourgeois de la capitale et pour les paysans de sa banlieue. « En ce temps, grogne le plaintif Chuffart, les bourgeois de Paris furent obligés de faire finance de farine pour mener à l'armée devant Orléans, et ils en firent finance de plus de quatre cents chariots chargés. Ces chariots et leurs chevaux et tout l'attirail du charroi furent payés par les gens du plat pays d'autour Paris, si ce n'est que, quand ils vinrent à Paris, on leur assigna le montant de leurs frais pour les neuf jours suivants, mais, après ces neuf jours, ils furent encore neuf autres jours à leurs frais, eux et leurs chevaux, ce qui les greva fort. Et le neuvième jour de février, il partirent avec une grande compagnie de gens d'armes. » Ce corps expéditionaire se composait de deux mille Anglais avec un certain nombre d'auxiliaires parisiens. Il était commandé par un habile capitaine, sir John Falstalf, avec Simon Morhier, prévôt de Paris, pour lieutenant.

Avisé de sa mise en marche, le comte de Clermont conçut ou accepta l'idée de l'attaquer en route ; cette attaque fut combinée avec un corps détaché de la garnison d'Orléans, sous le commandement du vaillant bâtard. Mais, par la faute de Clermont, la jonction des deux corps français fut trop retardée, et les Anglais eurent le temps de s'établir, près de Rouvray-Saint-Denis, dans un campement fortifié, formé par les charrettes du convoi et un retranchement de pieux aigus. Une attaque désordonné des Écossais de la garnison d'Orléans, mal soutenus par Clermont, fut repoussée et suivie d'une déroute générale de l'armée française. Falstalf reprit tranquillement sa marche et joignit en toute sûreté avec son expédition les positions anglaises devant la ville assiégée. Pendant le combat quelques tonneaux pleins de harengs avaient été défoncés et le contenu s'était répandu sur le sol, d'où le nom donné à cette rencontre : *la journée des harengs*. A son retour dans la capitale, l'escorte parisienne se vanta de ses hauts faits, auxquels Chuffart fait écho par un long récit, non sans conclure pourtant par un gémissement humanitaire, comme on dirait aujourd'hui : « Quand nos gens eurent mené leurs vivres à l'armée, ils s'en revinrent à Paris, le dix-neuvième jour de février, et il fut trouvé que de ceux de Paris il n'était mort en la bataille que quatre hommes, mais il y en eut davantage et beaucoup de blessés parmi les voituriers, de ceux qui avaient cherché à s'enfuir. C'est grand'-pitié, d'un côté comme de l'autre, qu'il faille que la chrétienté se tue ainsi l'un l'autre sans savoir la cause pourquoi, car l'un sera né à cent lieues loin de l'autre, et ils se viendront entre-tuer pour gagner un peu d'argent ou bien le gibet à leur corps et l'enfer à leurs pauvres âmes. »

Pleins de confiance dans le succès final, les Anglais complétèrent leur méthodique investissement. Les Orléanais continuèrent à se défendre avec vigueur, mais ils perdirent l'espoir de la délivrance, et une tentative fut faite en leur nom pour obtenir, par l'intermédiaire et sous la tutelle de Philippe le Bon, la neutralité de leur ville. Ils n'attendaient plus de Charles VII un secours efficace et Charles VII lui-même n'espérait plus de pouvoir le leur donner. Sa détresse et son affaissement étaient venus à leur point extrême. Il souffre maintenant en personne du désarroi de ses finances. Il en est réduit à vendre ses joyaux et à faire remettre à ses vieux pourpoints des manches neuves. Le bruit de sa pauvreté, qui se répand partout, donne naissance alors ou plus tard à des anecdotes plus ou moins authentiques, mais qui ne laissent pas d'être significatives. On raconte que son cordonnier a refusé, à moins d'être payé comptant, de lui livrer une paire de bottes, et qu'il l'a remportée quoique le roi en eût déjà chaussé l'une de ses jambes. Un jour, dit-on. que La Hire et Poton de Saintrailles étaient invités à sa table, il ne put leur offrir pour tout régal qu'une queue de mouton et deux poulets. On agite autour de lui des résolutions désespérées. Les uns lui conseillent de transporter en Dauphiné sa résidence, et de diriger de là une défense pied à pied du Lyonnais, de l'Auvergne et du Languedoc. Les autres pensent que cela même est inutile, et qu'il ferait mieux d'aller chercher un refuge soit en Écosse, soit en Castille. D'autres enfin lui suggèrent tout bas, ô honte! de s'incliner à son tour devant l'usurpation étrangère et d'obtenir du vainqueur, en traitant avec lui, le plus gros lambeau possible de l'héritage de ses aïeux.

La détresse de la nation n'est pas moindre. Douloureusement humiliée, la France se sent devenir anglaise. L'occupation du territoire s'opère avec la même habileté systématique que la conquête. Un érudit de premier mérite, qui a fait de ce sujet une étude spéciale, dit à ce propos (1) : « La consommation de la conquête de la France par le roi d'Angleterre aurait eu pour conséquence fatale l'établissement dans notre pays d'une nouvelle et puissante féodalité étrangère. Tout d'abord, l'envahissement successif des provinces paraissait devoir enrichir le domaine de la couronne, par suite des confiscations opérées au détriment des fidèles partisans de la maison de Valois; mais il fallait stimuler l'ardeur des capitaines anglais, les intéresser à cette guerre injuste, et il n'y avait certainement pas de meilleur moyen, pour atteindre ces résultats, que de distribuer aux vainqueurs les dépouilles des vaincus. Les terres conquises ne suffisaient cependant pas toujours aux dons, ou, du moins, l'on aurait risqué d'annihiler le domaine royal; aussi, le roi d'Angleterre concéda-t-il en outre des fiefs qui étaient encore aux mains des Français. — Dès les premiers jours de sa marche conquérante sur le sol français, Henri V avait compris que les lords anglais seraient bien plus intéressés à la conservation de ses conquêtes, si une part quelconque leur en était donnée. C'est pourquoi, la conquête de la Normandie à peine achevée, Thomas, duc de Clarence, frère du roi, reçut divers domaines situés dans les vicomtés d'Orbec,

(1) Auguste Longnon, *Les Limites de la France et l'étendue de la domination anglaise au temps de Jeanne d'Arc*, dans la *Revue des Questions historiques*, t. XVIII (1875), p. 504 et suiv.

d'Auge, de Pont-Authou et de Pont-Audemer. La baronnie d'Ivry, érigée en comté, était donnée à Arthur de Bretagne, comte de Richemont, qui en faisait hommage au prince anglais à Rouen, au cours du mois de janvier 1421. Le comté du Perche, l'un des membres de l'apanage d'un prince du sang royal de France, le duc d'Alençon, était inféodé à cette même date à Thomas de Montagu, comte de Salisbury, et le comté de Mortain devenait le fief d'Edmond Holland. Enfin, c'est probablement à cette époque qu'il faut rapporter le don du comté d'Eu, possédé en 1435 par Henri Bourgchier, depuis comte d'Essex. Les deux plus importantes possessions de la famille d'Harcourt, le comté d'Harcourt et celui d'Aumale, furent également confisquées et données à des lords anglais... — Nous trouvons, en 1423, le comté d'Aumale possédé par Richard de Beauchamp, comte de Warwick, l'un des principaux lieutenants du duc de Bedford, régent de France, et bien qu'il n'entre pas dans notre cadre de mentionner les dons des seigneuries inférieures au comté, nous rappellerons cependant que le fameux Jean Falstaff reçut, le 8 juillet 1423, la seigneurie de Breteuil en Beauvaisis... — Le régent de France ne s'oublia pas dans cette distribution de fiefs, et, le 21 juin 1424, il s'attribua l'apanage du duc d'Anjou, composé du duché de ce nom et du comté du Maine. Ce fut en qualité de duc d'Anjou que, par lettres en date du 20 septembre 1424, il gratifia Robert de Willoughby du comté de Vendôme, confisqué sur Louis de Bourbon... — Le 27 juillet 1424, le comté de Dreux, propriété de Charles II, sire d'Albret, proche parent du roi légitime, était donné à un des capitaines anglais dont le nom revient fort souvent dans les chroniques du temps, Guillaume Pole, comte de Suffolk, qui reçut encore, par lettres du 12 avril 1427, les seigneuries de Créances, au comté de Mortain, et de Chanteloup en Cotentin. — Tous les fiefs concédés au nom du roi Henri VI étaient seulement transmissibles à la postérité masculine et légitime du donataire. Cette condition permit au gouvernement de disposer à plusieurs reprises de certains fiefs, durant l'occupation de la France septentrionnale. Ainsi, par exemple, le comté de Mortain, devenu vacant par la mort d'Edmond Holland, fut aliéné une seconde fois, le 22 avril 1427, en faveur d'Edmond de Beaufort, de la famille des comtes de Somerset... — Le comté d'Ivry, qui, tenu en fief du roi d'Angleterre, de 1421 à 1425, par le comte de Richemont, avait été confisqué à la suite de la défection du prince breton, devint, le 12 juillet 1427, la propriété de Jean Holland, comte de Huntington. — La mort de Salisbury, tué devant Orléans, rendit au roi la libre disposition des divers fiefs français de ce fameux homme de guerre : le comté du Perche et les seigneuries de la Ferté-Fresnel, de Courville et de Lagny. Le plus considérable de ces fiefs, le comté du Perche, fut successivement donné à Thomas de Beaufort, frère du comte de Somerset, et à Humphrey, comte de Stafford, qui en fit hommage a Henri VI, le 21 décembre 1431. »

Au moyen de ces inféodations, et des sous-inféodations qui s'y rattachaient ou s'y seraient rattachées, un filet aux mailles serrées aurait peu à peu enveloppé tout le territoire conquis, et dénationalisé même les seigneuries demeurées matériellement à des familles non étrangères. Étant donnés l'état social et le régime du sol, les populations auraient suivi le sort des seigneuries et seraient devenues anglo-françaises. Les forteresses occupées par les envahisseurs contribuaient singulièrement, chacune dans le rayon de son ressort et de son action armée, à préparer cette transformation, par la terreur qu'elles faisaient peser sur toute la contrée environnante, et par l'application cruelle des mesures de suspicion, à l'aide desquelles le gouvernement anglais s'efforçait d'assurer sa domination sur les provinces aussi bien que sur la capitale. Le redoutable rôle de ces châtellenies, sortes de colonies militaires, a été mis en relief dans l'excellente étude consacrée à l'une d'elles par un érudit très distingué (1). De 1417 à 1450, la garnison anglaise de Fresnay-le-Vicomte, dans le comté du Maine, fut un centre douloureusement rayonnant de la puissance étrangère.

(1) Robert Triger, *Une forteresse du Maine pendant l'occupation anglaise. Fresnay-le-Vicomte de 1417 à 1450*, p. 115 et suiv.

Dès le mois de février 1418, une curieuse complainte, adressée par la reine de Sicile, « les gens d'Église, nobles, bourgeois et habitants du Maine », à Jean d'Arundel et Roland Leyntale, « conservateurs des trêves », nous résume avec une précision extraordinaire les innombrables excès commis par les Anglais dans leurs rapports avec la population. D'après cette complainte, le capitaine de Fresnay et les gens de sa garnison « mettent des taxes et imposent de grosses et lourdes sommes de deniers, par manière de taille ou *appatis*, sur les paroisses sujettes de la forteresse », et aussi sur celles qui sont en l'obéissance de la reine Yolande. « Ils mettent en leur main plusieurs grosses terres, manoirs, fiefs, demeures, rentes et possessions; enlèvent les revenus, et non contents de ce, prennent, ravissent, et emportent de force les ustensiles, lits, linges, bestiaux et autres meubles se trouvant dans lesdites maisons, manoirs et terres. Et, en outre, ils prennent les vivres des pauvres sujets, comme blés, vins, viandes, foins, avoines, et le tout sans rien payer, mais par force et violence. Pareillement, ils pillent et rançonnent de jour et de nuit plusieurs marchands et autres voyageurs, tellement que nul n'ose plus aller et venir par le pays, craignant pour son corps et pour ses biens... Et aussi ils tuent plusieurs gens de labour, la nuit, dans leurs lits, les accusant d'être des brigands et sans leur avoir fait leur procès, ni leur ouvrir d'aucune manière la voie de justice, en raison de quoi le pays est demeuré et demeure dépeuplé et inhabitable, et le populaire s'en est allé et a pris la fuite. » Enfin on accuse les envahisseurs d'avoir « pêché dans les étangs appartenant auxdits gens d'Église, nobles et bourgeois, pris et gâté le poisson, et fait dommage aux sujets de dix mille livres et plus, depuis les trêves... »

« Ces abus étaient si évidents, qu'à la suite de cette complainte Jean d'Arundel et Roland Leyntale daignèrent prescrire une information contre les principaux coupables, qu'ils donnèrent l'ordre d'amener dans les prisons d'Alençon. Malheureusement la répression ne fut qu'apparente; les autorités anglaises fermèrent les yeux, et la garnison de Fresnay se garda bien de rien changer à ses habitudes.

« Dès lors le pillage fut regardé comme un droit, et le capitaine posa en principe, suivant l'usage du temps, que les paroisses, pour l'éviter, devraient payer un *appatis* ou contribution de guerre spéciale. Le montant de cet appatis, recueilli par des *collecteurs* nommés dans les assemblées de paroisse, était versé chaque trimestre, soit par les collecteurs eux-mêmes, soit par le procureur de fabrique. Il en résultait une source abondante de revenus pour les Anglais, car ils appatissaient non seulement les paroisses voisines de la forteresse, mais en général toutes celles qu'ils pouvaient atteindre dans leurs courses, témoin la paroisse de Chauffour, à deux lieues du Mans...

« Mais, de tous ces excès, les plus graves, sur lesquels nous devons insister, ce sont les violences contre la liberté individuelle des personnes. Ces violences semblent d'autant plus fréquentes que le gouvernement les provoque lui-même par son système d'administration et leur donne souvent une apparence légale. En effet, après la conquête du Maine, le duc de Bedford exigea que tous les Manceaux se pourvussent d'un billet ou certificat, nommé *bulletin de ligeance*, constatant qu'ils avaient prêté serment au roi d'Angleterre. En outre, ceux qui avaient quitté leurs paroisses, ne fût-ce que momentanément, les marchands que leur commerce appelait en « pays français », et en général tous les habitants qui avaient des relations avec les « adversaires », durent acheter au prix de l'or des *congés*, des *sauvegardes* ou des *lettres de grâce*.

« Les habitants de Fresnay, comme leurs compatriotes, furent soumis à cette règle, qui avait pour but de remplir les coffres du régent. En 1433-1434, l'un d'eux, Guillaume du Croq, achète ainsi, moyennant un *salut* (1) un « *congé* de trois mois ». Philippe Germont, d'Assé-le-Boisne, Étienne Garnier, de Songé, Jean Le Fèvre, de Saint-Paul-le-Gaultier, puis deux paroissiens de Saint-

(1) Le *salut* d'or de Henri VI valait alors environ 12 fr. de notre monnaie, valeur intrinsèque. La valeur effective, résultant du pouvoir général de l'argent à cette époque, était beaucoup plus considérable.

Aubin-de-Locquenay sont également forcés, dans le cours de l'année, d'acheter des congés ou des sauvegardes. Bien mieux, une « damoiselle » française, Annette Ermenge, paie dix saluts « pour demeurer pendant six mois, elle, ses enfants et domestiques, dans la paroisse de Saint-Paul-le-Gaultier » ; tandis que Jean du Boisyvon, de la famille des seigneurs de Saint-Aubin-de-Locquenay, est réduit à acheter 8 livres 15 sous une lettre de grâce, pour le seul fait « de s'être absenté et d'avoir fréquenté les adversaires ».

« La conséquence naturelle de cet ingénieux système fut que tout Français qui, suivant le cas, n'avait ni *bullette*, ni sauvegarde, ni congé, put être légalement fait prisonnier, jeté dans les basses-fosses et mis à rançon. Or, ces arrestations, devenues la source de profits importants, furent multipliées avec une ardeur extraordinaire par les Anglais de la garnison de Fresnay. Le moindre prétexte leur suffit pour faire des prisonniers, surtout pour arrêter les « manants ou gens du commun ». Bientôt même, l'habitude aidant, ils ne firent plus une course sans ramener quelques malheureux dans les prisons de Fresnay.

« Nous en avons pour preuves les contrôles de la garnison, qui énumèrent, suivant l'usage, au nombre des gains de guerre, les prisonniers mis à rançon depuis le commencement du trimestre. Du 30 mars au 28 juin 1433, par exemple, les hommes d'armes de Fresnay délivrent dix prisonniers moyennant des rançons qui varient généralement de 13 à 20 saluts; un seul, Lancelot Hardi, est taxé 30 saluts et deux marcs et demi d'argent. Du 29 septembre au 1er novembre 1435, ils en délivrent neuf, et parmi les gains de guerre on remarque, avec un certain étonnement, « une *damoiselle* prise en pays d'Anjou par Thomas Patruson, archer de Jean Stragner, lance à cheval, et *vendue* au Mans 200 saluts 10 marcs (1). » Enfin, pendant le deuxième trimestre de 1436, les Anglais de Fresnay mettent encore à rançon cinq prisonniers. Deux sont taxés 20 saluts et 1 marc;

(1) « Ces lignes, qui révèlent un détail curieux, ajoute en note M. Triger, méritent d'attirer quelques instants l'attention. Tout d'abord, en effet, prenant le mot *damoiselle* dans son sens le plus ordinaire, on est porté à croire que Thomas Patruson, après avoir enlevé en Anjou une femme de haut rang, l'avait ramenée au Mans, puis vendue à forfait à un de ses compagnons d'armes, auquel il laissait le soin d'en tirer une forte rançon : l'heureux archer aurait ainsi trafiqué de sa prisonnière, comme les gens de guerre le faisaient parfois, lorsqu'ils avaient la bonne fortune de prendre un personnage important. Mais le mot *damoiselle* a un second sens beaucoup moins connu, bien qu'assez fréquent aux quatorzième et quinzième siècles. Il désigne un petit meuble, généralement en bois sculpté, quelquefois en argent ou enrichi de peintures et de dorures, qui supportait un miroir et servait pour la toilette des dames. M. L. de Laborde, dans son *Glossaire français du moyen âge*, et M. V. Gay, dans son *Glossaire archéologique*, en citent de nombreux exemples de 1308 à 1460. On pourrait donc supposer aussi que Thomas Patruson avait pris, dans un château d'Anjou, non pas une femme du rang de damoiselle, mais un meuble en argent d'un prix considérable. Nous laisserons au lecteur le choix entre ces deux hypothèses, en faisant observer toutefois que le chiffre de 200 saluts 10 marcs d'argent semble bien élevé pour un meuble, si riche qu'il soit. »

un 6 saluts seulement ; un quatrième, Macé Carrel, pris par Guillaume de la Tousche, archer d'Osberne Mundeford, 40 saluts 2 marcs d'argent ; le cinquième est délivré sous condition, car c'est un personnage important dont la « finance » ne peut être fixée qu'après mûres réflexions...

« Au surplus, ces déplorables abus étaient en quelque sorte consacrés par la cruauté inouïe avec laquelle le gouvernement lui-même traitait les insoumis. Non seulement les autorités pendaient ou noyaient, sans autre forme de procès, les « pauvres compagnons » que le désespoir avait réduits au brigandage, mais encore elles condamnaient souvent à des supplices barbares, sans distinction de sexe, tous ceux qu'un acte de patriotisme avait signalés comme « partisans des Armagnacs ». Bien que nous n'ayons pas retrouvé jusqu'ici de traces d'exécution à Fresnay même, nous pouvons affirmer que les paroisses «sujettes de la forteresse» ne furent point à l'abri de l'odieux système de terrorisme pratiqué sur une si grande échelle en Normandie. En 1427, les Anglais de la garnison de Beaumont condamnent « à mourir » un jeune homme de vingt-deux ans, pour n'avoir pas révélé une tentative d'évasion à laquelle il n'avait pris aucune part ; puis ils jettent dans les basses-fosses deux paroissiens d'Assé-le-Riboul, dont le seul crime est d'avoir secouru « un Armagnac blessé » et abandonné sur le champ de bataille. En 1438, les gens de justice de la vicomté d'Auge font pendre « pour ses démérites » un soi-disant brigand, Gatien Galleton, « natif de la paroisse de Saint-Georges-le-Gaultier, près Fresnay-le Vicomte ». Enfin, pendant toute la durée de l'occupation, de nombreuses exécutions ont lieu à Alençon, et quelques-unes révèlent, dans leurs détails, une sorte de férocité. »

Sans doute, dans les exactions, vexations et cruautés des châtellenies anglaises il faut faire la part de l'état de guerre. Il n'est pas douteux que, la conquête achevée, la discipline militaire aurait été plus exactement maintenue, la justice et la police exercées d'une main forte et sûre. La paix publique aurait été rétablie, les coutumes et les mœurs dans une certaine mesure respectées, mais selon un lien étroit avec l'occupation matérielle et morale du pays conquis, avec l'extirpation complète de la nationalité ancienne. Or, il y a lieu de penser que la suppression de la France au quinzième siècle aurait eu pour l'avenir de l'Europe et du monde des conséquences capitales, et cela, non seulement au point de vue politique, mais au point de vue religieux. Il est permis en effet de se demander si la révolution protestante, dont certains signes annonçaient déjà l'approche, n'aurait pas, au siècle suivant, triomphé dans le royaume anglais du continent comme dans l'Angleterre proprement dite. L'exemple des îles normandes (Jersey, Guernesey, etc.), non comprises dans l'annexion de la Normandie par Philippe-Auguste, et définitivement attribuées à la Grande-Bretagne par le traité de Brétigny, est à cet égard assez frappant.

La désolation exprimée par notre religieux de Saint-Denis, au moment où il commençait le récit des événements de l'année 1419, aurait été, dix années plus tard, au moment où Orléans paraissait près de succomber, plus justifiée encore sous la plume d'un écrivain chrétien et patriote : « Il était à craindre, au dire des gens sages, que la France, cette mère si douce, succombant sous le poids d'angoisses intolérables, ne vît son ancienne splendeur faire place à la plus triste obscurité, et qu'elle ne tombât sous la dépendance de l'étranger, si le Tout-Puissant, qui est l'auteur et le père de la paix, ne daignait exaucer ses plaintes du haut des cieux. Tel était aussi l'avis des Français de tout rang, de tout état, de toute condition... Aussi eut-on recours aux armes spirituelles ; chaque semaine on faisait des processions générales, on chantait de pieuses litanies et l'on célébrait des messes solennelles... Si les prières des habitants du royaume ne furent pas exaucées, c'est que peut-être leurs consciences étaient affligées de trop nombreuses blessures, surchargées du poids des crimes qui se commettaient partout. »

Au milieu de ses misères et dans son effroyable déchéance, la France, tout en se sentant de jour en jour plus incapable de se sauver elle-même, ne s'avouait pourtant pas irrémédiablement perdue.

Elle était tombée bien bas, non seulement dans sa force matérielle, mais dans son état moral. Mais un double sentiment vivait tenace au fond des cœurs, dans toutes les classes de la nation, à tous les degrés de cette population qu'écrasaient tant de fléaux et qui succombait sous la ruine de toute espérance: l'attachement passionné à la patrie; la foi au Dieu de Clovis et de Charlemagne, à la religion de saint Louis. Ce sentiment religieux et national brillait d'une pure flamme dans le cœur du roi comme dans celui de son peuple. Dans l'affaissement déplorable de son énergie, Charles VII demeurait du moins un prince très chrétien et très français. Il abdiquait son pouvoir dans les mains d'un La Trémoille; mais il préférait la perspective de la fuite et de l'exil à la honteuse pensée d'une abdication de son droit et de son devoir royal devant l'usurpateur anglais. Et pourtant la triste renommée d'Isabeau, venant troubler son âme agitée par tant de revers, lui avait fait concevoir un soupçon déchirant. Selon un témoignage dont l'origine remonte au récit de l'un des plus intimes familiers de Charles VII, qui le tenait de sa propre bouche, il épancha ce doute noblement devant Dieu. « Il est vrai, rapporte l'historien Pierre Sala, répétant ce qu'il avait ouï dire à ce seigneur, Guillaume Gouffier, seigneur de Boisy, il est vrai qu'au temps de la grande adversité de ce roi Charles VII, il se trouva si bas qu'il ne savait plus que faire, et ne pensait plus qu'au salut de sa vie, car il était enclos par ses ennemis de tous côtés. Le roi étant en cette extrême pensée, entra un matin dans son oratoire, tout seul; et là, il fit une humble requête et prière à Notre-Seigneur, dans son cœur, sans prononcer aucune parole, par laquelle il lui demandait dévotement que, s'il était réellement le véritable héritier descendu de la noble maison de France, et si le royaume devait justement lui appartenir, qu'il plût à Notre-Seigneur de le lui garder et défendre, ou, au pis, de lui faire la grâce d'échapper à la mort ou à la prison, et qu'il se pût sauver en Espagne ou en Écosse, dont les rois étaient de toute ancienneté frères d'armes et alliés des rois de France, et c'est pourquoi il avait choisi là son dernier refuge. »

Le roi priait: la nation, nous l'avons vu, faisait aussi monter sa prière au ciel. Cet appel, qui parut d'abord sans écho, était entendu. Le secours imploré allait venir. Il allait se manifester au roi et au peuple sous une forme inattendue, extraordinaire, saisissante, à la fois simple, touchante et prodigieuse, d'une façon, pour tout dire, vraiment divine et surnaturelle.

FIN

TABLE DES MATIÈRES

Préface v

Chapitre premier. — L'enfance de Charles VII. — Armagnacs et Bourguignons 1

Chapitre II. — Les trois Frances 30

Chapitre III. — Jean sans Peur et le dauphin. — Le meurtre de Montereau. 57

Chapitre IV. — Exhérédation dynastique et déchéance nationale 84

Chapitre V. — Conquêtes et funérailles. . . 125

Chapitre VI. — L'enfant d'Angleterre et le roi de Bourges. — Coups d'État, coups de main et intrigues de cour. 182

Chapitre VII. — Paris sous la domination anglaise 232

Chapitre VIII. — Mœurs, coutumes et costumes. — Épisodes et anecdotes 276

Chapitre IX. — Le théâtre. — Les Confrères de la Passion. — Représentations diverses . 343

Chapitre X. — La France en détresse. — Le péril et le remède 382

Paris. — Imp. Téqui, 92, rue de Vaugirard.

www.ingramcontent.com/pod-product-compliance
Ingram Content Group UK Ltd.
Pitfield, Milton Keynes, MK11 3LW, UK
UKHW022324190726
13856UKWH00001B/205

9 782013 456401